DA DIVISÃO DA NATUREZA

LIVRO I

COLEÇÃO
MEDIEVALIA

Título original: *De Divisione Naturae – Liber Primus*

Editor
Edson Manoel de Oliveira Filho

Coordenação da Coleção Medievalia
Sidney Silveira

Produção editorial e projeto gráfico
É Realizações Editora

Capa e diagramação
Nine Design Gráfico | Mauricio Nisi Gonçalves

Preparação
Nestor Turano

Revisão
Luciane H. Gomide

CIP-BRASIL. CATALOGAÇÃO NA PUBLICAÇÃO
SINDICATO NACIONAL DOS EDITORES DE LIVROS, RJ

E63d

Erígena, João Escoto, 810-877
Da divisão da natureza : periphyseon / João Escoto Erígena ; tradução Tiago Gadotti ; apresentação Sidney Silveira ; revisão técnica Adriel Teixeira. - 1. ed. - São Paulo : É Realizações, 2023.
220 p. ; 23 cm. (Medievalia ; 1)

Tradução de: De divisione naturae, liber primus
ISBN 978-85-8033-420-3

1. Erígena, João Escoto, 810-877. 2. Filosofia da natureza. 3. Neoplatonismo. I. Gadotti, Tiago. II. Silveira, Sidney. III. Teixeira, Adriel. IV. Título. V. Série.

23-84038
CDD: 113
CDU: 141.131

Gabriela Faray Ferreira Lopes - Bibliotecária - CRB-7/6643
11/05/2023 16/05/2023

É Realizações Editora, Livraria e Distribuidora Ltda.
Rua França Pinto, 498 · São Paulo SP · 04016-002
Telefone: (5511) 5572 5363
atendimento@erealizacoes.com.br · www.erealizacoes.com.br

Este livro foi impresso pela Gráfica Mundial em outubro de 2023. Os tipos são da família Sabon Lt Std. O papel do miolo é o LuxCream LD 70g., e o da capa, cartão Ningbo C1 250 g.

DA DIVISÃO DA NATUREZA

PERIPHYSEON - LIVRO I

JOÃO ESCOTO ERÍGENA

Tradução de Tiago Gadotti

Apresentação de Sidney Silveira

Revisão técnica de Adriel Teixeira

É Realizações
Editora

Sumário

Nota prévia do coordenador

Sidney Silveira

Escoto Erígena, autor de transição

Os historiadores da filosofia têm por hábito considerar o irlandês João Escoto Erígena (810-877) o principal assimilador latino da tradição patrística grega, na era carolíngia.[1] Homem de notável erudição escriturística, esse leitor atento dos Padres da Igreja trouxe para a teologia e para a filosofia novos horizontes teóricos atinentes ao problema das relações entre razão e fé, num viés platônico influenciado tanto por Plotino (205-270), como por Proclo (412-485). Convicto da estrita correspondência entre as verdades sobrenaturais da fé e as naturais da filosofia,[2] Erígena concebe o universo criado numa complexa estrutura, de que este *De divisione naturae* é a grande mostra. Nesta obra, o ser absoluto de Deus e o ser relativo dos entes perfazem um todo harmonioso, em que a unidade infinita e perfeitíssima do Criador é a fonte da multiplicidade criada, isto num paralelismo neoplatônico entre a emanação transcendente do esquema hipostático plotiniano e a criação transcendente cristã.[3]

---

[1] Cf. Battista Mondin, *Storia della Metafisica* (vol. 2). Bologna, Edizioni Studio Domenicano, 1998, p. 284.

[2] A valorização do aspecto racional na interpretação da verdade revelada rendeu à posição de Escoto Erígena o qualificativo de "racionalismo teológico". O termo *ratio* compreende em Erígena a própria filosofia, à qual compete refletir sobre a causa última de todas as coisas: Deus. A propósito, Wulf considera-o "o pai do racionalismo medieval" (cf. Maurice de Wulf, *Histoire de la Philosophie Médieval*, 1905), embora essa expressão dê margem a equívocos, pois se trata de algo completamente distinto do racionalismo que ganha força na modernidade, a partir de Descartes. A propósito disso, haverá mais a dizer. Gilson, por exemplo, escreve: "Se houve algum racionalismo em Escoto Erígena, foi, portanto, contra as suas próprias intenções. [...] Erígena não fez a distinção entre o que, na Revelação, é assimilável à razão e o que lhe é absolutamente transcendente; é por isso que os dogmas religiosos parecem racionalizar-se nele, enquanto a sua filosofia se perde na teologia e na exegese". Étienne Gilson, *A Filosofia na Idade Média*. Martins Fontes, São Paulo, 1998, p. 245-46.

[3] Cf. Carlos Henrique Carmo Silva, "O pensamento da diferença no 'De divisione naturae' de Escoto Eriúgena". In: *Revista Didaskalia*. Lisboa, Universidade Católica Portuguesa, 1973, p. 247.

A certa altura de sua trajetória, em virtude das invasões nórdicas na Irlanda, Erígena refugia-se na Gália,[4] onde é calorosamente acolhido pela corte do rei Carlos, o Calvo, chegando a dirigir em França a Schola Palatina, na qual, ao que parece a pedido do rei, traduziu do grego para o latim o *Corpus Aeropagiticum*, ou seja, o conjunto de obras do Pseudo-Dionísio, o Aeropagita,[5] autor tão apreciado por Santo Tomás de Aquino (1225-1274), séculos mais tarde. Erígena é, ao lado de Santo Anselmo de Cantuária (1033-1109) e Gilberto de la Porrée (1076-1154), um dos três grandes nomes da metafísica cristã da Alta Idade Média, e muitas de suas elucubrações acabaram por servir de base ao posterior desenvolvimento teórico da *ciência do ser*.[6]

Escrito provavelmente entre 862 e 865, este *Da divisão da natureza* compreende cinco livros em forma de diálogo,[7] do qual participam um Tutor (*Nutritor*) e seu Discípulo (*Alumnus*). Quem compulsar as páginas da obra não deve perder de vista que nela Erígena adota o método dialético neoplatônico, nas duas principais vertentes estabelecidas pelo Pseudo-Dionísio: "descendente" ou analítica, e "ascendente" ou sintética.[8] Há a natureza que cria, mas não é criada (Deus); há a natureza que cria e é criada (Ideias exemplares);[9] há a natureza que é criada e não cria (as coisas do mundo, tanto espiritual como sensitivo); há a natureza que não cria nem é criada (Deus enquanto fim último, nesse caso

---

[4] No começo do século IX, os *vikings* invadiram a Irlanda e os dinamarqueses, a Inglaterra. Mosteiros foram destruídos e os monges se dispersaram. Muitos deles, como Erígena, buscaram refúgio na França durante o reinado de Carlos, o Calvo (823-877). As cidades a que mais acorreram foram Lion e Reims, onde abriram várias escolas. Com relação propriamente a Escoto Erígena, pouco se sabe de sua vida familiar, ao passo que as vicissitudes de sua fuga da Irlanda são, ainda hoje, desconhecidas. Também em relação à data de sua morte e às circunstâncias em que ocorreu, há controvérsias e tudo se mantém no âmbito das conjecturas mais ou menos verossímeis. Houve, inclusive, escritos romanescos, como um conhecido panfleto segundo o qual Erígena teria retornado à Inglaterra e sido morto por alunos na abadia de Malmesbury (*a pueris quod docebat graphiis perfossus*).

[5] Outros importantes contributos de Erígena para a latinidade foram as traduções de obras de Máximo, o Confessor (*Ambigua*), e Gregório de Nissa (*De hominis opficio*).

[6] Vale destacar que Escoto Erígena também contribuiu decisivamente para o desenvolvimento do estudo das Artes Liberais no Ocidente. Cf. Guillermo Fraile, *Historia de la Filosofía*, Tomo II. Madrid, Biblioteca de Autores Cristianos (BAC), 1960, p. 313.

[7] Estrutura análoga à do *Timeu* de Platão, conhecido por Erígena.

[8] Do Uno ao múltiplo e do múltiplo ao Uno: *exitus* e *reditus*.

[9] Esse neoplatonismo teológico só será superado de maneira cabal no século XIII, com Santo Tomás de Aquino, que resolverá magnificamente o problema das Ideias divinas.

contemplado como uma espécie de ímã metafísico que atrai para si toda a criação). Erígena concebe um circularismo na obra de Deus, no sentido de que o Verbo exemplar cria o mundo (ideal), o qual, ao espraiar-se na ordem do ser, subdivide-se em gênero, espécies e indivíduos; nesta visão se enquadram o mundo espiritual (anjos), o espiritual-corpóreo (seres humanos) e o corpóreo-sensitivo (animais). Todas essas coisas finitas, cada qual a seu modo, retornam ao Infinito mantenedor, único cujo ser é *por si.*[10]

A *divisio* erigeniana tem sentido ordenador, na medida em que por ela se contemplam as distinções existentes no mundo em níveis analógicos de correspondência, num todo harmônico. Houve, inclusive, quem enfatizasse a aritmética pitagórica implicada nas relações do Uno transcendente com o múltiplo imanente, imagem que Erígena toma de empréstimo a Plotino, pinçada do caminho conducente da primeira hipóstase (Uno) à segunda (Nous), e da segunda à terceira (Alma do Mundo), nas *Enéadas*. Devemos entender as divisões enumeradas pelo notável monge irlandês na sua obra máxima da seguinte maneira: como processão da unidade à dualidade, e desta à multiplicidade dos entes que há no universo. Em suma, a suprainteligibilidade do Uno, bem ao modo do Areopagita, descende de maneira escalar – numa gradação de inteligíveis menores – até chegar à ininteligibidade do não-ser. Este, a propósito, só será inteligível como correlato ao ser, em distintos modos:

- em oposição ao ser apreendido pelos sentidos;
- na hierarquia dos entes, cada grau inferior será chamado de "não-ser" em relação ao superior;
- como estado potencial da realidade;
- como significativo da corruptibilidade dos entes;
- em sentido analógico, como perda da imagem de Deus na alma do homem, pelo pecado.

Todas essas modalidades de não-ser estão implicadas nas divisões da natureza, e é nessa clave que Erígena compõe a sinfonia na qual a realidade criadora e não criada (Deus) e as demais realidades (entes) se mantêm numa tensão causal

[10] Os quatro primeiros livros desta obra se ocupam das relações entre a natureza de Deus e a dos entes; o quinto aborda o retorno de todos os entes a Deus. Em cada divisão dos quatro primeiros livros há um descenso da unidade em direção à multiplicidade, e no quinto verifica-se uma unificação ascendente das coisas que retornam a seu princípio.

dinâmica.[11] Em breves palavras, tudo é o que é *em relação* ao Ser que está para além de todas as relações,[12] e em meio a tais formulações o autor medieval identifica o Pai com a essência, o Filho com a potência ativa, e o Espírito Santo com a operação,[13] o que dá margem a equivocidade filosófica e heterodoxia teológica, à luz da doutrina do Deus uno em essência e trino em Pessoas. Nesse contexto, diga-se, é também problemático o conceito erigeniano de criação, pois se trata antes de *theophania*, no sentido de que o mundo visível é reflexo ou manifestação do mundo das ideias. Entre os atributos do Deus quase-Demiurgo que avulta destas páginas do *Periphyseon*, a bondade tem prioridade sobre a entidade, o Bem sobre o Ser, em linha dionisiana. A bondade seria, pois, a razão própria da criação: Deus dá o ser às criaturas *porque* é boníssimo.

Com acerto, Carlos Henrique Carmo Silva sublinha: "O esquema quaternário erigeniano possui uma leitura aprofundada quando refletido pelo carácter numérico das suas divisões. A natureza criadora e não criada representa a mônada dos pitagóricos, ou o Uno do neoplatonismo; a natureza criada e criadora representa o momento dialético refletido sobre si próprio, como díade da díade, ou seja, a tétrada pitagórica. Essa segunda divisão da natureza pode também entender-se como a estabilização ao nível criado do processo [...] da mônada mediada numa tríade. Assim, a natureza criada e criadora representaria as formas arquetípicas inteligíveis e expressivas da própria Trindade criadora".[14] A par dessas considerações matematizantes, enfatize-se a metafísica da iluminação que subjaz à ideia de criação em Erígena: todas as coisas criadas são luzes retiradas da luz divina (*omnia quae sunt lumina sunt*) e a essência delas é refletir, dentro dos limites de sua finitude, a luz infinita que vem do Alto.

Em diferentes momentos, Erígena foi acusado de panteísta por historiadores da filosofia, quiçá influenciados pela condenação de sua obra pela autoridade eclesiástica entre 1210 e 1215, e também pela circunstância de o papa Honório III ter exigido que todos os seus livros fossem levados a Roma para ser queimados, por volta de 1225.[15] Entre outras coisas, dizia o papa: "Recentemente,

---

[11] O universo inteiro é para Erígena uma espécie de sinfonia musical em que reina a mais sublime harmonia, no contexto de uma inefável unidade. Cf. Escoto Erígena, *De divisione naturae*, III.

[12] Erígena afirma que tudo na ordem do ser ou é PARTICIPANTE, ou é PARTICIPADO, ou é PARTICIPAÇÃO.

[13] Escoto Erígena, *De divisione naturae*, I, p. 44.

[14] Carlos Henrique Carmo Silva, op. cit., p. 288.

[15] Mais de quatro séculos após a sua morte.

como nos indicou o venerável bispo de Paris, encontrou-se um livro intitulado *De divisione naturae*, repleto dos vermes da perversidade herética, o qual foi reprovado em julgamento por nosso venerável irmão Arcebispo de Sens e por seus confrades eleitores reunidos no Sínodo Provincial de Sens (1215)".[16] Ora, com condenação de tamanho peso sobre os seus escritos, era natural que no meio católico Erígena fosse recebido com reservas, ainda na Idade Média e também depois dela. Porém o passar do tempo amenizou essa visão hipercrítica, a ponto de, no século XX, importantes estudiosos como Guillermo Fraile e Étienne Gilson enxergarem em Erígena um autor sem o qual a Escolástica talvez não tivesse chegado a tão elevados cumes.

Gilson salienta, a propósito, a importância do livro *De praedestinatione*, no qual Erígena defende que ninguém é predestinado por Deus ao pecado, em páginas de brilhante refutação a Gotteschalk, obscuro monge alemão defensor da *gemina praedestinatio* (dupla predestinação: para a salvação e para a perdição).[17] Isso para não falarmos do seu profícuo uso das categorias aristotélicas, em obras como a que agora está recebendo a sua primeira edição em língua portuguesa. Também é mencionado pelo grande medievalista francês o caráter inovador de Erígena no método dialético pelo qual a razão alcança a fina inteligência daquilo em que crê, graças ao ordenamento da *divisio*. Nessa, parte-se da unidade dos gêneros supremos nos quais se distinguem gêneros cada vez menos universais, neles contidos, até se chegar aos indivíduos, termos inferiores da divisão da natureza.[18]

Nesse descenso, Erígena enumera uma série de dez ideias:

1. O Bem, na medida em que Deus produz as coisas por bondade.
2. A Essência, da qual participam todos os entes.
3. A Vida em si.
4. A Razão em si.
5. A Inteligência em si (*Intelligentia seu Intellectus*).
6. A Sabedoria em Si.
7. A Virtude.

---

[16] J. Hefele-Leclercq, *Histoire des concilles d'après documents originaux – Tome XI*. Paris, Letouzey et Ané, 1949, p. 647.

[17] Étienne Gilson, op cit., p. 240.

[18] Ibidem, p. 246.

8. A Bem-aventurança (*Beatitudo seu salus*).
9. A Verdade.
10. A Eternidade.

Este primeiro livro do *Periphyseon*[19] refere-se a Deus como a natureza que cria e não é criada. Nele, Erígena dedica-se sobretudo a apresentar a precariedade da linguagem humana para falar de Deus, exatamente na linha do Pseudo-Dionísio, para quem Deus é *absolutamente inominável*, razão pela qual o homem precisa valer-se de analogias para representá-Lo. Nesse contexto, o primeiro termo-chave com que se menciona a supraessencialidade de Deus é "teofania". Em suma, como Deus não pode em si mesmo ser conhecido, descrito ou visto por nenhuma pessoa humana, como também pelos anjos, a única possibilidade de travarmos contato com o Seu ser é quando este se manifesta livremente, sendo apreendido na medida da potência intelectiva da criatura racional. Assim, não é a essência divina, em sentido estrito, que podemos conhecer, mas algo da forma divina consoante se manifesta aos homens, como Moisés, no Antigo Testamento, a quem Deus aparece em forma de sarça ardente. Esse é o modo que Erígena chama de teofania (*hoc est Dei apparitio*).

Outro termo usado pelo neoplatônico cristão para aludir à intelecção humana do ser supraessencial é "deificação", colhido da obra de Máximo, o Confessor, e de Plotino: "Assim como o ar iluminado pelo sol não parece ser nada além de luz, não porque perca sua natureza, mas porque a luz de tal modo prevalece sobre sua natureza, que parece que o ar se transformou em luz, *assim também a natureza humana, unida a Deus, é chamada de deus* (grifo nosso), não porque o homem tenha deixado de existir em sua própria natureza, mas porque participa de tal modo da divindade, que é como se só Deus estivesse aí. Ademais, se por um lado o ar se faz escuro quando a luz está ausente, por outro lado, a luz subsistente do sol não pode ser compreendida por nenhum sentido corpóreo. Mas, quando a luz do sol se imiscui no ar, ela se torna manifesta e compreensível aos sentidos, pois, misturada com o ar, a luz do sol pode ser compreendida pelos sentidos".[20] É isso o que Eríge-

---

[19] Que está por inteiro neste volume inicial da obra editada pela É Realizações.

[20] Escoto Erígena, *De divisione naturae*, I, 450b.

na chama analogicamente de "deificação": a participação da alma racional no ser divino, quando a criatura pensa em Deus.

Dessa e de outras maneiras, Erígena procura destacar a indigência da linguagem humana quando referida a Deus, sempre se valendo dos métodos catafático (racional) e apofático (inefável). Pelo primeiro, conhece-se a Deus como criador e mantenedor de toda a ordem do ser; pelo segundo, tem-se uma experiência direta de Sua presença. Essas duas maneiras seriam proporcionais ao início e ao fim da *Subida do Monte Carmelo*, de São João da Cruz, autor barroco espanhol também pertencente à tradição dionisiana, no que diz respeito à mística. No começo da obra do grande carmelita, a alma mal conhece a si mesma, e precisa purgar-se dos seus vícios para iluminar-se paulatinamente, nas *noites escuras*; ao fim da *Subida*, entra na via unitiva, na qual as suas potências apetitivas silenciam e tudo é contemplação, com a advertência de que "silenciar" não significa em São João da Cruz eliminar-se como potência, mas passar de um patamar cognoscitivo a outro, superior. De maneira semelhante em Erígena, neste *Da divisão da natureza*, quando o discípulo pergunta por que os nomes das imagens mais altas não são nada além de metáforas de Deus, o mestre explica a fraqueza crucial da linguagem catafática, e a necessidade de ser complementada pela apofática.[21]

No restante deste Livro I, sem abandonar o platonismo, Erígena apela às categorias aristotélicas – substância e acidentes – para dizer de que maneira o homem pode referir-se a Deus. Em si mesmas, nenhuma das dez categorias pode ser aplicada proficientemente a Deus, daí a necessidade de apelarmos a metáforas e outras figuras de linguagem para expressar, ao nosso modo humano, o ser divino. Por exemplo, espaço e tempo, conceitos indissociáveis na exata medida em que *locus* implica *tempus*, são ideias precárias por não darem conta de abarcar a infinitude de Deus. O mesmo se dá com todas as demais categorias.

Consideramos a publicação deste clássico da filosofia universal um marco a ser celebrado entre nós, pois se insere na tradição do que de mais elevado se pensou no Ocidente. Decerto faltam ao monge irlandês instrumentos metafísicos precisos, pelo que a sua teologia não alçou voos mais audaciosos. Porém a construção teórica arquitetônica de Erígena contém belezas que podem ser contempladas por

---

[21] Cf. Escoto Erígena, *Sulle nature dell"universo (Periphyseon)*, livro 1. Trad. Michaela Pereira. Ostiglia (Itália), Fondazione Lorenzo Valla Arnoldo Mondadori Editore, 2012, introd., p. XLI.

homens de qualquer tempo – em particular o nosso, que parece trazer em seu bojo a súmula de todos os tipos de materialismo e niilismo.

Erígena aplainou o terreno para a decisiva transição que a Escolástica levaria a cabo em várias ciências, nos séculos que se seguiram ao seu.

DA DIVISÃO DA NATUREZA

LIBER PRIMUS

(I.) ΠΕΡΙ ΦΥCΕΩC ΜΕΡΙCΜΟΥ

N(UTRITOR). Saepe mihi cogitanti diligentiusque quantum uires suppetunt inquirenti rerum omnium quae uel animo percipi possunt uel intentionem eius superant primam summamque diuisionem esse in ea quae sunt et in ea quae non sunt, horum omnium generale uocabulum occurrit quod graece ΦΤCΥC, latine uero natura uocitatur. An tibi aliter uidetur?

A(LUMNUS). Immo consentio. Nam et ego, dum ratiocinandi uiam ingredior, haec ita fieri reperio.

N. Est igitur natura generale nomen, ut diximus, omnium quae sunt et quae non sunt.

A. Est quidem. Nihil enim cogitationibus nostris potest occurrere quod tali uocabulo ualeat carere.

N. Quoniam igitur inter nos conuenit de hoc uocabulo generale esse, uelim dicas diuisionis eius per differentias in species rationem; aut, si tibi libet, prius conabor diuidere, tuum uero erit recte iudicare.

A. Ingredere quaesso. Impatiens enim sum, de hac re ueram rationem a te audire uolens.

N. Videtur mihi diuisio naturae per quattuor differentias quattuor species recipere, quarum prima est in eam quae creat et non creatur, secunda in eam quae et creatur et creat, tertia in eam quae creatur et non creat, quarta quae nec creat nec creatur. Harum uero quattuor binae sibi inuicem opponuntur. Nam tertia opponitur primae, quarta uero secundae;

LIVRO 1

Primeira divisão de todas as coisas: aquelas que são e aquelas que não são

TUTOR. Tendo muitas vezes refletido e cogitado diligentemente, na medida de minhas forças, cheguei à conclusão de que todas as coisas que podem ser percebidas pelo espírito, ou que superam seu entendimento, dividem-se primária e fundamentalmente entre o que é e o que não é. Ocorre-me que podemos chamar as duas coisas, genericamente, de *physis*, em grego, ou de *natura*, em latim. Ou pensas que seja de outro modo?

DISCÍPULO. Concordo, pois, quando eu mesmo raciocino, percebo que as coisas são realmente assim.

T. A palavra *natureza* é, portanto, um substantivo genérico, que significa tudo o que é e tudo o que não é?

D. Com certeza. De modo geral, nada pode ocorrer a nosso pensamento que não seja abrangido por esse vocábulo.

T. Portanto, como concordamos que esse vocábulo é genérico, diz-me como dividimos esse gênero em espécies, através das diferenças específicas; ou então, se preferires, eu mesmo farei essa divisão, e tu julgarás corretamente meu raciocínio.

D. Explica-me, por favor. Estou impaciente, e quero ouvir de ti a verdade acerca desse assunto.

T. Parece-me que a natureza, por meio de quatro diferenças, divide-se em quatro espécies. A primeira espécie é a natureza que cria e não é criada; a segunda é criada e cria; a terceira é criada e não cria; a quarta nem cria nem é criada.[1] Dessas quatro espécies, duas delas opõem-se a duas outras. A terceira opõe-se à primeira; e a quarta, à segunda. Note-se que a quarta espécie diz respeito às coisas impossíveis, cujo ser consiste em não poder ser. Essa divisão te parece correta, ou não?

sed quarta inter impossibilia ponitur, cuius esse est non posse esse. Rectane tibi talis diuisio uidetur an non?

A. Recta quidem. Sed uelim repetas, ut praedictarum formarum oppositio clarius elucescat.

N. Vides, ni fallor, tertiae speciei primae oppositionem. Prima nanque creat et non creatur, cui e contrario opponitur illa quae creatur et non creat; secundae uero quartae, siquidem secunda et creatur et creat, cui uniuersaliter quarta contradicit, quae nec creat neque creatur.

A. Clare uideo. Sed multum me mouet quarta species quae a te addita est. Nam de aliis tribus nullo modo haesitare ausim, cum prima, ut arbitror, in causa omnium quae sunt, quae deus est, intelligatur; secunda uero in primordialibus causis; tertia in his quae in generatione temporibusque et locis cognoscuntur. Atque ideo de singulis disputari subtilius necessarium est, ut uideo.

N. Recte aestimas. Sed quo ordine ratiocinationis uia tenenda sit, hoc est de qua specie naturae primo discutiendum, tuo arbitrio committo.

De quinque modis primae diuisionis

A. Recte mihi uidetur ante alias de prima quicquid lux mentium largita fuerit dicere.

N. Ita fiat. Sed prius de summa ac principali omnium, ut diximus, diuisione in ea quae sunt et quae non sunt breuiter dicendum existimo.

A. Iure existimas. Non enim ex alio primordio ratiocinationem inchoari oportere uideo, non solum quia prima omnium differentia est, sed quia obscurior caeteris uidetur esse et est.

N. Ipsa itaque primordialis omnium discretiua differentia quinque suae interpretationis modos inquirit.

Quorum primus uidetur esse ipse per quem ratio suadet omnia quae corporeo sensui uel intelligentiae perceptioni succumbunt uere ac rationabiliter dici esse, ea uero quae per excellentiam suae naturae

D. Correta. Mas quero que me repitas a lista, para que fique mais clara a oposição entre as formas.

T. Nota, se não estou enganado, a oposição entre a primeira e a terceira espécie: a primeira cria e não é criada; a essa espécie se opõe contrariamente a terceira, que é criada mas não cria. Nota a oposição entre a segunda e a quarta: a segunda é criada e cria, cuja contraditória universal é a natureza que nem cria nem é criada.

D. Entendo claramente. Mas muito me surpreende a quarta espécie, enunciada por ti. Ora, com respeito às outras três não hesito nem um pouco, pois a primeira espécie, penso eu, refere-se à causa de tudo o que é e do que não é; a segunda refere-se às causas primeiras; e a terceira refere-se a tudo o que é gerado e que está submetido ao tempo e ao espaço. Portanto, parece-me necessário que expliques cada uma dessas naturezas de modo mais sutil.

T. Tens razão. Mas peço que decidas em que ordem devo argumentar, isto é, qual espécie de natureza devo discutir primeiro.

D. Parece certo que, antes de tudo, devemos dizer sobre a primeira espécie tudo o que a Luz das mentes nos concedeu entender.

T. Que assim seja. Mas, antes disso, acho que devemos dizer brevemente algo acerca da divisão primeira e fundamental em "o que é" e "o que não é".

D. Correto e sábio. Não vejo como teu raciocínio poderia começar de outro modo, não só porque esta é a primeira distinção de todas as coisas, mas porque tal divisão parece ser, e é, a mais obscura de todas.

Primeiro modo de ser e de não ser

T. Essa distinção primordial de todas as coisas exige cinco modos de interpretação:

O primeiro modo parece ser aquele segundo o qual a razão nos persuade de que tudo o que é abrangido pelos sentidos corpóreos e pela percepção da inteligência pode dizer-se, verdadeira e racionalmente, *ser*, e que tudo o que, por causa da excelência de sua natureza, supera não só todos os sentidos, mas também todo intelecto e razão, parece um *não ser* – algo que se verifica somente na matéria e em Deus, e nas Ideias e essências de todas as coisas que Ele criou. E isso com razão é assim, pois Dionísio, o Areopagita, diz que a essência de todas as coisas é o único ser que é. Diz ele: "O Ser de todas as coisas é a divindade, que está acima do ser".[2]

non solum sensum sed etiam omnem intellectum rationemque fugiunt iure uideri non esse, quae non nisi in solo deo et in omnium rerum quae ab eo condita(e) sunt rationibus atque essentiis recte intelliguntur. Nec immerito. Ipse nanque omnium essentia est, qui solus uere est, ut ait Dionysius Ariopagita: «Esse enim» inquit «omnium est super esse diuinitas». Gregorius etiam theologus multis rationibus nullam substantiam seu essentiam siue uisibilis siue inuisibilis creaturae intellectu uel ratione comprehendi posse confirmat. Nam sicut ipse deus in se ipso ultra omnem creaturam nullo intellectu comprehenditur, ita etiam in secretissimis sinibus creaturae ab eo factae et in eo existentis consideratus incomprehensibilis est. Quicquid autem in omni creatura uel sensu corporeo percipitur seu intellectu consideratur, nihil aliud est nisi quoddam accidens incomprehensibili, ut dictum est, unicuique essentiae. Nam aut per qualitatem aut quantitatem aut formam aut materiem aut differentiam quandam aut locum aut tempus cognoscitur non quid est, sed quia est. Iste igitur modus primus ac summus est diuisionis eorum quae dicuntur esse et non esse, quia ille qui uidetur quodam modo esse, qui in priuationibus et substantiarum et accidentium constituitur, nullo modo recipiendus, ut arbitror. Nam quod penitus non est nec esse potest nec prae eminenda suae existendae intellectum exsuperat, quomodo in rerum diuisionibus recipi ualeat non uideo.

Fiat igitur secundus modus, qui in naturarum creatarum ordinibus atque differentiis consideratur. Qui ab excelsissima et circa deum proxime constituta intellectuali uirtute inchoans usque ad extremitatem rationalis irrationalisque creaturae descendit, hoc est, ut apertius dicamus, a sublimissimo angelo usque ad extremam rationabilis irrationabilisque animae partem, nutritiuam dico et auctiuam uitam, quae pars animae ultima est, quoniam corpus nutrit et auget. Vbi mirabili intelligentiae modo unusquisque ordo, cum ipso deorsum uersus nouissimo, qui est

Gregório, o Teólogo, também confirma, mediante muitos argumentos, que o intelecto ou a razão não podem compreender o que seja a substância ou a essência de qualquer criatura visível ou invisível.[3] Com efeito, assim como Deus considerado em Si mesmo e além de toda criatura não é compreendido por nenhum intelecto, assim também, considerado em Sua presença no mais íntimo da criação feita por Ele e que subsiste n'Ele, tampouco é compreensível. Tudo quanto, em qualquer criatura, é percebido pelos sentidos corpóreos ou apreendido pelo intelecto, mediante a qualidade, a quantidade, a forma, a matéria, as diferenças, o tempo ou o lugar, não passa de certo acidente dessa essência que, *per se*, como dissemos, é incompreensível, da qual conhecemos *que é* – não, porém, *o que é*.[4] Eis, portanto, o primeiro e supremo modo [de divisão] das coisas que dizemos ser e não ser. Isso é assim, porque as privações, tanto substanciais quanto acidentais, que sob certo aspecto parecem ser, não merecem nossa consideração, penso eu. Com efeito, aquilo que nem é, nem pode ser, nem supera o intelecto por causa de sua eminente existência, não vejo como poderia entrar na consideração da divisão das coisas, [a menos que se diga que as ausências e privações das coisas que existem não são um nada total, mas estão compreendidas – e, portanto, existem de algum modo – virtualmente nas coisas de que são privações, ausências, ou oposições].

Segundo modo de ser e de não ser

Vejamos, pois, o segundo modo de ser e não ser, que aparece na ordem e distinção das criaturas. Essa ordem começa na criatura mais excelente e próxima de Deus, que é detentora duma virtude intelectual, e vai até a fronteira entre a criatura inteligente e a irracional, isto é, falando de modo mais claro, começa no anjo mais sublime, e vai até a última parte da alma da criatura racional e irracional [refiro-me à vida nutritiva e aumentativa, que é a última parte da alma, pois nutre e faz crescer o corpo]. Segundo esse entendimento admirável, todas as ordens, incluindo a última que está compreendida na anterior [isto é, a ordem corpórea, que encerra essa divisão], podem dizer-se ser e não ser. Com efeito, a afirmação duma ordem inferior implica a negação da superior, e a negação duma ordem inferior implica a afirmação da superior. De modo similar, a afirmação duma ordem superior implica a negação da inferior, mas a negação da ordem superior implica a afirmação da inferior. Por exemplo, afirmar o homem (enquanto ser mortal)

corporum et in quo omnis diuisio terminatur, potest dici esse et non esse. Inferioris enim affirmatio superioris est negatio. Itemque inferioris negatio superioris est affirmatio. Eodemque modo superioris affirmatio inferioris est negatio, negatio uero superioris erit affirmatio inferioris. Affirmatio enim hominis negatio est angeli, negatio uero hominis affirmatio est angeli et uicissim. Eademque regula in omnibus caelestibus essentiis usque dum ad supremum omnium perueniatur ordinem obseruari potest. Ipse uero in suprema sursum negatione terminatur; eius nanque negatio nullam creaturam superiorem se confirmat. Deorsum uero nouissimus solummodo superiorem se aut negat aut firmat, quia infra se nil habet quod uel auferat uel constituat, quia ab omnibus superioribus se praeceditur, nullum uero inferiorem se praecedit. Hac item ratione omnis ordo rationalis et intellectualis creaturae esse dicitur et non esse. Est enim, quantum a superioribus uel a se ipso cognoscitur; non est autem, quantum ab inferioribus se comprehendi non sinit.

Tertius modus non incongrue inspicitur in his quibus huius mundi uisibilis plenitudo perficitur et in suis causis praecedentibus in secretissimis naturae sinibus. Quicquid enim ipsarum causarum in materia et forma in temporibus et locis per generationem cognoscitur quadam humana consuetudine dicitur esse, quicquid uero adhuc in ipsis naturae sinibus continetur, neque in forma uel materia, loco uel tempore, caeterisque accidentibus apparet eadem praedicta consuetudine dicitur non esse. Huiusmodi exempla late patent et maxime in humana natura. Cum enim deus omnes homines in illo primo atque uno, quem ad imaginem suam fecit, simul constituit, sed non simul in hunc mundum uisibilem produxit, certis temporibus locisque naturam quam simul condiderat quadam ut ipse nouit serie ad uisibilem essentiam adducit, hi qui iam in mundo uisibiliter apparuerunt dicuntur esse, qui uero adhuc latent, futuri tamen sunt, dicuntur non esse. Ad hunc modum pertinet ratio illa

implica a negação do anjo, e a negação do homem implica a afirmação do anjo [e vice-versa]. Se o homem é o animal racional mortal capaz de rir, certamente o anjo não será nem animal racional, nem moral, nem capaz de rir.[5] De modo similar, se o ser do anjo consiste num movimento essencial e intelectual em torno de Deus e das causas das coisas, o ser do homem não consistirá num movimento essencial e intelectual em torno de Deus e das causas das coisas. Podemos observar esse padrão em todas as essências celestes, até chegarmos à ordem suprema de todas as coisas. É na suprema ordem que temos a última das negações possíveis, pois, se ela é negada, não encontramos nenhuma criatura superior. Existem três ordens angélicas numa mesma hierarquia: a primeira é a ordem dos querubins, serafins e tronos; a segunda, das virtudes, potestades e dominações; a terceira, dos principados, arcanjos e anjos. A última ordem inferior é a dos corpos, [que afirma ou nega a ordem superior, pois abaixo dela não há mais nada que possa ser afirmado ou negado], pois todas as ordens superiores a precedem [ontologicamente], e ela não precede a nenhuma ordem inferior. Seguindo essa divisão, podemos atribuir a todas as ordens de criaturas racionais e intelectuais o ser e o não ser. O ser, enquanto são conhecidas pelas ordens superiores ou por elas mesmas; o não ser, enquanto não podem ser compreendidas pelas ordens inferiores.

Terceiro modo de ser e de não ser

Podemos perceber o terceiro modo nas coisas que preenchem este mundo visível e nas causas anteriores, que estão presentes no mais íntimo da natureza. Tudo o que conhecemos a respeito dessas causas, que se manifestam na matéria e na forma, no tempo e no lugar, através da geração, os homens costumam chamar de "ser"; e tudo o que permanece no íntimo da natureza, não se manifestando na forma ou na matéria, no tempo ou no lugar, nem em outros acidentes, os homens costumam chamar de "não ser".[6] Podemos dar vários exemplos evidentes disso, sobretudo o caso da natureza humana. Embora Deus tenha encerrado todos os homens nas entranhas daquele primeiro e único homem, que criou à Sua imagem, contudo não fez com que todos os homens [possíveis] aparecessem no mundo visível ao mesmo tempo, mas manifestou sucessiva – dum modo que só Ele conhece – e visivelmente essa natureza que, para Ele, é vista inteira de modo simultâneo. Dizemos que existem aqueles que aparecem ou que já apareceram visivelmente

quae uirtutem seminum considerat, siue in animalibus siue arboribus siue in herbis. Virtus enim seminum eo tempore quo in secretis naturae silet, quia nondum apparet, dicitur non esse; dum uero in nascentibus crescentibusque animalibus seu floribus fructibusue lignorum et herbarum apparuerit, dicitur esse.

Quartus modus est qui secundum philosophos non improbabiliter ea solummodo quae solo comprehenduntur intellectu dicit uere esse; quae uero per generationem materiae distentionibus seu detractionibus locorum quoque spatiis temporumque motibus uariantur, colliguntur, soluuntur, uere dicuntur non esse, ut sunt omnia corpora quae nasci et corrumpi possunt.

Quintus modus est quem in sola humana natura ratio intuetur, quae cum diuinae imaginis dignitatem in qua proprie substetit peccando deseruit merito esse suum perdidit, et ideo dicitur non esse. Cum uero unigeniti filii dei gratia restaurata ad pristinum suae substantiae statum in qua secundum imaginem dei condita est reducitur, incipit esse, cum in eo qui secundum imaginem dei conditus est incipit uiuere. Ad hunc modum uidetur pertinere quod Apostolus dicit: «Et uocat ea quae non sunt tanquam quae sunt», hoc est, eos qui in primo homine perditi sunt et ad quandam non-subsistentiam ceciderunt deus pater per fidem in filium suum uocat ut sint, sicut hi qui iam in Christo renati sunt, quanquam et hoc ita intelligi possit, et de his quos cotidie deus ex secretis naturae sinibus, in quibus aestimantur non esse, uocat ut appareant uisibiliter in forma et materia caeterisque, in quibus occulta apparere possunt, et si quid praeter hos modos indagatior ratio inuenire potest. Sed praesentialiter, ut arbitror, de his satis dictum est, si tibi aliter non uidetur.

neste mundo; e que não existem aqueles homens cuja existência é ainda latente e há de manifestar-se no futuro.

A diferença entre o primeiro e o terceiro modo é a seguinte: o primeiro se aplica a tudo quanto existe, quer exista na causa, quer exista como efeito; o terceiro modo se aplica especialmente aos seres que estão parcialmente latentes na causa, e parcialmente manifestos nos efeitos (e são esses seres manifestos nos efeitos que constituem propriamente o que chamamos *mundo*). Reduz-se a esse terceiro modo a virtude seminal que aparece nos animais, nas árvores e nas plantas em geral. A virtude seminal, enquanto dorme no seio da natureza, dizemos que ela não existe, pois ainda não se manifestou; mas, quando aparece nos animais nascentes ou em estado de crescimento, ou nas flores e nos frutos das árvores e das plantas, dizemos que existe.

Quarto modo de ser e de não ser

O quarto modo corresponde a uma doutrina não improvável dos filósofos[7] que só chamam ser àquilo que é compreendido unicamente pelo intelecto. Segundo eles, tudo o que muda, agrega-se e dissolve-se na geração e na corrupção, segundo a dilatação e compressão da matéria, segundo as limitações espaciais e segundo os movimentos do tempo, deve verdadeiramente chamar-se não ser.[8] Assim são todos os corpos, que podem nascer e corromper-se.

Quinto modo de ser e de não ser

O quinto modo só existe na natureza humana, a qual, tendo abandonado a dignidade da imagem divina, que era seu ser próprio, perdeu o seu ser, e pode chamar-se com razão de "não ser". Mas, como a natureza humana foi restaurada pela graça do Filho Unigênito, ela pôde voltar ao estado primordial de sua substância, que foi criada segundo a imagem de Deus, e começar a existir novamente, e viver n'Aquele que foi criado segundo a imagem de Deus. Estas palavras do Apóstolo parecem aludir a esse quinto modo: "*e chama à existência* [ao ser] *as coisas que não existem* [o não ser]",[9] isto é, Deus Pai chama os que estavam perdidos no primeiro homem, e que caíram em certa não subsistência, a que, pela fé [em Seu Filho], tornem-se como os que já renasceram em Cristo. Esse quinto modo também pode aplicar-se aos homens

A. Satis plane, nisi me paulisper turbaret quod a sancto Augustino in examero suo dictum uidetur, hoc est, angelicam naturam ante omnem creaturam dignitate non tempore conditam fuisse, ac per hoc et aliorum omnium praeter suimet primordiales causas, hoc est principalia exempla quae graeci ΠΡΟΤΟΤΥΠΑ nominant, prius in deo considerasse, deinde in se ipsa, deinde ipsas creaturas. Nam suimet causam, priusquam in speciem propriam procederet, cognoscere non ualuit.

N. Nec illud te mouere oportet, sed intentius ea quae dicta sunt considera. Si enim angelos principales rerum causas in deo constitutas cognouisse dixerimus, Apostolo resistere uidebimur, qui super omne quod dicitur et intelligitur ipsum deum et causas omnium in eo, quae non aliud sunt praeter quod ipse est, affirmat esse. Ac per hoc necessarium est nos rectam mediamque uiam tenere, ne uel Apostolo uideamur resistere, uel sententiam summae ac sanctae auctoritatis magistri non obtinere. Vtrunque igitur uerum dixisse non dubitandum, immo firmiter tenendum. Causam igitur omnium rerum, quae omnem intellectum exsuperat, nulli creatae naturae secundum Apostolum cognitam fieri ratio sinit. «Quis enim» inquit «intellectum domini cognouit?» Et alibi: «Pax Christi quae exsuperat omnem intellectum». At si causa omnium ab omnibus quae ab ea creata sunt remota est, absque ulla dubitatione rationes omnium rerum, quae aeternaliter atque incommutabiliter in ea sunt, ab omnibus quorum rationes sunt penitus remotae sunt.

In angelicis uero intellectibus earum rationum theophanias quasdam esse, hoc est comprehensibiles intellectuali naturae quasdam diuinas apparitiones, non autem ipsas rationes, id est principalia exempla, quisquis dixerit non, ut arbitror, a ueritate errabit. Quas theophanias in angelica creatura sanctum Augustinum ante omnium generationem inferiorum se uisas non incongrue dixisse credimus. Non ergo nos moueat quod diximus quia angeli et primum in deo, deinde in se ipsis inferioris creaturae causas uident. Non enim essentia diuina deus solummodo dicitur, sed etiam modus ille, quo se quodammodo intellectuali et rationali creaturae prout est capacitas uniuscuiusque ostendit, deus saepe a sancta scriptura uocitatur. Qui modus

que Deus chama todos os dias dos lugares ocultos da natureza, onde estão como se não existissem, para que apareçam visivelmente na forma e na matéria, e nas demais condições que permitem a manifestação das realidades ocultas.

Mesmo que um exame acurado possa encontrar outros modos de ser e não ser além desses cinco, no momento me parece que nos seja suficiente assinalar só eles, a menos que penses de outro modo.

Primeira objeção

D. Com certeza. Mas a única coisa que me perturba um pouco é o que diz Santo Agostinho em seu *Hexamerão*,[10] isto é, que a natureza angélica foi criada antes de toda criatura, não segundo uma anterioridade temporal, mas segundo uma anterioridade de dignidade,[11] e, por causa disso, os anjos puderam contemplar as causas primordiais, isto é, consideraram primeiro em Deus os exemplares principiais, que os gregos chamam de πρωτότυπα (*prototypa*), e depois os consideraram neles mesmos, e, por fim, contemplaram os efeitos de tais exemplares nas criaturas. Contudo, a natureza angélica não poderia conhecer a sua causa antes de estar constituída em sua própria espécie.

T. Esse problema não deve perturbar-te. Considera melhor o que foi dito. Se dissermos que os anjos conhecem as causas principiais das coisas tais como estão em Deus, parece que contradiremos o Apóstolo, que afirma que Deus e as causas das coisas que estão n'Ele – se é que são algo diverso d'Ele – superam toda palavra e entendimento. Portanto, precisamos tomar um caminho reto e intermediário, para não parecermos contradizer o Apóstolo, nem parecermos rejeitar a opinião duma autoridade magisterial suprema e santa. Não devemos, pois, duvidar, ou melhor, devemos sustentar firmemente que as duas opiniões são verdadeiras. A razão admite que a causa de todas as coisas, que supera todo entendimento, não pode ser conhecida por nenhuma criatura, como afirma o Apóstolo: "*Quem conheceu o pensamento*[12] *do Senhor?*".[13] E também em outro lugar: "*A paz de Cristo, que está acima de todo entendimento*".[14] Mas, se a causa de tudo está separada de todas as coisas criadas por ela, então, sem dúvida alguma, as ideias de todas as coisas, que estão eterna e imutavelmente nela, estão completamente separadas das coisas de que são ideias. Mas penso que não erra quem diz que nos intelectos angélicos ocorre certa teofania das ideias, isto é, uma manifestação compreensível à natureza

a graecis theophania (hoc est dei apparitio) solet appellari. Cuius exemplum «Vidi dominum sedentem» et caetera huiusmodi, cum non ipsius essentiam sed aliquod ab eo factum uiderit. Non est ergo mirum si trina quaepiam cognitio in angelo intelligatur, una quidem superior quae de aeternis rerum rationibus iuxta praedictum modum primo in eo exprimitur, deinde quod ex superioribus excipit ueluti in mirabili atque ineffabili quadam memoria sibi ipsi committit quasi quaedam imago imaginis expressa. Ac per hoc si superiora se tali modo potest cognoscere, quis audeat dicere inferiorum quandam cognitionem in se non habere? Recte igitur dicuntur esse quae ratione atque intellectu comprehendi possunt, quae uero omnem rationem ac intellectum exsuperant recte similiter dicuntur non esse.

A. Quid ergo dicemus de illa futura felicitate quae promittitur sanctis, quam nil aliud putamus esse praeter ipsius diuinae essentiae puram contemplationem atque immediatam? Sicut ait sanctus euangelista Ioannes: «Scimus quia filii dei sumus et nondum apparuit quid erimus. Cum autem apparuerit, similes ei erimus, uidebimus enim eum sicuti est». Item apostolus Paulus: «Nunc uidemus per speculum et aenigmate, tunc autem facie ad faciem». Item sanctus Augustinus in libris de duitate dei de futura contemplatione diuinae, ut arbitror, essentiae dicit: «Per corpora quae gestabimus in omni corpore quodcunque uidebimus, quaquauersum oculos nostri corporis duxerimus, ipsum deum perspicua claritate contemplabimur». Nam si angelicae contemplationis purissimam uirtutem diuinae essentiae superat altitudo – praedictis enim rationibus confectum est diuinam essentiam nulli intellectuali creaturae comprehensibilem esse, quae maxime in angelis consistere dubium non est; nobis quoque nulla alia felicitas promittitur quam ad angelicam naturam aequalitas – quomodo humanae naturae felicitas diuinae essentiae altitudinem contemplari ualebit?

N. Acute ac uigilanter. Non enim sine causa in hoc moueris. Sed tibi sufficere existimarim quod prius generaliter de omni suasimus creatura.

intelectual, sem que as ideias mesmas, os exemplares principiais, lhes apareçam. Cremos, portanto, que Santo Agostinho estava certo ao dizer que as criaturas angélicas viram essas teofanias antes da geração dos seres inferiores. Portanto, não te perturbes porque dizemos que os anjos veem as causas das criaturas inferiores primeiro em Deus, e depois neles mesmos. Com efeito, muitas vezes na Sagrada Escritura, o termo "Deus" não significa apenas a essência divina, mas também certo modo segundo o qual Ele aparece à criatura intelectual e racional, conforme a capacidade delas. Os gregos costumam chamar esse modo de teofania, isto é, "aparição divina". Por exemplo, Isaías diz: "*Vi o Senhor sentado*",[15] e outras coisas similares. Ora, o profeta não via a essência de Deus, mas algo feito por ele. Não é estranho, pois, que atribuamos aos anjos um triplo conhecimento: um conhecimento superior, que o anjo recebe primeiro das ideias eternas, segundo o modo que expusemos; um segundo conhecimento, que recebe dos anjos superiores, e que guarda de modo admirável e inefável em sua memória, como se fosse a imagem duma imagem; e, por fim, se são capazes de conhecer assim as coisas que lhe são superiores, quem ousaria negar que os anjos também possuem um terceiro tipo de conhecimento, das coisas inferiores? Portanto, estamos certos ao dizer que as coisas que são compreendidas pela razão e pelo intelecto existem, e que as coisas que superam toda razão e intelecto não existem.

SEGUNDA OBJEÇÃO

D. Que dizer, portanto, da futura felicidade que se promete aos santos, que não pensamos ser outra coisa que a contemplação pura e imediata da essência divina? Com efeito, diz São João Evangelista: "*Agora somos filhos de Deus; mas ainda não se manifestou o que seremos um dia. Sabemos que, quando Ele se manifestar, seremos semelhantes a Ele, porque O veremos como Ele é*".[16] E também o apóstolo Paulo: "*Nós agora vemos como por um espelho, em enigma; mas então o veremos face a face*".[17] E Santo Agostinho diz o seguinte, no livro *A Cidade de Deus*, sobre a futura contemplação, penso eu, da essência divina: "*O corpo que portaremos nos permitirá contemplar com clareza perspícua o próprio Deus em qualquer corpo que virmos e em qualquer direção a que voltarmos os olhos de nosso corpo*".[18] Ora, se a elevação da essência divina supera a puríssima virtude contemplativa dos anjos (com efeito, a argumentação anterior demonstrou que a

A. Quid illud? Repetas peto.

N. Nonne uniuersaliter diffiniuimus diuinam essentiam nulli corporeo sensui, nulli rationi, nulli seu humano seu angelico intellectui per se ipsam comprehensibilem esse?

A. Recordor, ac me sic sumpsisse negare non possum. Sed, ut mihi uidetur, aut illa praedicta conclusio paenitus soluetur et intellectuali creaturae diuinae essentiae per se ipsam contemplationem dabimus, aut si solui non potest, quoniam certissimis rationibus stabilita est, necessarium erit ut modum diuinae contemplationis, quae sanctis in futuro promittitur et in qua semper angeli subsistunt, ueris rationibus probabilibusque exemplis absoluas.

N. Quem modum quaeras ignoro, praeter illum de quo paulo ante breuiter discussimus.

A. Quis ille sit uelim repetas, non enim ipsius recolo.

N. Recordarisne quid inter nos conuenerat dum de examero sancti patris Augustini quaedam dicebamus?

A. Recordor quidem, sed te iterum de hoc audire uolo.

N. Mouebat te, ut arbitror, quomodo praedictus pater dixerit causas rerum creandarum quae aeternaliter in deo sunt et deus sunt angelos primum in deo considerasse, deinde in se ipsis, deinde ipsarum creaturarum proprias species differentiasque cognouisse, si nulli creaturae diuina essentia cum rationibus quae in ea sunt essentialiter nequeat comprehensibilis esse.

A. Totum teneo.

N. Recordarisne quid ad haec respondebamus?

A. Vtique recordor, si me memoria non fallit. Dicebas enim non ipsas causas rerum quae in diuina essentia subsistunt angelos uidisse, sed quasdam apparitiones diuinas quas, ut ais, theophanias greci appellant, causarumque aeternarum quarum imagines sunt nomine appellatas. Addidisti etiam non solum ipsam diuinam essentiam incommutabiliter in se ipsa existentem deum uocari, sed etiam ipsas theophanias quae ex ea et de ea in natura intellectuali exprimuntur dei nomine praedicari.

essência divina não pode ser compreendida por nenhuma criatura intelectual, que tem sua expressão máxima nos anjos; e que a felicidade que se nos promete não é outra senão a igualdade com a natureza angélica), como então a natureza humana, em estado de beatitude, conseguirá contemplar a elevada essência divina?

T. Observação penetrante e vigilante! Não é sem razão que levantas essa dúvida. Mas acho que o que dissemos anteriormente sobre as criaturas em geral será suficiente para solucionar o problema.

D. A que te referes? Repete, por favor.

T. Não definimos, de modo universal, que a essência divina não pode ser compreendida por nenhum sentido corpóreo, por nenhuma potência racional, nem por nenhuma potência intelectual humana ou angélica?

D. Recordo-me de consentir com isso, e não posso negá-lo. Mas me parece que, ou refutamos a referida objeção, e provamos que a criatura intelectual é capaz de contemplar a essência divina em si mesma, ou não a solucionamos, já que se funda em razões certíssimas, e será necessário explicar, mediante argumentos verdadeiros e exemplos prováveis, o modo de contemplação divina que se promete aos santos no futuro, e da qual os anjos sempre fruem.

T. Não conheço outro modo de contemplação senão aquele sobre o qual falamos anteriormente de modo breve.

D. Repete-o, por favor, pois não me recordo.

T. Lembras-te de que concordamos num ponto, ao falarmos do *Hexamerão* do Santo Padre Agostinho?

D. Lembro-me, mas quero ouvir-te falar de novo sobre esse ponto.

T. Parece-me que questionavas como o mencionado Santo Padre poderia dizer que os anjos contemplaram primeiro em Deus as causas das coisas que haviam de ser criadas, e que subsistem eternamente em Deus e que são Deus, e depois as contemplaram em si mesmos, e por fim conheceram as espécies[19] e diferenças nas próprias criaturas, uma vez que a essência divina, incluindo as ideias que nela estão essencialmente, não pode ser compreendida por nenhuma criatura.

D. Concordo com tudo isso.

T. Lembras-te do que respondemos?

D. Lembro-me, se é que não me falha a memória. Dizias que os anjos não viram as causas das coisas tais como estão na essência divina, mas certas manifestações divinas que, como dizes, os gregos chamam "teofanias", recebendo o

N. Bene tenes. Ita enim diximus.

A. Sed quid ad negotium praesens pertinet?

N. Non paruum, ut uideo. Eo enim modo et angelos deum semper uidere arbitror, iustos quoque et in hac uita dum mentis excessum patiuntur et in futuro sicut angeli uisuros esse.

A. Non ergo ipsum deum per se ipsum uidebimus, quia neque angeli uident – hoc enim omni creaturae impossibile est; «solus» nanque, ut ait Apostolus, «habet immortalitatem et lucem habitat inaccessibilem» – sed quasdam factas ab eo in nobis theophanias contemplabimur.

N. Non. Vnusquisque enim secundum suae sanctitatis atque sapientiae celsitudinem ab una eademque forma quam omnia appetunt, uerbum dico, formabitur. Ipsa nanque de se ipsa loquitur in euangelio: «In domo patris mei mansiones multae sunt», se ipsam domum patris appellans. Quae, dum sit una eademque incommutabilisque permaneat, multiplex tamen uidebitur his quibus in se habitare largietur. Nam unusquisque, ut diximus, unigeniti dei uerbi notitiam in se ipso possidebit, quantum ei gratia donabitur. Quot enim numerus est electorum, tot erit numerus mansionum. Quanta fuerit sanctarum animarum multiplicatio, tanta erit diuinarum theophaniarum possessio.

A. Verisimile.

N. Reae dicis uerisimile. Quis enim de talibus firmarit ita et non aliter esse, dum uires humanae adhuc in hac fragili came intentionis uideantur excedere?

A. Sed uelim quid de hac theophania coniicere possis breuiter aperias, hoc est, quid sit, unde sit, ubi sit, utrum extra nos an intra nos formatur.

N. Altum quaeris, et nescio quid altius humanis inquisitionibus fieri possit. Dicam tamen quod super hac re in libris sanaorum patrum qui talia ausi sunt dicere potui inuenire.

nome das causas eternas de que são imagens. Acrescentaste que o nome "Deus" não se aplica só à essência divina, que existe imutavelmente em Si mesma, mas que também podemos predicar o nome "Deus" às próprias teofanias, que, partindo da essência e saindo dela, manifestam-se na natureza intelectual.

T. Muito bem; foi isso mesmo que dissemos.

D. Mas que isso tem a ver com a questão presente?

T. Não pouco. Penso que os anjos veem sempre a Deus do mesmo modo como o veem os justos que ainda nesta vida transcendem os limites da mente, e como o verão os justos na vida futura.

D. Portanto, não veremos a Deus n'Ele mesmo, pois tampouco os anjos O veem assim (com efeito, isso é impossível para a criatura, pois diz o Apóstolo: "*Ele é o único que possui imortalidade, e que habita em luz inacessível*"[20]), mas contemplaremos certas teofanias criadas por Ele em nós.

T. Não. Cada um, segundo o grau de sua santidade e sabedoria, será formado por aquela Forma que todos almejam [isto é, pelo Verbo de Deus]. Ela fala de Si mesma no Evangelho: "*Na casa do meu Pai há muitas moradas*",[21] chamando-se de "casa do Pai", a qual, permanecendo imutavelmente una e a mesma, será vista de modo múltiplo por aqueles a quem for concedido nela habitar. Cada um, como dissemos, possuirá em si mesmo um conhecimento do Verbo Unigênito de Deus, na medida da graça que lhe será concedida. O número de mansões será proporcional ao número de eleitos; e haverá tantas teofanias divinas quanto haverá almas santas.

D. Parece verossímil.

T. Tens razão ao chamar essa doutrina de verossímil. Com efeito, quem ousaria afirmar categoricamente que as coisas são assim, e não de outro modo, já que tudo isso parece sobrepujar as forças da inteligência humana presente nesta carne frágil?

Acerca das teofanias

D. Mas gostaria que me expusesses, brevemente e na medida do possível, em que consiste essa teofania: O que é? Qual sua origem? Onde está: fora de nós ou dentro de nós?

T. Perguntas coisas elevadas; não sei se existe objeto mais elevado para a inquirição humana. Mas vou relatar-te o que li nos livros dos Santos Padres, que ousaram escrever sobre o assunto.

A. Dic quaesso.

N. Quaeris itaque quid sit et unde et ubi.

A. Etiam.

N. Maximum monachum diuinum philosophum in expositione sermonum Gregorii theologi de hac theophania altissime atque subtilissime disputasse reperimus. Ait enim theophaniam effici non aliunde nisi ex deo, fieri uero ex condescensione diuini uerbi, hoc est unigeniti filii, qui est sapientia patris, ueluti deorsum uersus ad humanam naturam a se conditam atque purgatam, et exaltatione sursum uersus humanae naturae ad praedictum uerbum per diuinum amorem. Condiscensionem hic dico non eam quae iam facta est per incarnationem, sed eam quae fit per theosin (id est per deificationem) creaturae. Ex ipsa igitur sapientiae dei condescensione ad humanam naturam per gratiam et exaltatione eiusdem naturae ad ipsam sapientiam per dilectionem fit theophania. Cui sensui sanctus pater Augustinus astipulari uidetur exponens illud Apostoli: «Qui factus est nobis iustitia et sapientia». Ita enim exponit: «Sapientia patris, in qua et per quam omnia facta sunt, quae non est creata sed creans, fit in animabus nostris quadam ineffabili suae misericordiae condescensione, ac sibi adiungit nostrum intellectum ut ineffabili quodam modo quaedam quasi composita fiat sapientia ex ipso descendente ad nos et in nobis habitante et ex nostra intelligentia ab eo per amorem ad se assumpta et in se formata». Similiter de iustitia caeterisque uirtutibus exponit non aliter fieri nisi ex diuinae sapientiae nostraeque intelligentiae quadam mirabili atque ineffabili conformatione. In quantum enim, ut ait Maximus, humanus intellectus ascendit per caritatem, in tantum diuina sapientia descendit per misericordiam; et haec est causa omnium uirtutum et substantia. Igitur omnis theophania, id est omnis uirtus, et in hac uita in qua adhuc incipit in his qui digni sunt formari, et in futura uita perfectionem diuinae beatitudinis accepturi, non extra se sed in se et ex deo et ex se ipsis efficitur.

A. Ex deo itaque theophaniae in natura angelica atque humana purgata, illuminata, perfecta per gratiam fiunt ex descensione diuinae sapientiae et ascensione humanae intelligentiae.

D. Relata-me, por favor.

T. Perguntas o que é, donde procede e onde está a teofania?

D. Sim.

T. Posso mencionar Máximo,[22] monge e divino filósofo, que discorreu de modo elevadíssimo e sutilíssimo acerca dessa teofania, ao comentar os sermões de Gregório, o Teólogo. Diz ele que a teofania procede de Deus, e que acontece por uma condescendência do Verbo divino – o Filho Unigênito, que é a sabedoria do Pai, como que se volta para baixo, em direção à natureza humana criada e purgada por Ele – e uma elevação da natureza humana, que se volta para cima, em direção ao Verbo, por meio do amor divino. [Essa condescendência não se refere à descida que já ocorreu na Encarnação, mas àquela que ocorre na *theosis*, isto é, na deificação da criatura]. Assim, a teofania ocorre mediante a descida da Sabedoria de Deus à natureza humana por meio da graça, e mediante a elevação dessa mesma natureza à Sabedoria por meio do amor. Santo Agostinho mostra-se solidário a essa opinião, ao expor as palavras do Apóstolo: "*[Cristo] foi feito para nós justiça e sabedoria*".[23] Explica assim a passagem: "*A Sabedoria do Pai, na qual e pela qual foram feitas todas as coisas, que não é criada, mas criadora, aparece em nossas almas por uma inefável condescendência de sua misericórdia, e une a Si nosso intelecto, de tal modo que a Sabedoria, duma maneira inefável, se torna um composto de duas partes: Aquele que desce até nós e em nós habita, e nossa inteligência, que é assumida por Ele através do amor e é por Ele formada*".[24] De modo similar, ao explicar a justiça e as demais virtudes, diz que elas existem em nós devido a uma admirável e inefável conformação de nossa inteligência à Sabedoria divina. Máximo diz que a Sabedoria divina, que é causa e substância de todas as virtudes, desce pela misericórdia na proporção em que o intelecto humano se eleva pela caridade.[25] Portanto, toda teofania, isto é, toda virtude, que nesta vida já aparece naqueles que foram considerados dignos de serem formados por ela, e que aparecerá na vida futura naqueles que hão de receber a perfeição da beatitude divina, não está fora do homem, mas dentro do homem, e perfaz-se pela união de Deus com o homem.[26]

D. Portanto, as teofanias que se manifestam na natureza angélica e na natureza humana iluminada, purificada e aperfeiçoada pela graça, procedem de Deus, por meio duma descida da divina Sabedoria e duma ascensão da inteligência humana e angélica.

N. Sane. Nam huic rationi conuenit quod idem Maximus ait quia quodcunque intellectus comprehendere potuerit, id ipsum fit. In quantum ergo animus uirtutem comprehendit, in tantum ipse uirtus fit. Horum autem exempla si quaeris, ab eodem Maximo euidentissime posita sunt. Sicut enim aer a sole illuminatus nihil aliud uidetur esse nisi lux, non quia sui naturam perdat, sed quia lux in eo praeualeat ut id ipsum luci esse aestimetur, sic humana natura deo adiuncta deus per omnia dicitur esse, non quod desinat esse natura, sed quod diuinitatis participationem accipiat ut solus in ea deus esse uideatur. Item absente luce aer est obscurus, solis autem lumen per se subsistens nullo sensu corporeo comprehenditur; cum uero solare lumen aeri misceatur, tunc incipit apparere ita ut in se ipso sensibus sit incomprehensibile, mixtum uero aeri sensibus possit comprehendi. Ac per hoc intellige diuinam essentiam per se incomprehensibilem esse, adiunctam uero intellectuali creaturae mirabili modo apparere, ita ut ipsa, diuina dico essentia, sola in ea, creatura intellectuali uidelicet, appareat. Ipsius enim ineffabilis excellentia omnem naturam sui participem superat, ut nil aliud in omnibus praeter ipsam intelligentibus occurrat, dum per se ipsam, ut diximus, nullo modo appareat.

A. Video admodum quid suadere uis. Sed utrum sancti patris Augustini uerbis conuenire possint non satis clare perspicio.

N. Attentior igitur esto, et ad eius uerba, quae primo posuimus, redeamus. Sunt autem haec, ut aestimo, in uicesimo secundo de urbe dei: «Per corpora quae gestabimus, in omni corpore quodcunque uidebimus, quaquauersum oculos nostri corporis duxerimus, ipsum deum perspicua claritate contemplabimur». Vim uerborum intuere. Non enim dixit: Per corpora quae gestabimus ipsum deum contemplabimur, quia ipse per se uideri non potest. Sed dixit: «Per corpora quae gestabimus, in omni corpore quodcunque uidebimus, ipsum deum contemplabimur». Per corpora ergo in corporibus, non per se ipsum uidebitur. Similiter per intellectum in intellectibus, per rationem in rationibus, non per se ipsam diuina essentia apparebit. Tanta enim diuinae uirtutis excellentia in futura uita omnibus qui contemplatione ipsius digni futuri sunt manifestabitur, ut nihil aliud praeter eam siue in corporibus siue in intellectibus eis eluceat. «Erit enim

T. Certamente. Com efeito, Máximo diz uma coisa que se coaduna perfeitamente com essa conclusão: o intelecto se torna tudo o que ele pode compreender.[27] Assim, o espírito se torna determinada virtude na proporção em que a compreende. Se queres ver algumas comparações feitas por Máximo, encontrarás muitas: "*Assim como o ar iluminado pelo sol não parece ser nada além de luz, não porque perca sua natureza, mas porque a luz de tal modo prevalece sobre sua natureza, que parece que o ar se transformou em luz, assim também a natureza humana, unida a Deus, é chamada de deus, não porque o homem tenha deixado de existir em sua própria natureza, mas porque participa de tal modo da divindade, que é como se só Deus estivesse aí. Ademais, se por um lado o ar se faz escuro quando a luz está ausente, por outro lado, a luz subsistente do sol não pode ser compreendida por nenhum sentido corpóreo. Mas quando a luz do sol se imiscui no ar, ela se torna manifesta e compreensível aos sentidos, pois, misturada com o ar, a luz do sol pode ser compreendida pelos sentidos*".[28] Isso dá a entender que a essência divina é incompreensível em Si mesma, mas, quando está unida à criatura intelectual, ela se manifesta dum modo admirável, como se somente a essência divina estivesse presente na criatura intelectual. Sua inefável excelência sobrepõe-se a toda natureza que dela participa, de tal modo que o intelecto não percebe [na criatura deificada] outra coisa que a essência divina, a qual, considerada em Si mesma, não é manifesta de modo algum, como já dissemos.

D. Vejo agora o ponto de que me queres convencer. Mas não percebo muito claramente como as palavras do Santo Padre Agostinho poderiam dar suporte à tua tese.

T. Sê, pois, mais atento, e voltemos a examinar as palavras já citadas do Santo. Ei-las, penso eu [tal como aparecem no livro XXII da *Cidade de Deus*]: "*O corpo que portaremos nos permitirá contemplar com clareza perspícua o próprio Deus em qualquer corpo que virmos e em qualquer direção a que voltarmos os olhos de nosso corpo*".[29] Presta atenção à propriedade das palavras. [Santo Agostinho] não disse simplesmente: "*O corpo que portaremos nos permitirá contemplar o próprio Deus*" – pois Deus não pode ser visto em Si mesmo –, mas disse: "*O corpo que portaremos nos permitirá contemplar o próprio Deus em qualquer corpo que virmos*". Portanto, os corpos verão a Deus nos corpos, e não n'Ele mesmo. De modo similar, os intelectos verão a essência divina nos intelectos, e a razão a verá na razão, e não nela mesma. A grandiosa excelência da potência divina se

deus omnia in omnibus.» Ac si aperte scriptura diceret: solus deus apparebit in omnibus. Hinc ait sanctus Iob: «Et in came mea uidebo deum». Ac si dixisset: in hac came mea, quae multis temptationibus affligitur, tanta gloria futura sit, ut quemadmodum nihil in ea nunc apparet nisi mors et corruptio, ita in futura uita nihil mihi in ea apparebit nisi solus deus, qui uere uita est et immortalitas et incorruptio. At si de sui corporis felicitate talem gloriam promisit, quid de sui animi dignitate existimandum est? Praesertim cum, ut ait magnus Gregorius theologus, corpora sanctorum in rationem, ratio in intellectum, intellectus in deum, ac per hoc tota illorum natura in ipsum deum mutabitur. Cuius rei pulcherrima paradigmata a praedicto Maximo in expositione Gregorii posita sunt. Quorum unum praemisimus cum de aere loquebamur, alterum uero nunc subiungemus, quod est in igne et ferro. Nam cum ferrum conflatum in igne in liquorem soluitur, nihil de natura eius remanere sensibus uidetur sed totum in igneam qualitatem uertitur, sola uero ratione suam naturam quamuis liquefactam seruare cognoscitur. Sicut ergo totus aer lux, totumque ferrum liquefactum, ut diximus, igneum, immo etiam ignis apparet, manentibus tamen eorum substantiis, ita sano intellectu accipiendum quia post finem huius mundi omnis natura, siue corporea siue incorporea, solus deus esse uidebitur, naturae integritate permanente, ut et deus, qui per se ipsum incomprehensibilis est, in creatura quodam modo comprehendatur, ipsa uero creatura ineffabili miraculo in deum uertatur. Sed sufficiant ista, si tibi dare lucescunt.

A. Lucescunt sane, quantum talia nostris mentibus lucere sinuntur. De re enim ineffabili quis in hac uita luculenter potest fari, ut nil amplius inquirentium appetat desiderium? Praesertim cum nulla alia promittitur nobis gloria praeter eorum, quae hic per fidem creduntur et ratione quaeruntur et quantum licet suadentur, in futura uita per experimentum cognitionem.

N. Caute ac rationabiliter existimas. Proinde ad ea quae proposita sunt, hoc est ad diuisiones naturae, redeundum esse censeo.

A. Redeundum sane, quoniam modus obseruandus est in his quae dicenda sunt, ut ad finem quendam possint peruenire.

manifestará de tal modo na vida de todos os que forem considerados dignos da contemplação, que nada além dela aparecerá, quer nos corpos, quer nos intelectos. "*Deus será tudo em todos.*"[30] É como se a Escritura dissesse: só Deus aparecerá em tudo. Assim, diz o santo Jó: "*Na minha carne, verei a Deus*".[31] É como se dissesse: minha carne, que agora é afligida por muitas tentações, será revestida de tão grande glória, que, assim como agora nela aparecem apenas a morte e a corrupção, na vida futura nada se manifestará nela senão Deus, que é vida, imortalidade e incorrupção. Ora, se Jó profetizou tamanha glória para seu corpo beatificado, que pensar então da condição futura de seu espírito? Assinale-se aqui o que diz o grande Gregório, o Teólogo: o corpo dos santos será transformado em razão; a razão, em intelecto; e o intelecto, em Deus.[32] Assim, toda sua natureza será transformada em Deus.[33] Sobre esse ponto, Máximo fez belíssimas comparações ao expor a doutrina de Gregório.[34] Já citamos uma dessas comparações, a do ar. Acrescentemos aqui outra: a do fogo e do ferro. Ora, quando o ferro aquecido pelo fogo se torna líquido, os sentidos não percebem nele nenhuma qualidade da natureza do ferro, pois ele assume, por inteiro, as propriedades do fogo. Só a razão sabe que o ferro, ainda que liquefeito, conserva sua natureza própria. Portanto, assim como o ar aparece como luz, e o ferro liquefeito aparece como ígneo, ou melhor, como fogo, permanecendo, porém, em sua substância, assim também é correto pensar que, depois do fim deste mundo, toda natureza, quer corpórea, quer incorpórea, aparecerá como Deus, permanecendo, porém, na integridade de sua natureza, de tal modo que Deus, que é incompreensível em Si mesmo, seja de algum modo compreendido na criatura, e a criatura seja transformada em Deus por um milagre inefável. Creio que dissemos o bastante, se é que tudo ficou claro para ti.

D. Na medida do que nossa mente pode entender com clareza, está tudo muito claro. Afinal, quem nesta vida poderia falar adequadamente das coisas inefáveis, sem que tenha ainda o desejo de investigar mais? Isso é assim, sobretudo, porque a glória que nos é prometida na outra vida não é outra coisa senão o conhecimento experimental das coisas que hoje cremos pela fé e que investigamos e provamos – na medida do possível – pela razão.

T. Teu pensamento é cauteloso e razoável. Portanto, penso que devemos voltar ao exame da questão proposta, isto é, ao exame das divisões da natureza.

D. Voltemos, pois devemos observar a devida ordem na argumentação, para que possamos chegar a um fim determinado.

II. De natvra creante et non creata

N. Praedictarum itaque naturae diuisionum prima differentia nobis uisa est in eam quae creat et non creatur. Nec immerito, quia talis naturae species de deo solo recte praedicatur, qui solus omnia creans ΑΝΑΡΧΟϹ (hoc est sine principio) intelligitur esse, quia principalis causa omnium quae ex ipso et per ipsum facta sunt solus est. Ac per hoc et omnium quae ex se sunt finis est; ipsum enim omnia appetunt. Est igitur principium et medium et finis: principium quidem, quia ex se sunt omnia quae essentiam participant; medium autem, quia in ipso et per ipsum subsistunt atque mouentur; finis uero, quia ad ipsum mouentur quietem motus sui suaeque perfectionis stabilitatem quaerentia.

A. Firmissime credo et quantum datur intelligo de diuina solummodo omnium causa recte hoc praedicari, quia sola omnia quae a se sunt creat et a nulla superiori ac se praecedente creatur. Ipsa enim est summa ac sola causa omnium quae ex se et in se subsistunt. Velim tamen scire quid de hac re sentias. Non enim me parum mouet dum saepissime in libris sanctorum patrum qui de diuina natura disputare conati sunt inuenio eam non solum omnia quae sunt creare, sed etiam creari. Ea siquidem, ut aiunt, facit et fit, et creat et creatur. Si igitur ita est, quomodo nostra ratiocinatio steterit non facile inuenio. Dicimus enim eam solummodo creare, a nullo autem creari.

N. Merito moueris. Nam et ego de hoc multum admiror et quomodo haec, quae uidentur esse contraria sibi inuicem, sibi inuicem aduersari nequeant, quomodoque uera ratio de hoc consulenda est optarim per te nosse posse.

A. Ingredere precor. Nam de talibus non meam sed tuam sententiam ratiocinandique uiam expecto.

N. Primum itaque, si uidetur, de ipso nomine quod in sancta scriptura usitatissimum est, quod est deus, considerandum arbitror. Quamuis enim multis nominibus diuina natura denominetur, ut est bonitas, essentia, ueritas, caeteraque huiusmodi, frequentissime tamen eo nomine diuina utitur scriptura.

A. Plane uidetur.

A natureza criadora e não criada

T. A primeira espécie que vimos na divisão da natureza é a natureza que cria e não é criada. E não sem razão, pois tal espécie de natureza só pode ser corretamente predicada de Deus, o único que cria todas as coisas ἄναρχος (*anarkhos*), isto é, sem princípio, pois Ele é a causa principial e única de tudo o que foi feito a partir d'Ele e por Ele. Por isso, Ele é o fim de todas as coisas que procedem d'Ele (com efeito, tudo O apetece). Portanto, Deus é o princípio, o meio e o fim: o princípio, pois d'Ele procedem todas as coisas que participam da essência; o meio, porque tudo subsiste e se move nele e por ele; e o fim, pois é a Ele que se movem todas as coisas que buscam o repouso do movimento e a estabilidade da perfeição.

D. Creio firmemente e entendo, o quanto posso, que isso só pode ser predicado corretamente da causa de todas as coisas, pois ela sozinha cria tudo o que dela procede e ela mesma não é criada por nenhuma causa superior e anterior. Mas gostaria de saber o que pensas disto: inquieto-me, e não pouco, de encontrar muitas vezes, nos livros dos Santos Padres que tentaram discorrer sobre a natureza divina, a afirmação de que a causa primeira não só cria tudo o que é, mas também é criada. Com efeito, como dizem, ela faz e é feita, cria e é criada. Se, portanto, é assim, não sei como nosso raciocínio pode ficar de pé, pois dissemos que ela só cria, e não é criada por nada.

T. Com razão te inquietas. Eu também fico perplexo, e gostaria de saber de ti como é possível que essas duas doutrinas não se oponham, uma vez que parecem ser contraditórias.

D. Fala primeiro, pois espero ouvir de ti, não a minha, mas a tua opinião e teus argumentos.

Os nomes de Deus, Seu movimento e Seu repouso

T. Se concordas comigo, em primeiro lugar penso que devemos examinar a palavra "Deus", muito usada na Sagrada Escritura. Embora a natureza divina seja denominada com vários nomes, tais como "bondade", "essência", "verdade", e outros similares, a palavra "Deus" é a mais frequentemente empregada na Escritura.

D. Concordo plenamente.

N. Huius itaque nominis etymologia a graecis assumpta est. Aut enim a uerbo quod est ΘΕΩΡΩ (hoc est uideo) deriuatur, aut ex uerbo ΘΕΩ (hoc est curro), aut – quod probabilius est, quia unus idemque intellectus inest – ab utroque deriuari recte accipitur. Nam cum a uerbo ΘΕΩΡΩ deducitur, ΘΕΟC uidens interpretatur. Ipse enim omnia quae sunt in se ipso uidet, dum nihil extra se ipsum aspiciat, quia nihil extra ipsum est. Cum uero a uerbo ΘΕΩ ΘΕΟC deducitur, currens recte intelligitur. Ipse enim in omnia currit et nullo modo stat, sed omnia currendo implet, sicut scriptum est: «Velociter currit sermo eius». Attamen nullo modo mouetur. De deo siquidem uerissime dicitur motus stabilis et status mobilis. Stat enim in se ipso incommutabiliter nunquam naturalem suam stabilitatem deserens, mouet autem se ipsum per omnia ut sint ea quae a se essentialiter subsistunt. Motu enim ipsius omnia fiunt. Ac per hoc unus idemque intellectus est in duabus interpretationibus eiusdem nominis, quod est deus. Non enim aliud est deo currere per omnia quam uidere omnia; sed sicut uidendo, ita et currendo fiunt omnia.

A. De etymologia nominis satis ac probabiliter suasum est. Sed non satis uideo quo se moueat qui ubique est, sine quo nihil esse potest et extra quem nihil extenditur. Est enim locus omnium atque circunscriptio.

N. Deum moueri non extra se dixi, sed a se ipso in se ipso ad se ipsum. Non enim alium motum in eo oportet credi praeter suae uoluntatis appetitum, quo uult omnia fieri, sicut status eius non quasi post motum stet sed eiusdem suae uoluntatis incommutabile propositum intelligitur, quo omnia in incommutabili rationum suarum stabilitate permanere diffinit. Non enim in ipso proprie status aut motus dicitur. Haec enim duo opposita sibi inuicem esse uidentur. Opposita autem in eo cogitari uel intelligi uera ratio prohibet, praesertim cum status proprie finis motionis est; non autem deus moueri inchoat ut ad statum quendam perueniat. Haec igitur nomina sicut et multa similia ex creatura per quandam diuinam metaphoram ad creatorem referuntur. Nec irrationabiliter, quoniam omnium quae in statu et motu sunt causa est. Ab eo enim incipiunt currere ut sint, quoniam principium omnium est; et per eum ad eum naturali motu feruntur ut in eo

T. A etimologia desse nome é grega: ou deriva do verbo θεωρῶ (*theoro)*, que significa "ver"; ou do verbo θέω (*theo*), que significa "correr"; ou deriva dos dois verbos ao mesmo tempo, o que é mais provável, já que encerram um único e mesmo significado. Derivando θεός (*theós,* Deus) de θεωρῶ, a palavra significa "aquele que vê". Com efeito, Ele vê todas as coisas n'Ele mesmo, não vendo nada fora de Si, já que fora d'Ele nada existe.[35] Deduzindo θεός de θέω, a palavra significa "aquele que corre". Com efeito, Ele "corre" por todas as coisas, não se detém em nenhuma delas, mas preenche tudo correndo [através delas], assim como está escrito: "*Sua palavra corre velozmente*".[36] Contudo, Ele não se move de modo algum. É mui verdadeiro dizer [de Deus] que Ele é um movimento inerte e uma inércia móvel.[37] Ele está parado em Si mesmo de modo imutável, nunca perdendo Sua natural inércia, mas move a Si mesmo através de todas as coisas, para que elas subsistam essencialmente a partir d'Ele. Assim, por Seu movimento, todas as coisas são feitas. Portanto, as duas traduções do nome "Deus" têm o mesmo sentido, pois, para Deus, correr através de todas as coisas é o mesmo que vê-las, e, assim como as coisas são feitas porque Ele as vê, assim também são feitas porque corre através delas.

D. Quanto à etimologia do nome, tua afirmação é suficiente e provável. Mas não vejo suficientemente como pode mover-se Aquele que está em todo lugar, sem o qual nada pode existir e fora do qual não existe nenhuma extensão. Com efeito, Deus é o lugar e o limite de todas as coisas.

T. Não disse que Deus se move para *fora de Si*, mas que se move a *partir de Si*, em Si mesmo e em direção a Si mesmo. Não podemos atribuir-Lhe outro movimento que o apetite de Sua vontade, segundo o qual Ele quer que todas as coisas sejam feitas. De modo similar, Sua inércia não consiste em repousar depois de mover-se, mas significa o propósito imutável de Sua vontade, segundo o qual define que todas as coisas devem permanecer na estabilidade imutável de Suas Ideias. Não lhe atribuímos movimento ou repouso em sentido próprio, mas em sentido analógico. Com efeito, parece que essas duas coisas são opostas. Ora, a reta razão proíbe que Lhe atribuamos coisas opostas, sobretudo porque o repouso é propriamente a finalidade do movimento, e Deus não começa a mover-se para que chegue a determinado repouso. Tais conceitos, e muitos outros similares, são próprios da criatura, e são atribuídos ao Criador por certa metáfora divina. Tal metáfora não é desarrazoada, já que Deus é a causa de tudo o que está em repouso

incommutabiliter atque aeternaliter stent, quoniam finis quiesque omnium est. Nam ultra eum nil appetunt, in eo enim sui motus principium finemque inueniunt. Deus ergo currens dicitur non quia extra se currat, qui semper in se ipso immutabiliter stat, qui omnia implet, sed quia omnia currere facit ex non existentibus in existentia.

A. Redi ad propositum. Haec enim non irrationabiliter dicta esse uidentur.

N. Quale propositum quaeras, admoneas me peto. Nam cum de incidentibus quaestionibus quaedam dicere conamur, principalium quaestionum saepissime obliuiscimur.

A. Nunquid hoc proposuimus, ut pro uiribus inuestigaremus qua ratione ab his qui de diuina natura disputant eadem creare et creari dicitur? Creare enim omnia nullus sane intelligentium ambigit; quomodo uero creari dicitur non transitorie praetereundum esse nobis uisum est.

N. Ita profecto. Sed, ut arbitror, ex his quae praedicta sunt ad hanc quaestionem soluendam non exiguus introitus reseratus est. Confectum est enim inter nos quod motus diuinae naturae nihil aliud intelligendum praeter diuinae uoluntatis propositum ad ea condenda quae facienda sunt. Fieri ergo dicitur in omnibus diuina natura, quae nihil aliud est nisi diuina uoluntas. Non enim aliud in ea est esse et uelle, sed unum idemque est uelle et esse in condendis omnibus quae facienda uisa sunt. Verbi gratia, si quis dixerit: ad hoc diuinae uoluntatis motus adducitur ut sint ea quae sunt. Creat igitur omnia quae de nihilo adducit ut sint ex non esse in esse; creatur autem quia nihil essentialiter est praeter ipsam, est enim omnium essentia. Nam sicut nullum bonum naturale est, sed omne quod dicitur bonum esse ex participatione unius summi boni est, ita omne quod dicitur existere non in se ipso existit sed participatione uere existentis naturae existit. Non solum itaque, ut in his quae ante dicta sunt consideratum est, diuina natura fieri dicitur dum in eis qui fide et spe et caritate

ou em movimento. As coisas partem d'Ele para que existam, porque Ele é o princípio de todas as coisas; e através d'Ele são conduzidas, por um movimento natural, até Ele, para que n'Ele repousem imutável e eternamente, porque Deus é o fim e o repouso de todas as coisas. Com efeito, não desejam nada além d'Ele, encontrando n'Ele o princípio e o fim de seu movimento. Portanto, dizemos que Deus corre não porque corra para fora de Si – já que permanece sempre e imutavelmente em Si mesmo, preenchendo todas as coisas –, mas porque faz com que todas as coisas corram da não existência para a existência.

D. Volta à questão principal, pois o que disseste não parece desarrazoado.

T. Peço que me digas qual é a questão principal, já que, quando tratamos de questões incidentes, muitas vezes esquecemos quais são as principais.

Por que alguns afirmam que Deus cria e se cria?

D. Não nos tínhamos proposto investigar, segundo nossas forças, por que os autores que discorrem sobre a natureza divina afirmam que ela cria e é criada? Nenhum homem inteligente duvida de que Ele cria todas as coisas; mas como é possível dizer que Ele seja criado, eis um problema que não deve ser passado por alto.

T. Isso mesmo! Mas penso eu que as coisas que dissemos abrem uma porta não estreita para resolver a questão. Concordamos que o movimento da natureza divina significa o propósito da vontade divina de criar tudo o que deve ser feito. Portanto, podemos dizer que a natureza divina se realiza em todas as coisas, pois a natureza divina não é outra coisa que a vontade divina. Com efeito, nela, o ser e o querer não são coisas distintas, mas seu querer e seu ser são uma e a mesma coisa com respeito a tudo o que lhe parece bom de ser feito. Por exemplo, se alguém disser: "O fim do movimento da vontade divina é fazer com que existam as coisas que existem". Nesse sentido, a natureza divina cria tudo o que leva do nada à existência, do não-ser ao ser; em outro sentido, é criada, pois nada existe essencialmente fora dela, pois ela é a essência de todas as coisas. Com efeito, assim como não existe nenhum bem natural fora dela, pois tudo o que se chama bom é bom por participação no único e sumo bem, assim também tudo o que se diz existir, não existe em si mesmo, mas por participar da natureza verdadeiramente existente. Dizemos que a natureza divina é feita não só no sentido que acabamos de expor, mas também que o Verbo de Deus,

caeterisque uirtutibus reformantur dei uerbum mirabili atque ineffabili modo innascitur, sicut ait Aposto lus de Christo loquens: «Qui factus est nobis sapientia a deo et iustificatio et sanctificatio et redemptio», sed etiam quia in omnibus quae sunt apparet quae per se ipsam inuisibilis est, non incongrue dicitur facta. Nam et noster intellectus, priusquam ueniat in cogitationem atque memoriam, non irrationabiliter dicitur (non) esse; est enim per se inuisibilis et nulli praeter deum nobisque ipsis cognitus est. Dum uero in cogitationes uenerit et ex quibusdam phantasiis formam accipit, non inmerito dicitur fieri. Fit enim in memoria formas quasdam accipiens rerum seu uocum sensibilium qui informis erat priusquam in memoriam ueniret, deinde secundam formationem recipit dum quibusdam uocum signis seu aliis sensibilibus indiciis formatur, per quae audientium sensibus insinuari possit.

Hac similitudine, quamuis a diuina natura remota sit, suaderi tamen posse arbitror quomodo ipsa, dum omnia creat et a nullo creari nesciat, in omnibus quae ab ea sunt mirabili modo creatur, ut, quemadmodum mentis intelligentia seu propositum seu consilium seu quoquo modo motus ille noster intimus et primus dici possit, dum in cogitationem, ut diximus, uenerit, quasdamque fantasiarum formas acceperit, deindeque in signa uocum seu sensibilium motuum indicia processerit, non incongrue dicitur fieri – fit enim in phantasiis formatus qui per se omni sensibili caret forma – ita diuina essentia, quae per se subsistens omnem superat intellectum, in his quae a se et per se et in se et ad se facta sunt recte dicitur creari, ut in eis siue intellectu si solummodo intelligibilia sunt, siue sensu si sensibilia sint, ab his qui eam recto studio inquirunt cognoscatur.

A. De his sat est dictum, ut censeo.

N. Sat plane, ni fallor.

A. Sed adhuc necessarium edisseras quare diuina natura creatrix solummodo dicitur esse et non creata, si, ut praedictis rationibus suasum est, et creat et creatur. Haec enim sibimet uidentur contradicere.

N. Caute uigilas. Nam et hoc inquisitione dignum esse uideo.

A. Dignum profecto.

dum modo admirável e inefável, nasce naqueles que são reformados pela fé, esperança, caridade, e demais virtudes – assim como diz o Apóstolo, falando de Cristo: "*O qual foi feito por Deus sabedoria para nós, e justiça, e santificação, e redenção*".[38] Além do mais, não é incorreto dizer que a natureza divina, que é invisível em si mesma, seja feita, pois ela aparece em todas as coisas que existem.[39] Com efeito, dizemos até mesmo que nosso intelecto [não] existe, antes de obter conhecimento ou memória. Ele é em si invisível, e ninguém o conhece senão Deus e nós mesmos. Mas, quando começa a pensar, e assume uma forma a partir dos fantasmas, com razão dizemos que o intelecto é feito. Ele é feito na memória, recebendo as formas [das coisas, das palavras, das cores e de outras realidades sensíveis], mas, antes disso, era informe. Depois, recebe uma segunda formação, ao ser formado pelos signos das formas e das palavras – isto é, pelas letras, que são signos das palavras, e pelas figuras, que são signos das formas matemáticas –, ou por outros sinais sensíveis que lhe permitem se comunicar com os sentidos dos seres sencientes. Penso que essa analogia, embora muito distante da realidade da natureza divina, possa mostrar como ela, que cria todas as coisas e não é criada por nada, pode ser criada em todos os seres que dela procedem. Assim como dizemos que é feita a inteligência da mente, ou o propósito, ou o conselho, independentemente do nome que se queira dar a esse nosso movimento íntimo e primordial – quando começa a cogitar, e recebe as formas dos fantasmas, e chega até os signos das palavras ou aos sinais dos movimentos sensíveis, a inteligência, que em si carece de toda forma sensível, é formada nos fantasmas –, assim também dizemos que é criada a essência divina, que subsiste por si e supera todo intelecto, em tudo o que é feito a partir dela, por ela, nela, [e para ela], de tal modo que os que fazem o esforço correto podem conhecê-la pelo intelecto, tal como se manifesta nas coisas inteligíveis, e pelos sentidos, tal como se manifesta nas coisas sensíveis.

D. O que disseste parece satisfatório.

T. Muito satisfatório, se não me equivoco.

D. Mas é ainda preciso que expliques por que se diz que a natureza divina é apenas criadora e não criada, já que, segundo essa exposição, ela cria e é criada. Parece que essas doutrinas se contradizem.

T. Estás muito atento. Acho que vale a pena empreender essa investigação.

D. Vale muito a pena.

N. Attende itaque in ea quae sequuntur mentisque contuitum huic breuiter responsioni accommoda.

A. Praecede. Intentus subsequar.

N. Diuinam naturam uniuersitatis conditricem esse non dubitas?

A. Perge ad caetera. Hinc enim haesitare nefas est.

N. Similiter a nullo creari fide atque intellectu percipis?

A. Nil eo firmius.

N. Non ergo ambigis dum ipsam creari audis non ab alia sed a se ipsa creari?

A. Non ambigo.

N. Quid igitur? Nonne semper creans est siue se ipsam siue a se creatas essentias creauerit? Nam cum dicitur se ipsam creare, nil aliud recte intelligitur nisi naturas rerum condere. Ipsius nanque creatio, hoc est in aliquo manifestatio, omnium existentium profecto est substitutio.

A. Hactenus quae dicta sunt uidentur esse probabilia. Sed uelim audire quid de hac ineffabili atque incomprehensibili creatrice omnium causalique natura theologia edocet, id est quid sit uel qualis, et quomodo diffinitur.

N. Nonne ab ipsa quam nunc nominasti theologia, quae aut solummodo aut maxime erga diuinam naturam uersatur, satis ac plane ueritatem intuentibus suasum est ex his quae ab ipsa creata sunt solummodo ipsam essentialiter subsistere, non autem quid sit ipsa essentia intelligi? Nam non solum, ut saepe diximus, humanae ratiocinationis conatus, uerum etiam essentiarum caelestium purissimos superat intellectus; ipsam tamen esse ex his quae sunt, et sapientem esse ex diuisionibus eorum in essentias, in genera, in species differentiasque numerosque, uiuereque eam ex motu omnium stabili et ex statu mobili recto mentis contuitu theologi scrutati sunt. Hac etiam ratione causam omnium ter subsistentem uerissime inuenerunt. Nam, ut diximus, ex essentia eorum quae sunt intelligitur esse, ex mirabili rerum ordine sapientem esse, ex motu uitam esse repertum est. Est igitur causa omnium creatrixque natura, et sapit, et uiuit. Ac per hoc per essentiam patrem, per sapientiam filium, per uitam spiritum sanctum intelligi inquisitores ueritatis tradiderunt.

T. Presta, pois, atenção ao que diremos em seguida, e concentra-te na breve resposta que daremos.

D. Continua. Acompanhar-te-ei atentamente.

T. Não hesitas em crer que a natureza divina é a criadora de tudo?

D. Prossegue, já que colocar isso em dúvida é impossível.

T. De modo similar, sabes pela fé e pelo entendimento que ela não é criada por nada?

D. Nada mais certo que isso.

T. Portanto, quando ouves que ela é criada, não hesitas em pensar que não é criada por outra natureza senão por ela mesma?

D. Não hesito.

T. Que dizer então? Não estaria ela sempre criando, quer crie a si mesma, quer crie as essências criadas? Com efeito, dizer que ela cria a si mesma significa que cria as naturezas das coisas. Com efeito, a criação, isto é, a manifestação da natureza divina em algo, é o que faz subsistir todos os seres existentes.

D. Até aqui tudo o que disseste parece provável. Mas gostaria de ouvir o que ensina a teologia a respeito dessa natureza inefável, incompreensível, criadora e causadora de tudo [se ela é, o que é, quais suas qualidades e como é definida].

A tríplice subsistência da Causa universal

T. Porventura a teologia, que acabaste de mencionar, e que se ocupa única ou maximamente da natureza divina, não prova de maneira clara que só podemos saber, a partir da criação, que a natureza divina subsiste essencialmente, mas não podemos saber *o que* ela é? Como dissemos muitas vezes, essa natureza não só supera os esforços da razão humana, mas até mesmo os intelectos puríssimos das essências celestiais. Os teólogos puderam perceber que ela existe, contemplando as coisas que existem; que ela é sábia, contemplando as divisões das coisas em essência, gênero, espécie, diferença e número; que é vivente, contemplando o movimento inerte e a inércia móvel de tudo. Por essa razão, concluíram que a causa de tudo é três vezes subsistente. Como dissemos, entenderam que ela existe, contemplando a essência das coisas que são; que ela é sábia, contemplando a admirável ordem das coisas; e que é vida, contemplando o movimento. Portanto, a causa de tudo, a natureza criadora, *é, sabe e vive*. Assim, os inquiridores

A. Haec mihi satis planeque suasa sunt eaque uerissima esse conspicio. Omnino siquidem quid uel qualis diffiniri non potest; nam quod intelligi omnino non sinitur, diffiniri omnino nequitur. Velim tamen audire qua ratione theologi unitatem et trinitatem de causa omnium praedicare ausi sunt.

N. In hac ultima tua propositione non magnopere nobis laborandum, praesertim sancto Dionysio Ariopagita theologo nobis uerissime atque probatissime suadente diuinae unitatis atque trinitatis mysteria. Ait enim: nulla uerborum seu nominum seu qualicunque articulatae uocis significatione summa omnium atque causalis essentia potest significari. Non enim est unitas neque trinitas talis qualis ab humano, quamuis purissimo, cogitari aut angelico intellectu, etsi serenissimo, considerari potest; sed ut de re ineffabili atque incomprehensibili religiosi piorum animorum motus aliquid cogitare ac praedicare possent, maxime propter eos qui christianae religionis rationem a catholicis uiris exigunt, siue discendae ueritatis gratia si boni sint, siue temptandae et reprehendendae occasione si mali, haec religiosa fidei symbolica uerba a sanctis theologis et reperta et tradita sunt, ut corde credamus et ore confiteamur diuinam bonitatem in unius essentiae tribus substantiis esse constitutam. Et nec hoc sine spiritualis intelligentiae rationabilisque inuestigationis contuitu inuentum est. Vnam enim ineffabilem omnium causam unumque principium simplex atque indiuiduum uniuersaleque quantum diuino spiritu illuminati sunt contemplantes unitatem dixerunt; iterum ipsam unitatem non in singularitate quadam et sterilitate sed mirabili fertilique multiplicitate intuentes, tres substantias unitatis intellexerunt, ingenitam scilicet genitamque et procedentem. Habitum autem substantiae ingenitae ad substantiam genitam patrem, habitum uero substantiae genitae ad substantiam ingenitam filium, habitum uero procedentis substantiae ad ingenitam genitamque substantiam spiritum sanctum nominauerunt. Sed quoniam in hac re fere omnis sanctorum expositorum sanctae scripturae uersatur intentio, satis, ut arbitror, praesentialiter dictum est.

A. Satis plane. Veruntamen planius uelim audire de habitu trium diuinarum substantiarum. Poterit enim quis haec mystica sanctae trinitatis nomina, patrem uidelicet et filium et spiritum sanctum, non secundum habitudinem sed secundum naturam accipere. Pater enim substantiae patris

da verdade ensinaram que a essência é atributo do Pai; a sabedoria, do Filho; e a vida, do Espírito Santo.

D. Tudo isso me parece satisfatório e claro, e considero-o muito verdadeiro. De fato, é impossível definir o que Deus é, e quais suas propriedades, pois o que não pode ser inteligido tampouco pode ser definido. Mas gostaria de ouvir de ti por que razões os teólogos ousaram atribuir à causa de todas as coisas a unidade e a trindade.

T. Essa tua última questão não nos demandará muito esforço, sobretudo porque São Dionísio Areopagita, o Teólogo, expõe, de modo mui verdadeiro e provável, os mistérios da unidade e da trindade divina. Diz ele: "*A suma essência, que é causa de todas as coisas, não pode ser indicada por nenhuma palavra, nome ou qualquer articulação vocal*".[40] Tanto a unidade como a trindade não podem ser cogitadas pelo intelecto humano, mesmo que puríssimo, nem pelo intelecto angélico, ainda que sereníssimo. Mas, para que as inclinações religiosas das almas piedosas pudessem pensar algo sobre o inefável e o incompreensível, e também por causa dos que exigem dos varões católicos uma fundamentação da religião cristã – quer porque desejam aprender a verdade, no caso dos bons, quer porque queiram uma oportunidade para pô-los à prova e repreendê-los, no caso dos maus –, os santos teólogos criaram e transmitiram as piedosas e simbólicas palavras que expressam nossa fé, para que creiamos no coração e confessemos na boca que a bondade divina é constituída duma só essência em três substâncias. Essa fórmula não foi encontrada sem que os teólogos tivessem uma compreensão espiritual e fizessem uma investigação racional. Os contempladores da verdade, na medida da iluminação que lhes deu o Espírito divino, disseram que a causa única e inefável de todas as coisas é um princípio único e simples, indivisível e universal. Compreenderam que a unidade não é solitária e estéril, mas implica três substâncias de unidade: a ingênita, a gênita e a procedente. Chamaram de Pai à relação da substância ingênita com a gênita; de Filho, à relação da substância gênita com a ingênita; e de Espírito Santo, à relação da substância procedente com as substâncias ingênita e gênita. Mas, como quase todos os expositores da Sagrada Escritura tratam desse assunto, basta, penso eu, o que dissemos aqui.

D. De fato basta. Contudo, gostaria que me explicasses mais claramente a relação das três substâncias divinas. Com efeito, pode acontecer de alguém

nomen esse uidetur, similiter et filius nomen substantiae filii, spiritus quoque sancti nominatio non aliud praeter substantiam ipsius significare.

N. Fortassis et nos id ipsum credere atque fateri non negaremus, si sancti Gregorii theologi summa uenerabilisque auctoritas ueraque rationis approbatio talia credere non prohiberet. Nam cum ab eynomianis uenenosissimis catholicae fidei aduersantibus interrogatus esset de hoc nomine quod est pater, utrum naturae sit an operationis significatiuum, diuina gratia illuminatus mirabiliter respondit dicens neque naturae esse neque operationis, sed solius ad filium habitudinis. Si enim responderet naturae esse nomen patrem, illi continuo sequerentur dicerentque similiter et filium nomen esse naturae; si autem hoc daretur, necessario sequeretur alterius naturae pater esse nomen, alterius filius. In una enim eademque natura duo nomina a se inuicem differentia fieri non possunt. Ac per hoc conficerent patrem et filium ETEPOTCIAC (hoc est diuersae essentiae seu naturae) esse. Similiter de operatione responsum est: nam si daretur eis operationis nomen pater esse, confestim concluderent filium esse creaturam, quando pater operationis (hoc est creationis) suae nomen esse conceditur.

A. Hoc responsum laudabile esse certissimum est, et ex ueritate inspiratum. Sed paulo luculentius considerare debemus. Nam, ut mihi uidetur, non continuo eum reprehendere possent, etsi diceret patrem nomen naturae esse. Quid enim? Nunquid duo nomina, a se inuicem sono non sensu discrepantia in una eademque natura intelligi non ualent, cum et Abraam et Isaac, patrem uidelicet et filium, unam naturam significare uideamus? Non enim alterius naturae nomen est Abraam alterius Isaac, sed unius atque eiusdem.

N. Recte diceres, si similiter in hoc tuo exemplo de Abraam et Isaac affirmare ualeres quod non aliud significat Abraam seu Isaac et aliud significat in eis pater et filius. Nam Abraam et nomen est ipsius Abraam, et pater nomen est eidem Abraam. Similiter et Isaac et nomen est Isaac, et filius nomen est eidem Isaac. Sed non de eadem re Abraam et pater seu Isaac et filius praedicantur. Nam de substantia Abraam, id est de speciali eius persona, Abraam dicitur, de relatione uero eius ad suum filium Isaac patrem uocari

interpretar os nomes místicos da Santa Trindade, isto é, Pai, Filho e Espírito Santo, como se significassem três naturezas, e não três relações. Ora, "Pai" parece nomear a substância do Pai; de modo similar, "Filho" parece designar a substância do Filho; e "Espírito Santo", a substância do Espírito Santo.

As relações intratrinitárias

T. Talvez até nós mesmos não nos negássemos a crer e confessar isso, se a suma e venerável autoridade e os argumentos de São Gregório, o Teólogo, não nos proibissem. Quando os eunomianos, adversários muito venenosos da fé católica, lhe interrogaram se o nome "Pai" significa uma natureza ou uma operação, [Gregório] respondeu-lhes, iluminado pela graça divina, dizendo que não significa nem natureza nem operação, mas apenas a relação com o Filho. Se tivesse respondido que o nome "Pai" significa uma natureza, seguir-se-ia imediatamente que o nome "Filho" também significa uma natureza. Posto isso, a consequência seria que o nome "Pai" designa uma natureza, e o nome "Filho" designa outra. Ora, dois nomes diferentes não podem aplicar-se à mesma natureza. Assim, poderiam confessar que o Pai e o Filho são ἑτερουσίας (*eterousias*), isto é, seres de essência ou natureza diversa. O mesmo vale para a operação: se lhes concedesse que o nome "Pai" significa uma operação, concluiriam imediatamente que o Filho é uma criatura, pois "Pai" significaria a operação de Deus, isto é, o ato de criar.

D. É certíssimo que essa resposta é louvável, e inspirada pela Verdade. Mas devemos considerar o assunto mais detidamente. Não me parece que poderiam contradizê-lo imediatamente, mesmo que dissesse que o nome "Pai" significa uma natureza. Com efeito, por que seria impossível atribuir a uma só e à mesma natureza dois nomes que, embora diferentes quanto ao som, são iguais quanto ao significado? Porventura os nomes "Abraão" e "Isaac", pai e filho, não designam uma só natureza? Ora, o nome "Abraão" não significa uma natureza, e o nome "Isaac", outra; mas ambos significam uma só e a mesma natureza.

T. Terias razão se, considerando esse mesmo exemplo de Abraão e Isaac, pudesses também afirmar que Abraão e Isaac não significam outra coisa que pai e filho. Ora, "Abraão" é o nome de Abraão, e "pai" também é um nome que se predica dele; de modo similar, "Isaac" é o nome de Isaac, e "filho" é um nome

nemo bene intelligentium dubitant. Eodem modo de Isaac intelligendum. Hoc enim nomine Isaac propria indiuiduaque substantia ipsius significatur, habitus autem eius ad patrem suum per filium cognoscitur. Non enim potes negare talia nomina, id est patrem et filium, relatiua esse, non substantiua. Si ergo apud nos, hoc est in nostra natura, non substantialiter sed relatiue tales uoces praedicantur, quid de summa ac sancta dicturi sumus essentia, in qua substantiarum inter se inuicem relationis (id est habitudinis) talia nomina, pater uidelicet et filius et spiritus sanctus, sancta scriptura constituit?

A. Iam uideo praedicti sancti theologi responsum omnino ueritate suffultum esse. Non enim potest, ut suasum est, siue in diuina siue in humana natura relationis nomen in substantia seu essentia recipi. Nosse tamen aperte ac breuiter per te uelim utrum omnes kategoriae, cum sint numero decem, de summa diuinae bonitatis una essentia in tribus substantiis et de tribus substantiis in eadem una essentia uere proprieque possunt praedicari.

N. De hoc negotio nescio quis breuiter atque aperte potest dicere. Aut enim de huiusmodi causa per omnia tacendum est et simplicitati orthodoxae fidei commitendum, nam exsuperat omnem intellectum, sicut scriptum est: «Qui solus habes immortalitatem et lucem habitas inaccessibilem». Aut si quis de ea disputare coeperit, necessario multis modis multisque argumentationibus uerisimile suadebit, duabus principalibus theologiae partibus utens, affirmatiua quidem, quae a grecis ΚΑΤΑΦCΑΤΙΚΗ dicitur, et abnegatiua, quae ΑΠΟΦΑΤΙΚΗ uocatur. Vna quidem, id est ΑΠΟΦΑΤΙΚΗ, diuinam essentiam seu substantiam esse aliquid eorum quae sunt, id est quae dici aut intelligi possunt, negat; altera uero, ΚΑΤΑΦCΑΤΙΚΗ, omnia quae sunt de ea praedicat, et ideo affirmatiua dicitur, non ut confirmet aliquid esse eorum quae sunt, sed omnia quae ab ea sunt de ea posse praedicari suadeat. Rationabiliter enim per causatiua causalis potest significari. Dicit enim esse ueritatem, bonitatem, essentiam, lucem, iustitiam, solem, stellam, spiritum, aquam, leonem, ursum, uermem, et caetera innumerabilia. Et non solum ex his quae sunt secundum naturam eam edocet, sed ex his quae contra naturam, quando eam inebriari stultitiamque esse et insanire dicit. Sed de his nunc non est nostri propositi disserere; satis enim de talibus a

que se predica dele. Ora, "Abraão" significa a substância de Abraão, isto é, sua pessoa em particular; e ninguém inteligente duvida de que o chamamos "pai" por causa de sua relação com seu filho, Isaac. O mesmo se diga para Isaac: o nome "Isaac" significa sua substância própria e individual, e o nome "filho" evidencia sua relação com seu pai, Abraão. Portanto, não podes negar que os nomes "pai" e "filho" sejam relativos, e não substanciais. Assim, se para nós, isto é, em nossa natureza, tais palavras não são predicadas substancial, mas relativamente, que dizer então da essência suma e santa, à qual a Santa Escritura atribui tais nomes, Pai, Filho e Espírito Santo, distinguindo as substâncias pela relação, ou pelo *habitudo*?[41]

D. Vejo agora que a resposta do referido santo teólogo está absolutamente fundada na verdade. Com efeito, provou-se que, tanto na natureza divina como na humana, nomes que indicam relação não podem identificar-se com a substância ou essência. Mas gostaria de ouvir de ti, clara e brevemente, se todas as categorias, que são dez, podem predicar-se verdadeira e propriamente da suma e única essência da Divina Bondade, que subsiste em três substâncias, e também das três substâncias que possuem uma só essência.

T. Não sei se alguém conseguiria tratar esse assunto de modo breve e claro. Das duas uma: ou ficamos em absoluto silêncio diante dessas questões, abraçando a simplicidade da fé ortodoxa, pois essas coisas superam todo entendimento, como está escrito: "*[Deus] é o único que possui imortalidade e que habita em luz inacessível*";[42] ou então, se começarmos a discutir esses assuntos, necessariamente deveremos empregar muitas distinções e argumentos, servindo-nos das duas principais partes da teologia: a afirmativa, que os gregos chamam de καταφατική (*katafatikê*), e a negativa, que chamam de ἀποφατική (*apofatikê*). A parte apofática nega que a essência ou substância divina seja algo dentre as coisas que são, isto é, das coisas que podem ser expressas verbalmente e inteligidas; a parte catafática predica da divina essência tudo o que é, e, portanto, se chama afirmativa, não porque prove que a essência divina seja algo dentre as coisas que são, mas porque demonstra que tudo o que dela procede pode predicar-se dela. Com efeito, é razoável indicar a causa pelas coisas causadas. Essa parte da teologia diz que Deus é verdade, bondade, essência, luz, justiça, sol, estrela, espírito, água, leão, urso, verme, e inumeráveis outras coisas. E não só atribui à essência divina o que é conforme a natureza, mas

sancto Dionysio Ariopagita in Symbolica Theologia dictum est, ideoque ad id quod a te quaesitum est redeundum. Quaesieras enim utrum omnes kategoriae de deo praedicandae sint proprie an quaedam ipsarum.

A. Redeundum sane. Sed prius considerandum, ut arbitror, cur praedicta nomina, essentiam dico, bonitatem, ueritatem, iustitiam, sapientiam, caeteraque id genus, quae uidentur non solum diuina sed etiam diuinissima esse, et nil aliud praeter illam ipsam diuinam substantiam seu essentiam significare metafórica fieri, id est a creatura ad creatorem translata, praedictus sanctissimus pater atque theologus esse pronuntiarit. Non enim sine quadam mystica atque secreta ratione talia dixisse aestimo.

N. Bene uigilas. Non enim hoc quoque inconsiderate transeundum esse uideo. Ac per hoc respondeas uelim utrum deo aliquod oppositum aut sibi cointellectum esse intelligas. Oppositum dico aut per priuationem aut per contrarietatem aut pet relationem; cointellectum uero, hoc est simul cum eo aeternaliter intellectum, non tamen ei coessentiale.

A. Clare uideo quod uelis. Ac per hoc neque aliquod ei oppositum neque sibi cointellectum ETEPOYCION (hoc est quod sit alterius essentiae quam ipse est) dicere ausim. Nam opposita ita sibi semper opposita sunt ut simul et inchoare incipiant et simul esse desinant, siue eiusdem naturae sint, ut simplum ad duplum, subsesqualterum ad sesqualterum, aut diuersae naturae, ut lux atque tenebrae, aut secundum priuationem, ut mors et uita, uox et silentium. Haec enim his quae ortui succumbunt atque Occasui recta ratione attribuuntur. Nam ea quae a se ipsis discrepant aeterna esse non possunt. Si enim aeterna essent, a se inuicem non discreparent. Nam aeternitas sui similis est ac tota per totum in se ipsa una simplex indiuiduaque subsistit. Est enim omnium unum principium unusque finis in nullo a se ipso discrepans. Eadem ratione coaeternum deo esse quod sibi coessentiale non sit nescio quis audeat affirmare. Nam si hoc cogitari aut inueniri potest, necessario sequitur non esse unum omnium principium, sed duo quaedam seu plura longe a se inuicem differentia, quod uera ratio sine

também o que é contra a natureza, pois associa a ela a ebriedade, a estupidez e a loucura. Mas não é nossa intenção discutir isso aqui, já que São Dionísio Areopagita, na *Teologia Simbólica*,[43] tratou suficientemente do assunto. Portanto, devemos retornar à tua questão. Perguntavas se [todas] as categorias podem [propriamente] predicar-se de Deus, ou se só algumas delas.

D. Creio que devemos voltar à questão. Mas, primeiro, precisamos considerar, penso eu, por que esse santíssimo padre e teólogo[44] diz que são metafóricos ou analógicos, quando transferidos da criatura ao Criador, os referidos nomes, a saber: essência, bondade, verdade, justiça, sabedoria, e outros mais, uma vez que esses nomes não só parecem divinos, mas diviníssimos, e não parecem significar senão a substância ou essência divina. Acho que disse isso por alguma razão mística e secreta.

T. Estás muito atento. Também acho que não devemos passar ao largo da seguinte questão: quero que me respondas se existe algo que seja oposto a Deus, ou que seja concomitante a Ele. Oposto, digo eu, por oposição de privação, contrariedade, relação ou ausência; concomitante, [no sentido de] que exista coeternamente a Ele, e não Lhe seja coessencial.

Os opostos

D. Entendo claramente o que queres. Eu não ousaria dizer que existe algo ἑτερούσιος (*eterousios*) – isto é, de outra essência que a d'Ele – que Lhe seja oposto ou concomitante. Com efeito, as coisas que se opõem pela relação são sempre opostas, pois simultaneamente passam a existir e deixam de existir, quer sejam da mesma natureza, como um número e seu dobro, quer sejam de natureza diversa, como a luz e as trevas, quer se oponham a modo de privação, como morte e vida, som e silêncio. Essas coisas são corretamente atribuídas aos seres que são sujeitos à geração e à corrupção. Com efeito, coisas que são mutuamente excludentes não podem ser [ambas] eternas. Se fossem eternas, não se excluiriam mutuamente. A eternidade é sempre a mesma, uma realidade total, que subsiste em si mesma, única, simples e indivisível.[45] Ela é o único princípio e o único fim, que não admite em si nenhuma discordância. Pela mesma razão, não sei se alguém ousaria afirmar que existe algo coeterno a Deus e que não Lhe seja coessencial. Com efeito, se pudéssemos pensar ou

ulla haesitatione rennuere consueuit. Nam ab uno omnia, a duobus autem uel pluribus nihil esse inchoat.

N. Recte disceptas, ut aestimo. Si igitur praedicta diuina nomina opposita e regione sibi alia nomina respiciunt, necessario etiam res quae proprie eis significantur oppositas sibi contrarietates obtinere intelliguntur. Ac per hoc de deo, cui nil oppositum, aut cum quo coaeternaliter natura differens nil inspicitur, proprie praedicari non possunt. Praedictorum etenim nominum aliorumque sibi similium nullum uera ratio reperire potest, cui non ex aduersa parte aut secum in eodem genere differens aliud ab ipso discedens nomen non reperiatur. Et quod in nominibus cognoscimus, necessarium ut in his rebus quae ab eis significantur cognoscamus. Sed quoniam diuinae significationes quae in sancta scriptura a creatura ad creatorem translatae de deo praedicantur – si tamen recte dicitur aliquid de eo posse praedicari, quod alio loco considerandum est – innumerabiles sunt et paruitate nostrae ratiocinationis nec inueniri nec insimul colligi possunt, pauca tamen exempli gratia diuina uocabula ponenda sunt.

Essentia igitur dicitur deus, sed proprie essentia non est. Esse enim opponitur non esse. ΥΠΕΡΟΥCΙΟC igitur est, id est superessentialis. Item bonitas dicitur, sed proprie bonitas non est. Bonitati enim malitia opponitur. ΥΠΕΡΑΓΑΘΟC igitur est, id est plus quam bonus, et ΥΠΕΡΑΓΑΘΟΤΗΤΑ, id est plus quam bonitas. Deus dicitur, sed non proprie deus est. Visioni enim caecitas opponitur, et uidenti non uidens. Igitur ΥΠΕΡΘΕΟC est, id est plus quam deus: ΘΕΟC enim uidens interpretatur. Sed si ad aliam originem huius nominis recurras, ita ut non a uerbo ΘΕΩΡΩ (id est uideo), sed a uerbo ΘΕΩ (id est curro) ΘΕΟΝ (id est deum) deriuari intelligas, adest tibi similiter eadem ratio. Nam currenti non currens opponitur, sicut tarditas celeritati. Erit igitur ΥΠΕΡΘΕΟC (id est plus quam currens), sicut scriptum est: «Velociter currit sermo eius». Nam hoc de deo uerbo, quod ineffabiliter per omnia quae sunt ut sint currit, intelligimus. Eodem modo de ueritate accipere debemus. Veritati

encontrar tal coisa, necessariamente se seguiria que não existe um princípio único de todas as coisas, mas muitos princípios diferentes entre si, algo que a reta razão costuma rejeitar sem hesitação. Todas as coisas passam a existir a partir dum ser único, e não há nada que passe a existir a partir de dois [ou mais] princípios.

T. Julgas corretamente. Se, pois, existem outros nomes que sejam opostos aos referidos nomes divinos, então as coisas propriamente significadas por esses nomes são necessariamente contrárias entre si, e, portanto, não podem ser predicadas propriamente de Deus, já que não encontramos nada duma natureza diversa da d'Ele que Lhe possa ser oposto ou coeterno. Ora, em relação aos referidos nomes divinos e a outros similares, a reta razão não consegue encontrar nenhum deles que não tenha um nome oposto, ou diferente no mesmo gênero. E o que vale para os nomes necessariamente vale para as coisas significadas pelos nomes. Como são inumeráveis os nomes que a Sagrada Escritura predica de Deus, transferindo ao Criador o que é próprio da criatura (se é que podemos corretamente predicar algo d'Ele, questão esta que consideraremos noutro lugar), e como nosso breve raciocínio não poderá abarcar todos eles, vamos mencionar alguns exemplos de nomes atribuídos a Deus.

Os opostos não se predicam de Deus com propriedade

Dizemos que Deus é essência, mas Ele não é propriamente essência. Ora, ser[46] opõe-se a não-ser. Portanto, Deus é ὑπερούσιος (*hyper-ousios*), supraessencial. Também é chamado de bondade, mas não é propriamente bondade, pois bondade opõe-se a malícia. Portanto, ele é ὑπεράγαθος (*hyper-agathos*), mais do que bom, e ὑπεραγαθότης (*hyper-agathotes*), mais do que bondade. Chamamo-lo Deus, mas ele não é propriamente Deus, [pois] θεός (Deus) significa "aquele que vê". Ora, a visão se opõe à cegueira; e quem vê a quem não vê. Portanto, ele é ὑπέρθεος (*hyper-theos*), mais do que Deus. Se recorreres à outra etimologia, de tal modo que θεός, "Deus", não derive de θεωρῶ, que significa "ver", mas de θέω (*theo*), que significa "correr", vale o mesmo argumento, pois "corredor" se opõe a "não corredor", assim como lentidão se opõe a rapidez. Portanto, ele é ὑπέρθεος, mais do que corredor, como está escrito: "*Sua palavra corre velozmente*".[47] Com

etenim falsitas opponitur. Ac per hoc proprie ueritas non est. ΥΠΕΡΑΛΗΘΗϹ igitur est (id est plus quam uerus et ueritas). Eadem ratio in omnibus diuinis nominibus obseruanda est. Non enim proprie dicitur aeternitas, quoniam aeternitati temporalitas opponitur. ΥΠΕΡΑΙΩΝΙΟϹ igitur est (id est plus quam aeternus et aeternitas). De sapientia quoque nulla alia occurrit ratio, ideoque proprie de deo praedicari non est arbitrandum, quoniam sapientiae et sapienti insipiens et insipientia oppugnant. Proinde ΥΠΕΡϹΟΦΟϹ (id est plus quam sapiens) et ΥΠΕΡϹΟΦΙΑ (id est plus quam sapientia) recte uereque dicitur. Similiter plus quam uita est, siquidem uitae mors opponitur. Eodem modo de luce intelligendum est. Nam luci tenebrae obstant. Hactenus, ut arbitror, de his sufficienter dictum est.

A. Atqui fatendum satis esse dictum. Nam de talibus quaecunque necessaria sunt proferri propter ea quae praesenti negotio disputanda sunt nunc nostrae disceptationis propositum non admittit. Redi igitur, si placet, ad denariae quantitatis kategoriarum considerationem.

N. Intentionis tuae acumen quae adhuc admodum peruigil uidebatur admiror.

A. Vnde? Quaeso dicas.

N. Nonne diximus quod ineffabilis natura nullo uerbo, nullo nomine, seu aliquo sensibili sono proprie possit significari? Et hoc dedisti. Non enim proprie sed translatiue dicitur essentia, ueritas, sapientia caeteraque huiusmodi, sed superessentialis, plus quam ueritas, plus quam sapientia et similia dicitur. Nonne et haec quasi quaedam propria nomina uidentur esse? Nam si essentia proprie non dicitur, superessentialis autem proprie dicitur, similiter si ueritas seu sapientia proprie non dicitur, plus uero quam ueritas et plus quam sapientia proprie uocatur, non ergo propriis nominibus caret. Haec enim nomina, quamuis apud latinos sub uno accentu subque una compositionis armonia usitate non proferantur excepto eo nomine quod est superessentialis, a graecis tamen sub uno tenore composita pronuntiantur.

efeito, entendemos que essa passagem se refere ao Verbo de Deus, que percorre inefavelmente todas as coisas para que existam. O mesmo vale para o nome "verdade". A falsidade se opõe à verdade, e, portanto, Deus não pode ser a verdade em sentido próprio. É, pois, ὑπεραλήθης (*hyper-alethes*) e ὑπεραλήθεια, (*hyper-aletheia*), mais que verdadeiro, mais que verdade. O mesmo argumento vale para todos os nomes divinos. Deus não é propriamente a eternidade, pois a temporalidade se opõe à eternidade. É, portanto, ὑπεραιώνιος (*hyper-aionios*) e ὑπεραιωνία (*hyper-aionia*), mais do que eterno, mais do que a eternidade. Com relação ao nome "sabedoria", vale o mesmo argumento, e portanto não pode ser propriamente predicado de Deus, uma vez que "insipiente" e "insipiência" se opõem a "sábio" e "sabedoria". Portanto, é correto e verdadeiro dizer que Deus é ὑπέρσοφος (*hyper-sofos*), mais do que sábio, e ὑπερσοφία (*hyper-sofia*), mais do que sabedoria. De modo similar, é mais do que vida, pois a morte se opõe à vida. Similarmente, com respeito à luz, à qual se opõem as trevas. Creio que o que dissemos até aqui seja suficiente.

D. Confesso que é suficiente, pois nossa discussão não permite que nos atenhamos a todas as questões que seriam necessárias, pois convém que agora examinemos o tema proposto. Volta, pois, se quiseres, à consideração das dez categorias.

Nomes aplicáveis a Deus, de alguma maneira

T. Admiro a agudez de tua atenção, que até agora se mostrou muito vigilante.

D. Por que dizes isso?

T. Não dissemos que a natureza inefável não pode ser propriamente significada por nenhuma palavra, nenhum nome, nem qualquer som ou coisa sensível? E concordaste conosco. Com efeito, Deus não é chamado de essência, verdade, sabedoria, etc., de modo próprio, mas sim de modo translato [ou analógico], pois Ele é supraessencial, mais do que verdade, mais do que sabedoria. Contudo, não te parece que esses sejam nomes próprios? Se, por um lado, "essência" não é predicada propriamente, por outro lado, "supraessência" seria predicada propriamente. De modo similar, se é impróprio chamá-lo de "verdade" ou "sabedoria", seria próprio chamá-lo de "mais do que verdade" e "mais do que sabedoria". Logo, não carece de nomes próprios. Embora na língua latina esses nomes não se expressem por um só vocábulo – exceto o nome "supraessencial" –, na língua grega formam

Nunquam enim aut uix inuenies superbonum seu superaeternum caeteraque similia composite proferri.

A. Et ego ipse ualde admiror quo intendebam quando hanc non spernendam inquisitionem intactam praetermiseram, atque ideo eam a te aperiri obnixe postulo. Quoquo modo enim diuina substantia, seu simplicibus orationis partibus seu compositis seu solutis graece seu latine tantum ut proprie proferatur, non ineffabilis esse uidebitur. Non enim ineffabile est quod quodam modo fari potest.

N. Nunc uigilas, ut uideo.

A. Vigilo quidem. Sed de hac interposita quaestione nil adhuc uideo.

N. Redi igitur ad ea quae paulo superius inter nos confecta sunt. Duas nanque, ni fallor, sublimissimas theologiae partes esse diximus, et hoc non ex nobis sed auctoritate sancti Dionysii Ariopagitae accipientes, qui apertissime, ut dictum est, bipertitam theologiam asserit esse, id est in ΚΑΤΑΦΑΤΙΚΗΝ et ΑΠΟΦΑΤΙΚΗΝ, quas Cicero in intentionem et repulsionem transfert, nos autem ut apertius uis nominum clarescat in affirmationem et negationem maluimus transferre.

A. Talium, ut arbitror, recordari me uideo. Sed quid ad haec quae nunc considerare uolumus prosint nondum agnosco.

N. Nonne uides haec duo, affirmationem uidelicet et negationem, sibi inuicem opposita esse?

A. Satis uideo et nil plus contrarium potest esse, arbitror.

N. Intende igitur diligentius. Nam cum ad perfectae raciocinationis contuitum perueneris, satis clarum considerabis haec duo quae uidentur inter se esse contraria nullo modo sibimet opponi dum circa diuinam naturam uersantur, sed per omnia in omnibus sibi inuicem consentiunt. Et ut hoc apertius fiat, paucis utamur exemplis. Verbi gratia: ΚΑΤΑΦΑΤΙΚΗ dicit «ueritas est», ΑΠΟΦΑΤΙΚΗ contradicit: «ueritas non est». Hic uidetur quaedam forma contradictionis, sed dum intentius inspicitur

um só substantivo composto. Em nenhum lugar, ou raramente, encontrarás os nomes compostos "suprabom" ou "supraeterno" e similares.

D. Admiro-me de ter deixado passar despercebida essa não desprezível questão, e por isso peço que me esclareças. Se podemos falar propriamente da substância divina, qualquer que seja o meio de expressão empregado, quer por uma oração composta de várias palavras quer por uma só palavra composta, quer em grego, quer em latim, em todo caso parece que a substância divina não é inefável, pois não é inefável o que pode ser expresso verbalmente, qualquer que seja o modo de expressão.

T. Vejo que estás atento.

D. Sim, estou atento. Mas não vejo nada que possa solucionar esse problema.

T. Lembra-te, pois, do que estabelecemos há pouco. Se não me engano, dissemos que a teologia possui duas sublimes partes. Afirmamos isso, não por nossa própria autoridade, mas pela autoridade do Santo Dionísio Areopagita, que diz claramente que a teologia é bipartida: catafática (καταφατική) e apofática (αποφατική).[48] Cícero traduz essas palavras como *intentio* e *repulsio*,[49] mas nós preferimos traduzir como "afirmação" e "negação", para que fique mais claro o sentido das palavras.

D. Acho que me lembro disso. Mas não consigo ver como isso pode ajudar a resolver a questão que estamos considerando.

T. Não vês que estas duas coisas, a afirmação e a negação, são opostas entre si?

D. Vejo-o claramente, e penso que não poderia haver contrariedade maior do que essa.

Harmonia entre *katafatiké* e *apofatiké*

T. Presta, pois, detida atenção. Quando contemplares meu raciocínio em sua completude, verás claramente que essas duas coisas, que parecem ser contrárias, não se opõem de modo algum em se tratando da natureza divina, mas concordam entre si em tudo. Para que fique mais claro, demos alguns exemplos. De modo catafático, dizemos: "Deus é a verdade"; e, de modo apofático: "Deus não é a verdade". Essas orações parecem ter a forma de uma contradição, mas, se examinarmos atentamente, veremos que não há contradição alguma. Quem diz: "Deus é

nulla controuersia repperitur. Nam quae dicit «ueritas est» non affirmat proprie diuinam substantiam ueritatem esse sed tali nomine per metaforam a creatura ad creatorem uocari posse. Nudam siquidem omnique propria significatione relictam diuinam essentiam talibus uocabulis uestit. Ea uero quae dicit «ueritas non est», merito diuinam naturam incomprehensibilem ineffabilemque clare cognoscens, non eam negat esse, sed ueritatem nec uocari proprie nec esse. Omnibus enim significationibus quas ΚΑΤΑΦΑΤΙΚΗ diuinitatem induit ΑΠΟΦΑΤΙΚΗ eam spoliare non nescit. Vna enim dicit «sapientia est», uerbi gratia, eam induens; altera dicit «sapientia non est», eandem exuens. Vna igitur dicit «hoc uocari potest», sed non dicit «hoc proprie est»; altera dicit «hoc non est, quamuis hoc appellari potest».

A. Haec, ni fallor, apertissime uideo et ea quae adhuc mihi a se inuicem discrepantia uidebantur nunc inter se inuicem conuenire et in nullo a se ipsis disentire, dum circa deum considerantur, luce clarius patescunt. Sed quomodo ad praesentis quaestionis solutionem attineant nondum nosse me fateor.

N. Attende igitur uigilantius atque ipsas significationes quae prius adiectae sunt, superessentialem dico, plus quam ueritatem, plus quam sapientiam caeterasque similes, ad quam partem theologiae pertineant, id est utrum affirmatiuae an negatiuae applicandae sunt, quantum tibi possibile est, edissere.

A. Hoc per me ipsum discernere non satis audeo. Nam cum praedictas significationes negatiua carere particula considero, quae est «non», negatiuae parti theologiae adiungere eas pertimesco; si uero affirmatiuae parti easdem adiunxero, intellectum earum mihi non consentire cognosco. Nam cum dicitur «superessentialis est», nil aliud mihi datur intelligi quam negatio essentiae. Qui enim dicit «superessentialis est» aperte negat quia essentialis est. Ac per hoc quamuis in pronuntiatione uocum negatio non appareat, occulte tamen ipsius intellectus bene considerantes non latet. Proinde, ut arbitror, fateri cogor has praedictas significationes quae negatione uidentur carere, quantum datur intelligere, plus negatiuae theologiae parti quam affirmatiuae conuenire.

N. Cautissime atque uigilantissime respondisse te uideo multumque approbo quomodo in pronuntiatione affirmatiuae partis intellectum

a verdade", não afirma que a substância divina seja propriamente a verdade, mas que o Criador pode ser chamado assim por uma metáfora extraída da criação. Ao dizer isso, como que veste com essas palavras a essência divina nua, e que não pode ser expressa verbalmente em sentido próprio. Já quem diz: "Deus não é a verdade", reconhecendo claramente que a natureza divina é incompreensível e inefável, não nega que ela seja a verdade, mas nega que seja a verdade em sentido próprio, ou que possa chamar-se propriamente verdade [em exclusão a tudo quanto não seja verdade ou seja oposto à verdade]. A teologia apofática remove da divindade todas as palavras com que a teologia catafática a reveste. Uma diz: "Deus é sabedoria", vestindo-O com esse nome; a outra diz: "Deus não é sabedoria", despindo-O desse nome. Portanto, uma diz: "Deus pode ser denominado assim", mas não afirma: "e isso em sentido próprio [e exclusivo]"; e a outra diz: "Deus não é assim, embora possamos nomeá-Lo desse modo [em sentido analógico ou não exclusivo]".

D. Se não estiver errado, creio que entendi tudo isso claramente, e as coisas que até agora me pareciam contraditórias mostram-se, de modo tão claro como o dia, concordes entre si e em nada contraditórias, no que diz respeito a Deus. Mas confesso que ainda não entendi como isso pode solucionar a presente questão.

T. Presta mais atenção e me diz, se puderes, a que parte da teologia – afirmativa ou negativa – pertencem as palavras que mencionamos primeiro, isto é, "supraessencial", "mais do que verdade", "mais do que sabedoria", e outras similares.

D. Não ouso dar por mim mesmo uma resposta final a essa questão. Como as referidas palavras não incluem a partícula negativa, [o "não"], hesito em associá-las à teologia negativa; por outro lado, se eu associá-las à parte afirmativa, sei que o sentido dessas palavras não me dariam razão. Com efeito, ao dizer-se: "Ele é supraessencial", não entendo outra coisa que a negação da essência. Quem diz: "Ele é supraessencial" nega abertamente que seja essencial, e assim, embora a negação não apareça na formulação verbal, o sentido negativo oculto está claro para os que prestam atenção. Portanto, penso eu, vejo-me forçado a concordar que tais palavras, que parecem não ser negativas, pertencem mais à teologia negativa que à afirmativa.

T. Vejo que respondeste de modo muito cauteloso e vigilante, e muito me agrada ver que percebeste sutilmente como uma expressão afirmativa pode encerrar um sentido negativo.

negatiuae subtilissime perspexisti. Fiat igitur, si placet, praesentis huius quaestionis solutio hoc modo: ut haec nomina quae adiectione «super» uel «plus quam» particularum de deo praedicantur, ut «est superessentialis, plus quam ueritas, plus quam sapientia» et similia, duarum praedictarum theologiae partium in se plenissime sint comprehensiua, ita ut in pronuntiatione formam affirmatiuae, intellectu uero uirtutem abdicatiuae obtineant. Et hoc breui concludamus exemplo: «essentia est», affirmatio; «essentia non est», abdicatio; «superessentialis est», affirmatio simul et abdicatio, in superficie etenim negatione caret, intellectu negatione pollet. Nam quae dicit «superessentialis est» non quid est dicit sed quid non est. Dicit enim essentiam non esse sed plus quam essentiam, quid autem illud est quod plus quam essentia est non exprimit. Dicit enim deum non esse aliquod eorum quae sunt sed plus quam ea quae sunt esse, illud autem esse quid sit nullo modo diffinit.

A. In hac quaestione non diutius demorandum est, ut aestimo. Et nunc, si uidetur, kategoriarum natura consideranda est.

N. Aristoteles, acutissimus apud grecos, ut aiunt, naturalium rerum discretionis repertor, omnium rerum quae post deum sunt et ab eo creata(e) innumerabiles uarietates in decem uniuersalibus generibus conclusit, quae decem kategorias (id est praedicamenta) uocauit. Nihil enim in multitudine rerum uariisque animorum motibus inueniri potest quod in aliquo praedictorum generum includi non possit. Haec autem a graecis uocantur ΟΥCΙΑ, ΠΟCΟΤΗΤΑ, ΠΟΙΟΤΗΤΑ, ΠΡΟC ΤΙ, ΚΕΙCΘΑΙ, ΕΞΙC, ΤΟΠΟC, ΧΡΟΝΟC, ΠΡΑΤΤΕΙΝ, ΠΑΘΕΙΝ. Quae latialiter dicuntur, essentia, quantitas, qualitas, ad aliquid, situs, habitus, locus, tempus, agere, pati. Horum autem decem generum innumerabiles subdiuisiones sunt, de quibus nunc disputare praesens negotium non admittit, ne longius a proposito recedamus, praesertim cum illa pars philosophiae quae dicitur dialectica circa horum generum diuisiones a generalissimis ad specialissima

Nomes que têm o prefixo "supra" ou "mais do que"

T. Solucionemos, pois, a presente questão do seguinte modo: todos os nomes que estão acompanhados das partículas "supra" ou "mais do que", quando atribuídos a Deus, tais como "supraessencial", "mais do que verdade", "mais do que sabedoria", e similares, pertencem simultaneamente às duas partes da teologia, de tal modo que esses nomes, considerando sua estrutura, têm a forma duma afirmação, e, considerando seu significado, constituem uma negação. Concluamos com este exemplo: "Ele é essência" é uma afirmação; "Ele não é essência" é uma negação; "Ele é supraessencial" é simultaneamente uma afirmação e uma negação: na superfície, não nega nada, mas no seu sentido é uma forte negação. Com efeito, quem diz "Ele é supraessencial" não diz o que Ele é, mas o que não é. Diz que não é essência, mas mais do que essência. Porém, não afirma o que seja isso que é mais do que essência. Diz que Deus não é algo dentre as coisas que são, mas que é mais do que as coisas que são, não definindo de modo algum o que Ele é.

D. Penso que não é necessário nos demorarmos por mais tempo nessa questão. Parece-me que devemos considerar agora a natureza das categorias.

As categorias

T. Aristóteles, o mais penetrante dos filósofos gregos, como dizem, e descobridor das distinções das coisas naturais, encerrou em dez gêneros universais – que chamou de categorias ou predicamentos[50] – a variedade inumerável de todas as coisas que não são Deus, e que foram por Ele criadas. Parecia-lhe que, dentre a multidão das coisas criadas e dentre os vários movimentos da alma, não era possível encontrar nada que não estivesse incluído em algum dos referidos gêneros. Os gregos os chamam assim: οὐσία, προσότης, ποιότης, πρός τι, κεῖσθαι, ἕξις, τόπος, χρόνος, πράττειν, παθεῖν (*ousia, prosotes, poiotes, pros ti, keisthai, exis, topos, chronos, prattein, pathein*), que, traduzidos, são os seguintes: essência, quantidade, qualidade, relação,[51] situação, hábito, lugar, tempo, ação e paixão. Há inumeráveis divisões desses dez gêneros, que não poderemos discutir, para não nos afastarmos demasiado de nossa questão – sobretudo porque a parte da filosofia que se chama dialética já trata da divisão de tais gêneros, partindo do [gênero] generalíssimo e

iterumque collectiones a specialissimis ad generalissima uersetur. Sed, ut ait sanctus pater Augustinus in libris de trinitate, dum ad theologiam (hoc est ad diuinae essentiae inuestigationem) peruenitur, kategoriarum uirtus omnino extinguitur. Nam in ipsis naturis a deo conditis motibusque earum kategoriae qualiscunque sit potentia praeualet, in ea uero natura quae nec dici nec intelligi potest per omnia in omnibus deficit. Attamen, ut praediximus, quemadmodum fere omnia quae de natura conditarum rerum proprie praedicantur de conditore rerum per metaphoram significandi gratia dici possunt, ita etiam kategoriarum significationes, quae proprie in rebus conditis dinoscuntur, de causa omnium non absurde possunt proferri, non ut proprie significent quid ipsa sit, sed ut translatiue quid de ea nobis quodam modo eam inquirentibus probabiliter cogitandum est suadeant.

A. Clare conspicio nulla ratione kategorias de natura ineffabili proprie posse praedicari. Nam si aliqua kategoriarum de deo proprie praedicaretur, necessario genus esse deus sequeretur. Deus autem nec genus nec species est. Nulla igitur kategoria proprie deum significare potest.

N. Recte intueris. Non in uanum, ut arbitror, in praedictis rationibus duarum partium theologiae sudare uoluimus. Non enim tam facile, ac fere absque ullo labore, ad hanc kategoriarum disputationem peruenire ualuissemus, non posse scilicet proprie de deo praedicari, nisi prius de primordialibus causis ab una omnium causa praeconditis, essentiam dico, bonitatem, uirtutem, ueritatem, sapientiam caeterasque huiusmodi ad purum conficeremus non aliter nisi translatiue deum significare. Nam si sublimissimae naturarum omnium post eam ordinatarum creatae causae, solisque purae mentis aspectibus perspicuae, ab una omnium ineffabili causa excellentia essentiae deseruntur, ut nullo modo earum uocabulis ea proprie possit significari, quid dicendum est de his decem generibus praedictis, quae non solum in rebus intelligibilibus uerum etiam in rebus sensibilibus dinoscuntur? Nunquid credibile est ut uere ac proprie de diuina atque ineffabili natura praedicentur?

A. Ita arbitror incredibile esse. Non est igitur OYCIA, quia plus est quam OYCIA; et tamen dicitur OYCIA, quia omnium OYCΠ2N (id est

indo até a [espécie] especialíssima, e trata da composição, partindo do que é mais específico e indo até o que é mais genérico. Contudo, como diz o Santo Padre Agostinho em *Da Trindade*, quando empreendemos a teologia, isto é, a investigação acerca da essência divina, as categorias perdem toda sua força explicativa. Se, por um lado, as categorias são poderosas para explicar as naturezas criadas por Deus e seus movimentos, por outro lado, para explicar a natureza que não pode nem ser expressa nem inteligida [por alguma inteligência criada e finita], mostram-se absolutamente impotentes. Porém, como já dissemos, assim como quase tudo o que se predica propriamente das coisas criadas pode ser, metaforicamente, dito do Criador dessas coisas, assim também não seria absurdo atribuir as categorias, que são próprias das coisas criadas, à causa de todas as coisas – não porque signifiquem propriamente o que ela é, mas porque indicam para nós, que a estudamos de algum modo, o que podemos provavelmente pensar dela de modo translato [e analógico].

D. Entendo claramente que, sob nenhum aspecto, as categorias podem predicar-se propriamente da natureza inefável. Com efeito, se fosse possível predicar de Deus alguma das categorias, aquele gênero seria necessariamente Deus. Ora, Deus não é nem gênero, nem espécie, nem acidente. Portanto, nenhuma categoria pode propriamente significar Deus.

T. Teu entendimento é correto. Não foi em vão, penso eu, o esforço que fizemos ao argumentar sobre as duas partes da teologia. Não chegaríamos tão facilmente, e quase sem nenhum esforço, a essa conclusão sobre as categorias – isto é, que não podem se predicar propriamente de Deus –, se não tivéssemos primeiro estabelecido que as causas primordiais criadas pela causa de todas as coisas, isto é, a essência, a bondade, a virtude, a verdade, a sabedoria, etc., são predicadas de Deus apenas de modo translato. Com efeito, se as sublimes causas criadas de todas as naturezas que vêm depois d'Ele, e que são conhecidas somente pela mente pura, são inferiores à Causa única de todas as coisas por causa da excelência de sua essência, de tal modo que ela não pode receber propriamente os nomes daquelas causas, que dizer então dos dez gêneros, que se verificam não só nas realidades inteligíveis, mas também nas coisas sensíveis? Porventura é crível que possam ser verdadeira e propriamente predicados da natureza divina e inefável?

D. Assim penso eu; não podemos crê-lo. Ele não é οὐσία, substância, pois é mais do que οὐσία, mas podemos chamá-lo de οὐσία porque é o Criador de

essentiarum) creatrix est. Non est quantitas, quia plus quam quantitas est. Omnis enim quantitas tribus spatiis extenditur, longitudine quidem, latitudine, altitudine. Quae iterum tria spatia senario protenduntur numero. Nam longitudo sursum et deorsum, latitudo dextrorsum et sinistrorsum, altitudo ante et retro protenditur. Deus autem omni spatio caret; caret igitur quantitate. Item quantitas in numero partium aut naturaliter coniunctarum, ut est linea aut tempus, aut naturaliter disiunctarum, ut sunt numeri, seu corporales seu intelligibiles.

Diuina substantia nec continuis partibus componitur nec diuiduis distinguitur; non est igitur quantitas. Quantitas tamen non incongrue denominatur duobus modis: aut quia quantitas saepe pro magnitudine uirtutis ponitur, aut quia totius quantitatis principium est et causa. De qualitate quoque non aliter intelligendum. Nulla enim deus qualitas est, nulla ei accidit, nullius est particeps. At uero saepissime qualitas de eo praedicatur, aut quia totius qualitatis conditor est, aut quod qualitas frequentissime in significatione uirtutum ponitur. Nam et bonitas et iustitia caeteraeque uirtutes qualitates esse dicuntur; deus autem uirtus est et plus quam uirtus. Relationis autem ratio non tam aperte patescit quemadmodum aliarum kategoriarum diffinitiones apparent. Videtur enim ista sola kategoria ueluti proprie in deo praedicari. Atque ideo cum summa diligentia inuestigandum esse uideo utrum proprie in summa ac sancta trinitate trium maximarum substantiarum pater relatiue ad filium dicitur, similiter filius ad patrem, spiritus quoque sanctus ad patrem et filium quia spiritus amborum est – haec enim nomina habitudinum esse sanctus pater Gregorius theologus indubitanter asserit – an etiam quemadmodum caeterae kategoriae ita et ista quae dicitur relationis siue habitudinis metaphorice de deo praedicari credendum et intelligendum sit.

N. Rationabiliter, ut aestimo, ad inuestigandum ueritatis mysterium procedis. Nulla enim kategoriarum praeter istam solam de deo proprie praedicari uidetur. Sed utrum ita sit necne, piissime cautissimeque inquirendum est. Nam si proprie de deo dicitur, omnis ferme praedicta nostra raciocinado euacuabitur. Vniuersaliter enim diximus nil proprie de deo aut dici aut intelligi posse. Praesertim kategoria relationis non inter

todas as οὐσίαι. Ele não é quantidade, pois é mais do que quantidade. Com efeito, toda quantidade se estende por três dimensões: comprimento, largura e profundidade, dimensões que se difundem em seis direções.[52] O comprimento estende-se para cima e para baixo; a largura, para a direita e para a esquerda; e a profundidade, para frente e para trás. Mas Deus não tem dimensões; portanto, não tem quantidade. Ademais, a quantidade se divide no número de partes, quer sejam naturalmente conjuntas, como a linha ou o tempo, quer sejam naturalmente disjuntas, como os números corpóreos ou inteligíveis;[53] já a substância divina não é composta de partes contínuas, nem se divide em partes separadas. Portanto, não é quantidade. Mas há dois modos segundo os quais não é incongruente atribuir-lhe a quantidade: porque muitas vezes "quantidade" designa a magnitude do poder, e porque Ele é princípio e causa de toda quantidade. Com respeito à qualidade, devemos pensar o mesmo. Deus não é nenhuma qualidade, nenhuma qualidade é seu acidente, e Ele não participa de nenhuma qualidade. Mas muitas vezes lhe predicamos a qualidade, quer porque seja o Criador de toda qualidade, quer porque seja frequente usar a palavra "qualidade" para significar as virtudes. Com efeito, dizemos que bondade, justiça, e outras virtudes, são qualidades. Ora, Deus é virtude, e mais do que virtude. No tocante à relação, a coisa não é tão clara como no caso das outras categorias, pois à primeira vista parece que só essa categoria é predicada de Deus propriamente. Portanto, acho que devemos empregar a máxima diligência em inquirir se é em sentido próprio que dizemos, com respeito à Suma e Santa Trindade das três substâncias supremas, que o Pai é relativo ao Filho, que o Filho é relativo ao Pai, e que o Espírito Santo é relativo ao Pai e ao Filho por ser o Espírito de ambos – com efeito, São Gregório, o Teólogo, afirma sem hesitação que são nomes de relação –, ou se devemos crer e acreditar que é em sentido metafórico que predicamos de Deus a relação, do mesmo modo como as demais categorias.

T. Penso que procedes de modo razoável na investigação do mistério da verdade. Parece que nenhuma outra categoria, exceto esta, seja predicada de Deus em sentido próprio. Mas precisamos investigar pia e cuidadosamente se as coisas são realmente assim. Com efeito, se é predicada propriamente de Deus, quase toda a nossa argumentação precedente se esvai. Dissemos que nada pode ser dito ou inteligido de Deus em sentido próprio. Assim, se a categoria da relação é predicada propriamente de Deus, então ela não pode ser um dos dez gêneros categóricos.

decem genera kategoriarum reputabitur, si proprie de deo pronuntiatur. Si autem hoc confectum fuerit, kategoriarum numerus non denario sed nouenario concludetur. Restat igitur ut intelligamus hanc etiam kategoriam sicut et caeteras translatiue de deo praedicari, uera siquidem ratiocinatio ad hoc inuitat atque coartat, ne ea quae praedicta sunt incipiant uacillare. Quid enim? Nunquid ueris ratiocinationibus obsistit si dicamus patrem et filium ipsius habitudinis, quae dicitur «ad aliquid», nomina esse et plus quam habitudinis? Non enim credendum est eandem habitudinem in excelsissimis diuinae essentiae substantiis et in his quae post eam ab ea condita sunt. Vt enim, ni fallor, quemadmodum superat omnem essentiam, sapientiam, uirtutem, ita etiam et omnem habitudinem ineffabiliter supergreditur. Quis enim crediderit talem habitudinem inter patrem et uerbum suum esse, qualem inter Abraam et Isaac potest cogitare? Hic enim habitus carnalis ex diuisione naturae post peccatum primi hominis in multiplicatione per generationem inquiritur, illic ineffabilis ingenitae genitaeque substantiae sibimet copula creditur, proutque datur diuini luminis radio cognoscitur. Hic quod quaeritur non ex natura processit, ut diximus, sed ex uitio, illic quod cogitatur ex ineffabili diuinae bonitatis foecunditate procedere cognoscitur. Sed ad caeteras kategorias transeamus.

A. Sex restant, ni fallor, quarum prima KEICΘAI (id est iacere), quam alii situm appellant. Situs autem intelligitur in positione cuiusdam creaturae siue uisibilis siue inuisibilis. Verbi gratia, de aliquo corpore dicitur: aut «iacet» aut «stat». Similiter de animo dicitur, si quietus, «iacet», si peruigil, «stat». Status nanque huic kategoriae applicari solet; nam motus ad tempus refertur. Sed quia deus nec stat nec iacet, praedicta kategoria nulla ratione proprie de eo praedicari potest. At uero quoniam standi et iacendi causa est – in ipso enim omnia et stant (hoc est immutabiliter secundum suas rationes subsistunt) et iacent (hoc est quiescunt); finis enim omnium est, ultra quem nihil appetunt – potest de eo translatiue iacere uel situs praedicari. Nam

Se fosse assim, o número de categorias seria nove, e não dez. Resta, portanto, que entendamos que também essa categoria, como todas as demais, é predicada de Deus em sentido translato [e analógico]. A reta razão nos convida, e nos obriga a que afirmemos isso, para que não comece a desmoronar o que já ficou assentado. Que dizer então? Porventura é contrário à reta razão dizer que "Pai" e "Filho" são nomes de hábitos chamados *relação*?[54] Ora, não devemos crer que a relação das excelsas substâncias da essência divina seja da mesma sorte que a relação existente nas criaturas por ela criadas. Se não estiver errado, penso que, assim como [Deus] supera toda essência, sabedoria e virtude, assim também [Ele] ultrapassa inefavelmente toda relação. Quem ousaria crer que a relação entre o Pai e o Filho é a mesma que podemos atribuir a Abraão e Isaac? Nesse caso, temos uma relação carnal, fundada na divisão da natureza que aconteceu depois do pecado do primeiro homem, multiplicando a espécie pela geração; naquele, temos a união inefável da substância ingênita e da substância gênita (segundo o que nos foi revelado pelo raio da luz divina). Num caso, o que temos é algo que não procede da natureza, mas do vício; no outro, contemplamos algo que procede da inefável fecundidade da bondade divina. Mas passemos às demais categorias.

A situação

D. Restam seis, se não me engano. A primeira delas é a categoria κεῖσθαι (*keisthai*), que significa "estar situado [em algum lugar]", e que alguns chamam de "situação".[55] Situação indica a posição de alguma criatura [em relação à outra], quer visível, quer invisível. Por exemplo, podemos dizer dum corpo: "Está deitado", ou "está de pé" [de modo similar podemos dizer do espírito: "está descansando", se estiver em repouso, ou "está de pé", se estiver acordado]. Também costuma chamar-se essa categoria de "estado", já que o movimento se refere ao tempo.[56] Mas como Deus nem fica de pé, nem se deita, essa categoria não Lhe pode de modo algum ser atribuída com propriedade. Contudo, como é causa do estar de pé e do deitar-se – n'Ele todas as coisas estão de pé, isto é, subsistem imutavelmente segundo Suas Ideias, e estão deitadas, isto é, repousam, pois Ele é o fim de todas as coisas, além do qual não há nada mais a ser desejado – podemos predicar d'Ele a categoria da situação de modo translato. Com efeito, se pudéssemos dizer propriamente que Deus está de pé, deitado ou sentado, Ele teria uma posição.

si uere proprieque deus iacet aut sedet aut stat, positione non caret; si non caret positione, localis est. Non est autem localis; nullo igitur situ continetur.

N. Clare quid uelis perspicio. Ac per hoc ad habitudinis kategoriam transeundum esse uideo, quae omnium kategoriarum propter nimiam sui amplitudinem obscurissima esse uidetur. Non enim est ulla kategoria fere, in qua habitus quidam inueniri non possit. Nam et essentiae seu substantiae habitu quodam ad se inuicem respiciunt. Dicimus enim rationabilis essentia irrationabilisque qua proportione, id est quo habitu, ad se inuicem respiciunt. Non enim irrationabilis diceretur nisi ab habitu absentiae rationis, quomodo non aliunde rationabilis uocatur nisi habitu praesentiae rationis. Omnis enim proportio habitus est, quamuis non omnis habitus proportio. Proprie nanque proportio non minus quam in duobus potest inueniri, habitus uero etiam in singulis rebus inspicitur. Verbi gratia: habitus rationabilis animae uirtus est. Est igitur proportio species quaedam habitudinis. Si autem exemplo uis declarari quomodo habitus proportionalis in essentia inuenitur, ex numeris elige exemplar. Numeri enim, ut aestimo, essentialiter in omnibus intelliguntur. In numeris nanque omnium rerum subsistit essentia. Vides igitur qualis proportio est in duobus et tribus?

A. Video plane. Sesqualteram esse arbitror. Et hoc uno exemplo aliorum omnium substantialium numerorum inter se inuicem collatorum uarias proportionis species possum cognoscere.

N. Intende itaque ad reliqua et cognosce nullas quantitatis species esse, seu qualitatis, seu ipsius quae dicitur «ad aliquid», seu situs, lociue, temporisue, agendi uel patiendi, in quibus quaedam species habitudinis non repperiatur.

A. Saepe talia quaesiui et ita repperi. Nam, ut paucis exempiis utar, in quantitatibus magna et parua et media inter se comparata multa pollent habitudine. Item in quantitatibus numerorum, linearum, temporum, aliorumque similium habitudines proportionum perspicue reperies. Similiter in qualitate. Verbi gratia, in coloribus album et nigrum mediusque qualiscunque sit color habitu sibimet iunguntur. Album siquidem et nigrum, quia extremos

Se tivesse uma posição, estaria sujeito aos limites dum lugar. Ora, Deus não está limitado a um lugar. Portanto, não possui nenhuma posição.

O hábito, e como está presente em todas as categorias

T. Entendo claramente o que queres dizer, e por isso acho que devemos passar à categoria do hábito,[57] que parece ser a mais obscura das categorias, devido à sua grande amplitude. Não há quase nenhuma categoria em que não possamos encontrar algum hábito. Até mesmo as essências, ou substâncias, se relacionam umas com as outras por certo hábito. Dizemos que a essência racional e a essência irracional se relacionam por certa proporção, isto é, por certo hábito [não diríamos que tal essência é irracional senão pelo hábito de ausência da razão, assim como não diríamos que tal essência é racional senão pelo hábito de presença da razão].[58] Toda proporção é um hábito, embora nem todo hábito seja uma proporção. Em sentido próprio, só pode haver proporção entre duas ou mais coisas, enquanto o hábito pode verificar-se numa coisa só. Por exemplo, o hábito da alma racional é a virtude.[59] Portanto, a proporção é certa espécie de hábito. Se quiseres um exemplo que demonstre a existência dum hábito de proporção nas essências, poderás tomar este exemplo dos números. Com efeito, os números, penso eu, estão essencialmente em todas as coisas, pois a essência de todas as coisas subsiste nos números. Conheces, por exemplo, a proporção que existe entre o dois e o três?

D. Conheço, com certeza. Penso que seja a proporção de dois terços. A partir desse exemplo, posso reconhecer as várias espécies de proporção que existem entre todos os demais números substanciais.

T. Presta atenção ao que se seguirá, e nota que não existe nenhuma espécie de quantidade, qualidade, relação, posição, lugar, tempo, ação e paixão, nas quais não se encontre certa espécie de hábito.

D. Muitas vezes meditei acerca disso, e cheguei à conclusão de que de fato é assim. Para dar alguns poucos exemplos: no gênero da quantidade, o grande, o pequeno e o médio, quando comparados uns aos outros, possuem um hábito. [Também claramente encontrarás na quantidade dos números, das linhas, dos tempos, e de outras coisas similares, os hábitos de proporção.] De modo similar, para a qualidade. Por exemplo, as cores, como o branco, o preto e uma cor

colorum locos obtinent, habitu contrarietatis ad se inuicem respiciunt. Color autem ad extrema sui, album dico nigrumque, habitu medietatis respicit. In ea quoque kategoria quae dicitur ΠΡΟC ΤΙ (id est ad aliquid) clare apparet, qualis habitus patris ad filium seu filii ad patrem, amici amico, dupli ad simplum caeteraque huiusmodi. De situ quoque facile patet quomodo stare et iacere habitudinem quandam inter se inuicem possideant. Haec ex diametro sibi inuicem respondent: nequaquam enim intellectum standi absolutum ab intellectu iacendi cogitabis sed semper simul tibi occurrunt, quamuis in re aliqua non simul appareant. Quid dicendum est de loco, quando superiora, inferiora et media considerantur? Nunquid habitudine carent?

N. Nullo modo. Non enim haec nomina ex natura rerum proueniunt, sed ex respectu quodam intuentis eas per partes. Sursum siquidem et deorsum in uniuerso non est, atque ideo neque superiora neque inferiora neque media in uniuerso sunt, nam uniuersitatis consideratio haec respuit, partium uero introducit intentio. Eadem ratio est de maiori et minori. Nullum enim in suo genere paruum aut magnum esse potest, ex cogitatione tamen comparantium diuersas quantitates talia inuenta sunt, ideoque locorum seu partium contemplatio habitum in talibus gignit. Nulla enim natura maior aut minor alia natura sit, sicut neque superior neque inferior, cum una omnium subsistat natura ex uno deo condita.

A. Quid de tempore? Nonne in ipsis, dum inter se inuicem conferuntur, luculenter habitus arridet? Verbi gratia: diei ad horas, horae ad punctos, puncti ad momentum, momenti ad atoma. Similiter in superioribus temporum commensurationibus si quis ascenderit, repperiet. In his enim omnibus habitus totius ad partes partiumque ad totum perspicitur.

N. Profecto non aliter.

A. Quid in diuersis agendi et patiendi motibus? Nonne habitus ubique relucet? Nam amare et amari habitudines sunt amantis et amati; siquidem inter se inuicem respiciunt, siue in una persona sint, quod a grecis dicitur ΑΥΤΟΠΑΘΙΑ (id est cum actio et passio in una eademque inspicitur persona), ut «me ipsum amo», siue inter duas personas, quod a grecis dicitur ΕΤΕΡΟΠΑΘΙΑ (id est cum alia persona amantis et alia amati sit), ut «amo te».

intermediária, qualquer que seja, se relacionam por certo hábito. O branco e o preto estão nos dois extremos da escala de cores, e se relacionam pelo hábito da contrariedade. Uma outra cor qualquer se relaciona com a cor-limite, o branco ou o preto, pelo hábito da "intermediedade". Na categoria chamada de πρός τι, *ad aliquid*, isto é, na categoria da relação, é evidente o hábito de relação de pai a filho, de filho a pai, de amigo a amigo, de um número a seu dobro, etc. Com respeito à situação, é fácil entender que "estar deitado" e "estar de pé" possuem certo hábito que os relacionam. Essas duas coisas são diametralmente correspondentes. Nunca pensarás a posição "de pé" isolada da ideia de "deitado", embora essas duas posições não apareçam simultaneamente em determinada coisa. Que dizer do lugar, se pensamos nos lugares superiores, inferiores e intermediários? Porventura carecem de hábito?

T. De modo algum. Esses nomes não se fundam na natureza das coisas, mas no olhar de quem as divide em suas partes. "Para cima" e "para baixo" não existem no universo, nem mesmo os lugares superiores, inferiores e intermediários. Essas noções não fazem sentido na consideração do todo, mas se fundamentam na consideração das partes. O mesmo vale para os conceitos de "maior" e "menor". Nada é, em seu gênero, pequeno ou grande. Mas o pensamento, ao comparar as diversas quantidades, desenvolveu esses conceitos. Assim, a contemplação dos lugares e das partes atribui um hábito a tais coisas. Com efeito, nenhuma natureza [enquanto natureza] é maior ou menor que outra, nem superior ou inferior, pois uma só é a natureza de todas as coisas, criada pelo Deus único.

D. Que dizer do tempo? Porventura quando os comparamos uns aos outros, não vemos claramente um hábito? Por exemplo, comparando o dia e as horas, as horas e os minutos, os minutos e os segundos. Podemos verificar isso também na consideração das unidades maiores de tempo. Em todas elas encontramos o hábito do todo para com a parte, e da parte para com o todo.

T. Certamente é assim.

D. Que dizer dos diversos movimentos de ação e paixão? Não reluz o hábito em todos eles? Amar e ser amado são hábitos do amante e do amado. Assim, a ação e a paixão se correspondem uma à outra, quer estejam numa só pessoa – o que os gregos chamam de αὐτοπάθεια (*autopatheia*), isto é, "ação e paixão numa só pessoa", como quando amo a mim mesmo –, quer estejam em duas pessoas – o que os gregos chamam de ἑτεροπάθεια, quando uma pessoa ama, e a outra é amada.

N. Et haec uera esse decerno.

A. Quaero igitur a te quare ista kategoria habitudinis, cum caeteris kategoriis naturaliter inesse uideatur, per se specialiter ueluti suis propriis rationibus subnixa suum in denaria kategoriarum quantitate locum obtineat.

N. An forte quia in omnibus inuenitur, propterea in se ipsa subsistit? Nam quod omnium est nullius proprie est, sed ita est in omnibus ut in se ipsa subsistat. Eadem enim ratio etiam in kategoria essentiae inspicienda est. Quid enim? Nunquid, cum decem kategoriae sint, una earum essentia seu substantia dicitur, nouem uero accidentia sunt et in substantia subsistunt? Per se enim subsistere non possunt. Essentia in omnibus esse uidetur, sine qua esse non possunt, et tamen per se locum suum obtinet. Quod enim omnium est, nullius proprie est sed omnium commune; et dum in omnibus subsistat, per se ipsum propria sua ratione esse non desinit. De quantitate similiter dicendum est. Dicimus enim: quanta essentia, quanta qualitas, quanta relatio, quantus situs, quantus habitus, quam magnus locus, quam paruum uel spatiosum tempus, quanta actio, quanta passio. Videsne quam late patet per caeteras kategorias quantitas? Non tamen suum proprium deserit statum. Quid de qualitate? Nonne et ipsa de omnibus aliis kategoriis frequenter praedicari solet? Dicimus enim: qualis OYCIA, qualis magnitudo, qualis relatio, situs, habitus, locus, tempus, agere, pati. Haec enim omnia qualia sunt interrogamus. Non tamen qualitas sui proprii generis rationem deserit. Quid ergo mirum si kategoria habitudinis, dum in omnibus inspicitur, propriam suam rationem possidere dicatur?

A. Nullo modo mirandum. Nam uera ratio suadet non aliter esse posse.

N. Nonne igitur uides diuinam essentiam nullius habitudinis participem esse, de ea tamen non incongrue, quoniam ipsius est causa, praedicari posse? Si enim proprie de ipsa habitus praedicaretur, nequaquam suimet sed alterius esset. Omnis quippe habitus in aliquo subiecto intelligitur et

T. Reconheço que isso é verdade.

D. Pergunto-te, pois, por que a categoria do hábito, que parece estar naturalmente presente em todas as demais categorias, tem um lugar próprio dentre as dez categorias, como se possuísse *per se* uma formalidade própria e específica?

A *ousia*, a quantidade e a qualidade acham-se em todas as categorias

T. Por acaso essa categoria não subsiste em si mesma só porque se encontra presente em todas as outras? O que está em tudo não é próprio de nada, mas está de tal modo em tudo, que subsiste em si mesmo. Isso que acabei de anunciar vale também para a categoria da essência. Como? Porventura não chamamos de essência, ou substância, a uma das categorias, e as outras nove de acidentes, os quais subsistem na substância? Com efeito, os acidentes não podem subsistir por si mesmos. Ora, parece que a essência está presente em todas as demais categorias, pois, sem ela, essas categorias sequer poderiam existir, e ainda assim a essência constitui uma categoria em particular. O que pertence a todos não é próprio de nenhum, mas é comum a todos, e, ao subsistir em todos, não deixa de existir *per se* na categoria que lhe é própria. Diga-se o mesmo com respeito à quantidade. Usamos as expressões: quantidade de essência, de qualidade, de relação, de posição, de hábito, de lugar, de tempo, que pode ser breve ou longo, de ação e de paixão. Não vês como a quantidade está presente nas demais categorias? Nem por isso deixa de ter seu lugar próprio. Que dizer da qualidade? Não costumamos predicá-la de todas as demais categorias? Falamos das qualidades da οὐσία, da magnitude, da relação, da posição, do hábito, do tempo, da ação e da paixão. Podemos atribuir qualidades a todas essas categorias, e nem por isso a qualidade deixa de ter seu gênero próprio. Por que, então, seria de estranhar que a categoria do hábito, presente em todas as outras, possua sua formalidade própria?

D. Não é de modo algum estranho. A reta razão me persuade de que não pode ser de outro modo.

T. Não percebes, pois, que a essência divina não é partícipe de nenhum hábito, mas que é conveniente predicar dela o hábito, já que é causa de todo hábito? Se pudéssemos predicar-lhe propriamente o hábito, esse hábito não seria dela, mas de outra essência, pois o hábito subsiste num sujeito, e é acidente do sujeito. Ora,

alicuius accidens est, quod de deo, cui nullum accidit et accidit nulli in nulloque intelligitur et nullum in ipso, impium est credere.

A. Satis de hac kategoria disputatum est, ut arbitror.

N. Quid igitur? Nonne ex his quae praedicta sunt de caeteris kategoriis breuiter possumus colligere? Non enim deus locus neque tempus est, attamen locus omnium translatiue dicitur et tempus, quia omnium locorum temporumque causa est. Omnium enim diffinitiones quasi quidam loci in ipso subsistunt, et ab ipso quasi a quodam tempore, per ipsum ueluti per quoddam tempus et in ipsum ueluti in finem quendam, temporum motus omnium et incipit et mouetur et desinit, dum ipse nec se moueat nec a se nec ab alio moueatur. Quid enim? Num, si proprie locus diceretur et tempus, uideretur non extra omnia per excellentiam essentiae sed in numero omnium quae sunt includi? Locus siquidem et tempus inter omnia quae creata sunt computantur. In his nanque duobus totus mundus qui nunc est consistit et sine quibus esse non potest, ideoque a grecis dicuntur ΩΝ ΑΝΕΥ ΤΟ ΠΑΝ (id est quibus sine uniuersitas esse non ualet). Omne enim quod in mundo est moueri tempore, loco diffiniri necesse est; et locus ipse diffinitur et tempus mouetur; deus autem nec mouetur nec diffinitur. Nam locus quo diffiniuntur omnia loca locus locorum est et, quia ille a nullo locatur sed omnia intra se collocat, non locus sed plus quam locus est. A nullo enim diffinitur sed omnia diffinit; causa igitur est omnium. Eodem modo causa temporum tempora mouet, ipsa uero a nullo in nullo tempore mouetur. Est enim plus quam tempus et plus quam motus. Non est locus igitur neque tempus.

A. Ita quidem etiam luce clarius apparent quae dicta sunt in tantum ut iam nunc de natura kategoriarum deque earum translatione in diuinae essentiae significationem satis dictum uideatur propter caetera quae ad praesens negotium necessario pertinent.

N. Horum decem generum quattuor in statu sunt, id est ΟΥCΙΑ, quantitas, situs, locus; sex uero in motu: qualitas, relatio, habitus, tempus, agere, pati. Nec te latere hoc aestimo.

é ímpio pensar isso de Deus, o qual não possui nenhum acidente e que não é acidente de nada – nada subsiste n'Ele, nem Ele subsiste em nada.

D. Penso que discorremos suficientemente sobre essa categoria.

T. Que dizer, pois? Porventura o que já dissemos não basta para que passemos brevemente pelas demais categorias? Deus não é nem tempo nem lugar, mas em sentido translato dizemos que é o lugar e o tempo de todas as coisas porque é causa de todos os lugares e tempos. As definições de todas as coisas subsistem n'Ele como num lugar. O movimento de todos os seres começa a partir dele, como a partir dum tempo, desenvolve-se através dele, como que através do tempo, e termina nele, como que num fim dos tempos, enquanto Ele nem move a Si mesmo, nem é movido por Si mesmo, nem é movido por outro. Que dizer, então? Se o lugar e o tempo Lhe fossem atribuídos propriamente, Ele não estaria fora de todas as coisas, pela excelência de Sua essência, mas estaria incluído no número das coisas que existem. Com efeito, tempo e lugar estão entre as coisas criadas. A essas duas condições o mundo inteiro está hoje submetido, e sem elas o mundo não existiria. Os gregos dizem: ὧν ἄνευ τὸ πᾶν, isto é, "sem essas condições o todo" não existiria. Tudo quanto existe no mundo é necessário que se mova segundo o tempo e se delimite segundo o lugar, e o lugar mesmo é delimitado e o tempo mesmo é movido. Ora, Deus nem é movido, nem é delimitado. Com efeito, o lugar segundo o qual todos os lugares são definidos é "o lugar dos lugares", e, como esse lugar não é alocado por nada, mas aloca dentro de si todas as coisas, ele não é lugar, mas mais do que lugar. Do mesmo modo, a causa dos tempos move os tempos, mas ela mesma não é movida por nada, em tempo nenhum. Assim, ela é mais do que tempo e mais do que movimento. Portanto, Deus não é nem lugar, nem tempo.

D. Tudo o que disseste reluz agora com um brilho mais claro, e parece-me que basta – para as finalidades da presente discussão – o que se disse sobre a natureza das categorias e sua atribuição metafórica à essência divina.

Repetição das dez categorias

T. Dos dez gêneros, quatro estão em repouso: οὐσία, quantidade, situação e lugar; e seis estão em movimento: qualidade, relação, hábito, tempo, ação e paixão. Penso que não desconheças isso.

A. Immo mihi clare patet ac de his nil amplius quaesierim. Sed quorsum istuc?

N. Vt scias plane decem genera praedicta aliis duobus superioribus generalioribusque comprehendi, motu scilicet atque statu, quae iterum generalissimo colliguntur genere quod a graecis ΤΟ ΠΑΝ, a nostris uero uniuersitas appellari consueuit.

A. Hoc ualde libet propter eos qui putant in natura rerum nullum genus generalius praecedere decem praedicta genera, quae ab Aristotele et inuenta et nominata sunt, posse repperiri.

N. Ratane itaque tibi uidetur haec diuisio kategoriarum in motum atque statum, id est quattuor in statu, sex in motu?

A. Rata quidem. Sed adhuc de duabus non satis mihi patet, de habitu dico et relatione. Hae nanque duae kategoriae magis mihi uidentur esse in statu quam in motu. Quodcunque enim ad perfectum peruenerit habitum immutabiliter manet. Nam si quodam modo moueatur, iam non esse habitum manifestum est. Virtus enim in anima tum uere habitus animi est, cum ei immutabiliter adhaeret ut ab eo separari non possit. Ideoque corporum nulla uera habitudo inuenitur; nam armatus uel indutus potest armis seu indumentis carere. In relatione item status praeualere aestimatur. Relatio siquidem patris ad filium seu dupli ad simplum et e contrario immobilis est; nam pater semper pater est filii, similiter filius semper filius est patris, et caetera.

N. Fortassis non magnopere haesitasses, si diligentius intuereris quia omne quod non simul connaturaliter perfecte inest creaturae, sed per incrementa quaedam ad inseparabilem incommutabilemque perfectionem procedit, in motu esse necesse est. Omnis autem habitus motu quodam ad perfectionem ascendit in eo cuius habitus est. De qua perfectione quis firmus fieri in hac uita praesumat? Habitus igitur in motu est. De relatione item miror cur dubitas, cum uideas eam in uno eodemque esse non posse; in duobus nanque semper uidetur. Duorum autem ad se inuicem appetitus motu quodam fieri quis dubitarit? Est item alia ratio quae apertissime ea quae in motu ab his quae in statu sunt discernit. Vt enim

D. Sim, isso é claro para mim, e não tenho o que questionar. Mas por que mencionas essa divisão?

T. Para que reconheças claramente que os dez referidos gêneros estão compreendidos em outros dois gêneros superiores e mais genéricos, isto é, movimento e repouso, os quais estão compreendidos num gênero generalíssimo, que os gregos chamam τὸ πᾶν, e que costumamos chamar "o todo" (*universitas*).

D. Agrada-me muito que digas isso, pois há alguns que acham que, na natureza, não é possível encontrar nenhum gênero mais geral que os dez gêneros descobertos e nomeados por Aristóteles.

T. Portanto, parece-te válida essa divisão das categorias em movimento e repouso, isto é, quatro em repouso e seis em movimento?

D. Válida, com certeza. Mas ainda há duas que não estão suficientemente claras para mim, o hábito e a relação. A mim me parece que essas duas categorias estejam mais em repouso que em movimento. Tudo quanto atinge um hábito perfeito permanece nele imutavelmente, pois, se sofresse um movimento qualquer, já não seria mais hábito. Por exemplo, na alma, a virtude se torna verdadeiro hábito do espírito quando se prende a ele imutavelmente, de tal modo que não possa separar-se dele, como uma sua segunda natureza. Nos corpos, não encontramos nenhum hábito verdadeiro,[60] pois, por exemplo, quem está armado ou vestido pode depor as armas ou as vestes. Na relação também me parece que prevaleça o repouso. As relações de pai e filho, dum número e seu dobro, ou vice-versa, são imóveis, pois o pai é sempre pai [do filho], e o filho [é sempre filho do pai], etc.

T. Talvez, não terias hesitado se tivesses examinado com maior diligência que tudo o que não é inerente à criatura de modo conatural e perfeito, mas que atinge a perfeição inseparável e imutável através dum progresso, necessariamente está sujeito ao movimento. Ora, todo hábito chega à perfeição através de certo movimento que ocorre naquele que tem o hábito. Mas quem nesta vida poderia presumir que está consolidado na perfeição? O hábito, portanto, está sujeito ao movimento.

A relação

Quanto à relação, surpreende-me a tua dúvida, pois sabes que ela não pode existir num ser só, mas apenas em dois. Ora, como duvidar de que o apetite que une duas coisas entre si se dê pelo movimento? Há uma outra razão que distingue

de ipsa generalissima ratione nunc plura non dicam, quae omnia quae a deo post deum condita sunt in motu esse manifestat – omnia nanque ex non existentibus in existentia per generationem mouentur ex non esse in esse, diuina bonitate omnia uocante ut sint de nihilo, et unumquodque eorum quae sunt ad essentiam suam genusque speciemque numerumque suum naturali appetitu mouetur – ea proprie dicimus in statu esse, quae per se subsistunt nulliusque indigent subiecti ut sint; quae uero in aliquo existunt, quia per se subsistere non possunt, in motu esse non incongrue iudicamus. Habitus itaque atque relatio in aliquo subiecto sunt, in quo semper esse naturali motu appetunt, quia sine eo esse non possunt. In motu igitur sunt.

A. Quid ergo dicemus de loco, de quantitate, de situ, quae in his quae in statu sunt posuisti? Nam de OYCIA (id est essentia) nemo dubitat quod nullius indiget ad subsistendum; ab ipsa enim caetera fulciri creduntur. Haec uero, locum dico et quantitatem situmque, inter accidentia essentiae connumerantur, ac per hoc, illud subiectum in quo sunt et sine quo esse non possunt appetendo mouentur. Et si ita est, omnia in motu sunt praeter OYCIAN, quae sola motu caret, eo solo excepto quo omnia appetunt esse, quoniam sola per se subsistit.

N. Non usquequaque absurda est inquisitio tua, quia opinionem communem sequeris. Sed si diligentius intuearis, inuenies locum a nullo contineri, continere uero omnia quae in eo locantur. Si enim nil aliud locus sit nisi terminus atque diffinitio uniuscuiusque finitae naturae, profecto locus non appetit ut in aliquo sit, sed omnia quae in eo sunt ipsum merito terminum finemque suum semper desiderant, in quo naturaliter continentur et sine quo in infinitum fluere uidentur. Locus itaque in motu non est, cum omnia quae in eo sunt ad se moueantur; ipse uero stat. Eadem de quantitate atque situ ratio edocet. Quid enim unumquodque quantitatis seu positionis sensibilis intelligibilisue particeps nisi ut ad perfectam suam quantitatem

claramente as coisas que estão em movimento das que estão em repouso. Passo por alto aquele princípio generalíssimo que prova que todas as coisas criadas por Deus, e que vieram a ser depois d'Ele, estão em movimento – com efeito, tudo o que é movido da não existência para a existência mediante a geração passa do não-ser ao ser porque a bondade divina as chama do nada para que existam, e todas as coisas que existem são movidas, por um apetite natural, em direção à sua essência, ao seu gênero, à sua espécie e ao seu número:[61] dizemos propriamente que estão em repouso aquelas coisas que subsistem por si, e que não necessitam dum sujeito para existir, e julgamos que estão em movimento aquelas coisas que existem em outro, pois não podem subsistir por si mesmas. Ora, o hábito e a relação estão num sujeito, no qual, por um movimento natural, sempre apetecem permanecer, pois não poderiam existir sem o sujeito. Portanto, estão em movimento.

A quantidade, a situação e o lugar

D. Que dizer, então, do lugar, da quantidade e da situação, que afirmaste estarem em repouso? Com respeito à οὐσία, isto é, a essência [ou substância], ninguém duvida de que ela não necessita de nada para subsistir, pois cremos que as demais categorias são sustentadas por ela. Mas as outras categorias – digo, o lugar, a quantidade e a situação – são contadas entre os acidentes da essência, e, portanto, são movidas ao apetecerem o sujeito em que estão, e sem o qual não poderiam existir. Se é assim, tudo está em movimento, menos a οὐσία, a única que não carece de movimento, excetuando-se apenas o fato de que todas as coisas, inclusive a substância, apetecem ser, precisamente porque só ela subsiste por si.

T. Tua inquirição não é de todo absurda, pois segues a opinião comum. Mas se examinares mais diligentemente, descobrirás que o lugar não é contido por nada, mas contém todas as coisas nele alocadas. Se o lugar nada mais é que um termo ou delimitação de qualquer natureza finita, é certo que o lugar não apetece subsistir em outra coisa, mas todas as coisas que estão nele apetecem sempre o termo e a delimitação dados pelo lugar, no qual estão naturalmente contidas, e sem o qual fluiriam infinitamente. Portanto, o lugar não está em movimento, pois o que se move são as coisas que estão nele; mas ele mesmo fica imóvel. A mesma explicação vale para a quantidade e para a situação. Com efeito, qual é o desejo de todas as coisas que participam da quantidade e da posição, quer sensível, quer

positionemue perueniat appetit, ut in ea quiescat? Non ergo appetunt, sed appetuntur; in motu itaque non sunt; stant igitur.

A. Num itaque accidentia OYCIAE haec tria dicenda sunt: quantitas, situs, locus? An per se subsistentiae?

N. Et hoc dignum quaesitu uideo. Nam iuxta dialecticorum opinionem omne quod est aut subiectum aut de subiecto aut in subiecto aut in subiecto et de subiecto est. Vera tamen ratio consulta respondet subiectum et de subiecto unum esse et in nullo distare. Nam si, ut illi aiunt, Cicero subiectum est et prima substantia, homo uero de subiecto secundaque substantia, quae differentia est iuxta naturam nisi quia unum in numero alterum in specie, cum nil aliud sit species nisi numerorum unitas et nil aliud numerus nisi speciei pluralitas? Si ergo species tota et una est indiuiduaque in numeris et numeri unum indiuiduum sunt in specie, quae quantum ad naturam distantia est inter subiectum et de subiecto non uideo. Similiter de accidentibus primae substantiae intelligendum. Non aliud est enim quod in subiecto dicitur et aliud quod in subiecto simul et de subiecto. Nam disciplina, ut exemplo utar, una eademque est in se ipsa et in suis speciebus numerisque. Non aliud igitur uniuscuiusque propr(ia) disciplina, quae a dialecticis in subiecto dicitur solummodo, et aliud generalis disciplina, quae ab eisdem in subiecto et de subiecto uocatur ueluti in subiecto (prima scilicet substantia) subsistens, de subiecto (id est propria alicuius disciplina) praedicetur; sed una eademque (est) in toto et in partibus. Ac per hoc relinquitur subiectum et in subiecto. Si autem acutius uestigia sancti Gregorii theologi expositorisque sui Maximi sapientissimi sequens inspexeris, inuenies OYCIAN omnino in omnibus quae sunt per se ipsam incomprehensibilem, non solum sensui sed etiam intellectui esse, atque ideo ex his ueluti circumstantiis suis intelligitur existere, loco dico, quantitate, situ; additur etiam his tempus. Intra haec siquidem ueluti intra quosdam fines circumpositos essentia cognoscitur circumcludi,

inteligível, senão que atinjam a quantidade e a posição perfeitas, para que nelas repousem? Portanto, a quantidade e a posição não apetecem, mas são apetecidas. Portanto, não estão em movimento; logo, estão em repouso.

D. Assim, devemos dizer que estes três gêneros: quantidade, situação e lugar, são antes substâncias que acidentes da οὐσία?

Como o sujeito e o que dele se predica constituem a mesma coisa

T. Essa pergunta é digna de investigação. Segundo a opinião dos dialéticos,[62] tudo o que existe ou é sujeito, ou é predicado do sujeito, ou está no sujeito. A verdadeira razão nos diz que o sujeito e o que é predicado do sujeito são um só, e em nada diferem segundo a natureza. Se, como dizem,[63] Cícero é sujeito e substância primeira, e "homem" é predicado do sujeito e substância segunda, que diferença de natureza há entre esses dois senão que um se refere ao número individual e o outro à espécie? Ora, a espécie não é nada senão a unidade dos números, e o número não é nada senão a pluralidade da espécie. Portanto, se a espécie está presente de modo inteiro, único e indivisível nos números individuais, e se os números estão numa única e indivisível espécie, não vejo como poderia haver diferença de natureza entre o sujeito e o que é predicado do sujeito.

Como constituem uma unidade o que está no sujeito e o que é do sujeito

Devemos dizer o mesmo com respeito aos acidentes da substância primeira. O que está no sujeito não é outra coisa que o que se predica do sujeito como estando no sujeito. Para dar um exemplo, a ciência é uma e a mesma, considerada em si, nas suas espécies e nos seus números. Portanto, a ciência que é própria de cada um dos indivíduos, que os dialéticos chamam de "ciência no sujeito", não difere da ciência geral, que os dialéticos chamam de "ciência no sujeito e predicada do sujeito",[64] isto é, que subsiste na substância primeira, e que é predicada do sujeito, como uma ciência que lhe é própria; são, pois, uma só e a mesma ciência, no todo e nas partes. Assim, só nos resta a distinção entre sujeito e o que está no sujeito.[65] Se seguires atentamente os passos de São Gregório, o Teólogo, e de seu sapientíssimo

ita ut neque accidentia ei quassi in ea subsistentia uideantur esse, quia extrinsecus sunt, neque sine ea existere posse, quia centrum eorum est, circa quod uoluuntur tempora, loca uero et quantitates et situs undique collocantur. Kategoriarum igitur quaedam circa OYCIAN praedicantur, quae ueluti ΠΕΡΙΟΧΑΙ (id est circunstantes) dicuntur, quia circa eam inspiciuntur esse. Quaedam uero in ipsa sunt, quae a grecis CYMBAMATA (id est accidentia) uocantur: qualitas, relatio, habitus, agere et pati. Quae etiam extra eam in aliis kategoriis intelliguntur, uerbi gratia, qualitas in quantitate, ut color in corpore. Item qualitas in OYCIA, ut in generibus inuisibilitas incomprehensibilitasque. Item relatio extra OYCIAN: pater ad filium, filius ad patrem. Non enim sunt ex natura sed accidenti corporum corruptibili generatione. Siquidem pater non naturae filii pater est, neque filius naturae patris filius est; unius enim eiusdemque naturae sunt pater et filius. Nulla autem natura se ipsam gignit aut a se ipsa gignitur. In ipsa uero OYCIA relatio est, cum genus ad speciem refertur et species ad genus. Genus enim speciei est genus, et species generis est species. Habitus quoque et extra OYCIAN et intra repperitur, ut armatum, indutum secundum corpus dicimus. Habitus uero OYCIAE generis aut speciei est uirtus ipsa immobilis, per quam genus, dum per species diuiditur, in se ipso semper unum indiuiduumque permanet, et totum in speciebus singulis et singulae species in ipso unum sunt. Eadem uirtus et in specie perspicitur quae, dum per numeros diuidatur, suae indiuiduae unitatis inexhaustam uim custodit, omnesque numeri in quos diuidi uidetur in infinitum in ipsa finiti unumque indiuiduum sunt. De agendo autem et patiendo nemo dubitat, cum uideamus corpora, cum ad quantitatem pertineant, et agere et pati. Genera quoque et species ipsius OYCIAE, cum se in diuersas species numerosque multiplicant, agere uidentur; si quis uero rationis uirtute iuxta illam disciplinam, quae ΑΝΑΛΙΤΙΚΗ uocatur, et numeros in species et species in genera generaque in OYCIAN colligendo adunauerit, pati dicuntur. Non quod ipse colligat – natura enim collecta sunt, sicut etiam diuisa – sed quia colligere actu rationis ea uidetur. Nam et cum eadem diuidit similiter agere dicitur, ea uero pati.

expositor, São Máximo,[66] descobrirás que a οὐσία de todas as coisas que são é incompreensível, não só aos sentidos, mas também ao intelecto, e só sabemos que ela existe por causa das condições que a circundam, isto é, o lugar, a quantidade, a posição, e, podemos acrescentar, o tempo. Sabemos que a essência está dentro dessas circunstâncias, que são como que delimitações que a circundam, as quais parece que não subsistem em si mesmas, já que são extrínsecas, nem poderiam existir sem a οὐσία, pois esta é o centro em torno do qual se movem os tempos, e são estabelecidos os lugares, as quantidades e as posições.

Alguns acidentes estão fora da *ousia*; outros, nela

Assim, algumas categorias predicadas da οὐσία são περιοχαί (*periokhai*), circunstantes, porque vemos que estão ao redor dela. Há outras categorias que estão nela que os gregos chamam de συμβάματα (*symbamata*), isto é, acidentes: a qualidade, a relação, o hábito, a ação e a paixão. Essas categorias não só se aplicam à essência, mas também a outras categorias. Por exemplo, podemos atribuir qualidade à quantidade, como a cor a um corpo; e atribuir qualidade à οὐσία, como a invisibilidade e incompreensibilidade. Pode haver relação fora da οὐσία, como a relação de pai a filho, e de filho a pai. "Pai" e "filho" não são atributos da natureza, mas acidentes[67] que provêm da geração corruptível dos corpos. Com efeito, o pai não é pai da natureza do filho, nem o filho é filho da natureza do pai, pois pai e filho são ambos da mesma natureza. Ora, nenhuma natureza gera a si mesma, nem é gerada por si mesma. E pode haver relação na οὐσία, quando referimos o gênero à espécie, e a espécie ao gênero. Com efeito, o gênero é gênero da espécie, e a espécie é espécie do gênero. Também encontramos o hábito dentro e fora da οὐσία. Por exemplo, "armado" e "vestido" são hábitos do corpo. O hábito da οὐσία é a potência imóvel do gênero ou da espécie, segundo a qual o gênero permanece sempre uno, indiviso e íntegro ao mesmo tempo que se divide nas espécies singulares, de tal modo que cada uma das espécies coincida em gênero. A mesma potência está presente na espécie, que, ao dividir-se segundo o número, preserva sua unidade indivisível, de tal modo que todos os números em que parece dividir-se infinitamente são, nela, finitos, unos e indivisíveis. Quanto à ação e à paixão não há nenhuma dúvida, pois os corpos – que são uma espécie de quantidade – tanto agem como padecem. Ora, também os gêneros e espécies de οὐσία agem, ao dividir-se em

A. Haec quamuis uideantur esse obscura, non tamen sic animum meum effugiunt ut nil in eis purum atque discretum ei reluceat. Et quoniam uideo fere omnes kategorias inter se inuicem concatenatas ut uix a se inuicem certa ratione discerni possintomnes enim omnibus, ut uideo, insertae sunt – in qua proprietate singula quaeque inueniri ualeant aperias flagito.

N. Quid tibi uidetur? Num OYCIA in generibus generalissimis et in generibus generalioribus, in ipsis quoque generibus eorumque speciebus, atque iterum specialissimis speciebus, quae atoma (id est indiuidua) dicuntur, uniuersaliter proprieque continetur?

A. Nil aliud esse uideo, in quo naturaliter inesse OYCIA possit, nisi in generibus et speciebus a summo usque deorsum descendentibus, hoc est a generalissimis usque ad specialissima (id est indiuidua) seu reciprocarim sursum uersus ab indiuiduis ad generalissima; in his enim ueluti naturalibus partibus uniuersalis OYCIA subsistit.

N. Ingredere ergo ad caetera. Num alibi uidetur tibi esse quantitatis proprietas, nisi in numero partium spatiisque atque mensuris, siue illae partes continuae sint, ut sunt linearum, temporum, ceterorumque q(u)ae continua quantitate continentur, siue segregatae sint certis naturalibusque finibus discretae, ut sunt numeri atque omnis multitudo, in quibus discreta quantitas constare manifestum est?

A. Et hoc luculenter apparet.

N. Num et ea quae uocatur qualitas propriam sedem obtinet, nisi in figuris et superficiebus, siue in naturalibus corporibus seu in geometricis ut sunt planae, triangulae, quadratae, multigonae, rotundae, solida etiam in superficie ut sunt cybica, çonica, spherica? Nam solida corpora, siue naturalia siue geometrica, quantum interius considerantur propter tria spatia in quibus sunt, longitudinem dico, latitudinem et altitudinem, ad quantitatem applicantur; dum uero superficies eorum perspicitur, qualitati

espécies e multiplicar-se segundo o número. Mas se queremos tomar o sentido da composição, tal como nos ensina a ciência analítica (ἀναλυτική, *analitike*), reduzindo os números à espécie, a espécie ao gênero, o gênero à οὐσία, então é como se a οὐσία padecesse. Não porque a razão componha os seres – pois eles já estão compostos ou divididos por natureza –, mas porque parece que a composição seja ato da razão. Assim, quando se dividem os gêneros, parece que a οὐσία age; quando se compõem, parece que padece.

D. Embora tudo isso pareça muito obscuro, contudo, não significa que meu espírito não tenha compreendido, como se nada me parecesse claro e distinto. Mas, como vejo que quase todas as categorias estão concatenadas entre si, de tal modo que é difícil distingui-las por uma definição precisa – com efeito, cada uma delas está inserida em todas as outras, é o que parece –, rogo-te que me expliques o que é próprio de cada uma das categorias.

T. Que te parece? Porventura não se diz de modo universal e próprio que a οὐσία está contida nos gêneros generalíssimos, e nos gêneros mais gerais, e nos gêneros mesmos, e nas espécies dos gêneros, e também nas espécies especialíssimas, que são chamadas de "átomos", ou seja, espécies indivisíveis?

Propriedades das categorias

D. Não vejo nada em que a οὐσία possa naturalmente estar, senão nos gêneros e espécies, partindo dos gêneros mais elevados até as espécies ínfimas, isto é, partindo dos gêneros generalíssimos até as espécies especialíssimas, ou indivisíveis; ou, em sentido contrário, partindo das espécies indivisíveis até os gêneros generalíssimos. Com efeito, a οὐσία subsiste em todos eles como que em suas partes naturais.

T. Passa, pois, à consideração das demais categorias. Não te parece que a propriedade da quantidade está presente no número das partes, nos espaços e nas medidas, quer as partes sejam contínuas, como as linhas, os tempos, e tudo o mais que está sujeito à quantidade contínua, quer sejam discretas, como as coisas que estão separadas por determinadas limitações naturais, como os números e a multidão de outras coisas em que a quantidade discreta está manifestamente presente?

D. Isso é evidente.

T. Porventura a categoria da qualidade não está radicada nas figuras e superfícies, quer sejam dos corpos naturais, quer dos geométricos? Exemplo disso são

iunguntur. Item in rebus incorporalibus, nonne maximum obtinet locum, cum omnes disciplinae omnesque uirtutes, siue rationabiles sint seu irrationabiles, nondum tamen ad immutabilem mentis statum peruenientes, ad eam referantur?

A. Ingredere ad ea quae restant. Haec enim plane uideo et sic se habere assero.

N. Num et ea quae a grecis dicitur ΠΡΟϹ ΤΙ, a nobis uero «ad aliquid» uel relatio, alium locum proprie in natura rerum possidet, nisi in proportionibus rerum seu numerorum inque reciprocis eorum quae ad se inuicem respiciunt conuersionibus inseparabilibus, ita ut quod unum dicitur non a se ipso sed ab altero quod ei opponitur accipere intelligatur? Cuius inconcussae amicitiae inseparabilisque copulae exempla sunt multiplices numeri inter se inuicem copulati, dupli, tripli, quadrupli, caeterique id genus in infinitum; item particulares, ut sunt sesqualteri, sesquitertii, sesquiquarti, caeterique huiusmodi, in quibus omnibus non solum integri numeri ad se inuicem comparati proportionibus diuersis pollent, sed etiam singulorum numerorum partes sibi inuicem coniunctae proportionum rationibus inseparabiliter copulantur. Et non solum hoc in ipsis terminis numerorum, uerum etiam in proportionibus proportionum, quas arithmetici proportionalitates appellant, repperies.

A. Dlud quoque non ignoro. Haec enim artium peritis notissima sunt.

N. Quid de situ dicendum est? Nonne in ordinibus rerum naturalibus seu artificalibus corporalium seu spiritualium positionibus proprium locum obtinet? Cum enim dico «primum», «secundum», «tertium» ac «deinde», siue in totis siue in partibus siue in generibus siue in speciebus, nonne situm quendam singulorum considero? Item si «dextrorsum», «sinistrorsum», «sursum», «deorsum», «ante», «retro» dixero, quid aliud praeter positionem quandam siue generaliter totius mundi seu partium eius demonstro? Nam qui dicit de aliquo corpore «iacet», seu «sedet», seu «stat», nil aliud insinuat nisi aut «deorsum accumbit», aut «sursumuersus erigitur», aut ueluti quodam libramine «inter sursum atque deorsum pendet». Item si quis de animo talia dixerit, nil aliud uidebitur intelligere nisi quod aut

as figuras planas, tais como o triângulo, o quadrado, o polígono ou o círculo, e também as figuras sólidas, como o cubo, o cone e a esfera. Com efeito, os corpos sólidos, tanto os naturais como os geométricos, considerando o seu interior, pertencem à quantidade, devido ao espaço que ocupam (comprimento, largura e profundidade), mas, considerando sua superfície, pertencem à categoria da qualidade. Ademais, dentre as coisas incorpóreas, porventura a qualidade não ocupa um lugar de destaque, já que todas as ciências e potências, racionais e irracionais, enquanto ainda não atingiram um estado imutável na mente, pertencem a essa categoria?

D. Trata das categorias restantes, já que entendi tudo o que disseste, e concordo que é de fato assim.

T. Qual o lugar natural próprio da categoria que os gregos chamam de πρός τι, e nós de *ad aliquid* ou relação, senão nas proporções das coisas e dos números, e nas suas interações recíprocas e inseparáveis, de tal modo que, quando se afirma um dos termos, ele não é afirmado em si mesmo, mas por causa do outro que lhe é oposto? Exemplos dessa amizade inabalável e dessa união inseparável são os números multiplicativos, que estão unidos entre si, como o dobro, o triplo, o quádruplo, e outros mais *ad infinitum*; e também os números fracionários, como o meio, o terço, o quarto, e outros similares, nos quais não só os números inteiros são comparados uns aos outros segundo diversas proporções, mas também as partes de cada um dos números estão unidas inseparavelmente umas às outras segundo razões de proporção. E isso não se verifica somente nos termos dos números, mas também nas proporções das proporções, que os aritméticos chamam de proporcionalidades.[68]

D. Também não o ignoro. Tudo isso é muito conhecido dos peritos das artes liberais.

T. Que dizer da categoria da situação? Não está ela radicada na ordem natural ou na posição artificial das coisas corpóreas e espirituais? Quando digo: "primeiro", "segundo", "terceiro", "seguinte", quer se trate de um todo, de partes, de gêneros ou de espécies, não estou considerando a situação de cada um deles? Também, se digo: "à direita", "à esquerda", "para cima", "para baixo", "antes" e "depois", o que assinalo senão certa posição em relação ao universo, ou em relação a alguma de suas partes? Com efeito, quem diz de algum corpo: "está deitado", "está sentado" ou "está de pé", não diz outra coisa senão que o corpo está voltado para baixo, ou está ereto apontando para cima, ou que está numa posição intermediária entre "para cima" e "para baixo". Também, se alguém disser isso da

adhuc in passionibus delictorum iaceat, aut quodam modo eas deserere conetur, aut perfecte in uirtutes erigatur.

A. Et hoc ad intelligendum non adeo difficile uidetur. Sequere quae restant.

N. Habitus restat, ut aestimo, qui apertissime in uirtutum seu uitiorum certis possessionibus inspicitur. Omnis enim disciplina, hoc est omnis rationabilis animi motus aut irrationabilis, dum ad certum statum peruenerit, ita ut nullo modo ab eo ulla occasione moueri possit, sed semper animo adheret ut unum id ipsumque ei esse uideatur, habitus dicitur. Ac per hoc omnis perfecta uirtus animo inseparabiliter adherens uere ac proprie habitus appellatur. Proinde in corporibus, in quibus nil stabile uidetur esse, aut uix aut nunquam proprie habitus inuenitur. Quod enim semper non habetur, quamuis ad tempus haberi uideatur, abusiue habitus nominabitur.

A. Tende ad caetera. Hoc enim uerisimile esse nullus denegat.

N. Locus sequitur qui, ut paulo ante diximus, in diffinitionibus rerum quae diffiniri possunt constituitur. Nil enim aliud est locus nisi ambitus quo unumquodque certis terminis coneluditur. Locorum autem multae species sunt. Tot enim loca sunt quot res quae circunscribi possunt, siue corporales siue incorporales sint. Verbi gratia: corpus est compositio quaedam quattuor elementorum sub una quadam specie conglobata. Hac enim diffinitione generali quadam descriptione omnia corpora quae materie ac forma consistunt concluduntur. Item: spiritus est natura incorporea forma atque materie carens. Omnis enim spiritus, siue rationabilis siue intellectualis sit, per se ipsum informis est; si uero conuersus fuerit ad causam suam, hoc est ad uerbum per quod facta sunt omnia, tunc formatur. Est igitur una forma omnium spirituum rationabilium et intellectualium dei uerbum. Si uero irrationabilis spiritus sit, similiter informis est per se ipsum, formatur tamen rerum sensibilium phantasiis. Est igitur forma omnium spirituum irrationabilium phantasia corporalium rerum in memoria eorum

alma, parece indicar que está prostrada sob as paixões pecaminosas, ou que está tentando livrar-se delas, ou que está perfeitamente erguida nas virtudes.

D. Não parece difícil entendê-lo. Prossegue com as demais categorias.

T. Resta o hábito, que, penso eu, consiste claramente na posse permanente dos vícios e das virtudes. Toda ciência, isto é, todo movimento da alma racional ou irracional, quando chega a um estado fixo, de tal modo que não possa ser movida por nada, mas sempre adere ao espírito como se formasse uma só realidade com ele, chama-se hábito. Por isso, toda virtude perfeita, que inere ao espírito inseparavelmente, é verdadeira e propriamente chamada hábito. Quanto aos corpos, nos quais não parece haver nada estável, raramente, ou nunca, encontraremos propriamente o hábito. Tudo o que não é possuído sempre, ainda que seja possuído por algum tempo, só pode ser abusivamente chamado hábito.

D. Prossegue, pois ninguém negaria a verossimilhança disso.

Propriedades do lugar

T. A próxima categoria é o lugar, que, como dissemos há pouco, consiste na delimitação das coisas que podem ser delimitadas. O lugar nada mais é que o contorno dentro de cujos limites a coisa está encerrada. São muitas as espécies de lugar. Há tantos lugares quanto há coisas que podem ser circunscritas, quer sejam corpóreas, quer incorpóreas.

Definição de "corpo" e "espírito"

T. Por exemplo, o corpo é certa composição dos quatro elementos, coadunada em certa espécie. Segundo essa definição geral, todos os corpos, que têm matéria e forma, estão encerrados em certos limites. Ademais, o espírito é uma natureza incorpórea que não tem forma por si mesmo, nem matéria. Com efeito, todo espírito, quer racional, quer intelectual, é informe por si mesmo, mas, quando se volta à sua causa, isto é, ao Verbo por quem foram feitas todas as coisas, então recebe uma forma. Portanto, há uma só forma dos espíritos racionais e intelectuais, que é o Verbo de Deus. Se, porém, consideramos a alma irracional, também ela é informe por si, pois é formada pelas imagens das coisas sensíveis. Portanto, a forma de todos os espíritos irracionais é a imagem das coisas corpóreas que é impressa

per corporales sensus infixa. Item in disciplinis liberalibus plurima loca repperiuntur. Nulla enim ars est quae suis locis careat, ut sunt loci dialectici a genere, a specie, a nomine, ab antecedentibus, a consequentibus, a contrariis, caeterique huiusmodi, de quibus nunc disserere longum est. Nam tam late patent dialectici loci ut, undecunque dialecticus animus in natura rerum argumentum (quod rei dubiae facit fidem) reppererit, locum argumenti esse describat seu argumenti sedem. Similiter in aliis artibus repperies, quae suis locis (id est propriis diffinitionibus) ambiuntur. Quarum exempla sunt haec.

Gramadca est articulatae uocis custos et moderatrix disciplina.

Retórica est finitam causam persona* materia, occasione, qualitate, loco, tempore, facultate disserens copiose atque ornate disciplina, breuiterque diffiniri potest: Retórica est finitae causae septem periochis sagax et copiosa disciplina.

Dialectica est communium animi conceptionum rationabilium diligens inuestigatrixque disciplina.

Arithmetica est numerorum contemplationibus animi succumbentium rata intemerataque disciplina.

Geometrica est planarum figurarum solidarumque spatia superficiesque sagaci mentis intuitu considerans disciplina.

Musica est omnium quae sunt siue in motu siue in statu in naturalibus proportionibus armoniam rationis lumine dinoscens disciplina.

Astrologia est caelestium corporum spatia motusque reditusque certis temporibus inuestigans disciplina.

Hi sunt generales loci artium liberalium, his terminis continentur, intra quos alii innumerabiles sunt.

A. His rationibus cogor fateri non esse locum nisi in animo. Si enim diffinitio omnis in disciplina est et omnis disciplina in animo, necessario locus omnis, quia diffi(ni)tio est, non alibi nisi in animo erit.

N. Recte intueris.

A. Quid igitur dicendum est de his qui dicunt habitationes hominum caeterorumque animalium locos esse, similiter istum communem aera, terram quoque omnium habitantium in eis, locos aestimant, aquam locum

na memória através dos sentidos do corpo. Nas artes liberais, também há muitos "lugares".[69] Não há nenhuma arte que não tenha seus lugares-comuns, como as definições dialéticas que partem do gênero, da espécie, do nome, dos antecedentes, dos consequentes, dos contrários, etc., os quais demoraria muito para explicar aqui. Os lugares-comuns da dialética são tão amplos, que toda vez que o espírito dialético encontra na natureza das coisas um argumento que torna crível o que era dúbio, chama esse argumento "lugar da argumentação", ou "sede da argumentação". De modo similar, podes ver que as demais artes também são delimitadas por seus lugares-comuns, ou definições próprias. Eis aqui alguns exemplos:

A GRAMÁTICA é a guardiã da fala articulada e a arte que governa todas as outras.

A RETÓRICA é a arte que discute copiosa e elegantemente determinado tópico sob o aspecto da pessoa, matéria, ocasião, qualidade, lugar, tempo e oportunidade, e pode ser assim definida brevemente: retórica é a arte sagaz e eloquente de tratar determinado tópico, sob o aspecto das referidas sete circunstâncias.

A DIALÉTICA é a arte que investiga diligentemente as concepções racionais comuns do espírito.

A ARITMÉTICA é a ciência certa e pura dos números contemplados pelo espírito.

A GEOMETRIA é a ciência que considera, por uma sagaz intuição da mente, os espaços das figuras planas e sólidas, e também das superfícies.

A MÚSICA é a arte que estuda, sob a luz da razão, a harmonia de tudo o que está em movimento sob o aspecto de suas proporções naturais.

A ASTROLOGIA é a arte que investiga o espaço ocupado pelos corpos celestes, e seus movimentos e retornos segundo tempos fixos.

Esses são os "lugares" das artes liberais. Sob esses termos, estão elas contidas. Mas dentro dessas definições existem muitas outras mais.

D. Segundo teus argumentos, sou obrigado a dizer que não há lugar senão no espírito. Se toda definição é parte da ciência, e toda ciência é parte do espírito, necessariamente todo e qualquer lugar, que é uma definição ou delimitação, não estará senão no espírito.

T. Tua intuição está correta.

D. Que dizer, então, das habitações dos homens e dos animais, que as pessoas chamam de "lugares"? E que dizer do ar comum e da terra, que todos chamam de

piscium dicunt, planetarum aethera, spheram caelestem astrorum locum esse putant?

N. Nil aliud nisi ut aut suadeatur eis si disciplinabiles sint et doceri uoluerint, aut penitus demittantur si contentiosi. Eos enim qui talia dicunt uera deridet ratio. Nam si aliud est corpus et aliud locus, sequitur ut locus non sit corpus. Aer autem istius corporalis atque uisibilis mundi quarta pars est; locus igitur non est. Constat etenim hunc mundum uisibilem quattuor elementis ueluti quattuor generalibus quibusdam partibus compositum esse, et est quasi quoddam corpus suis partibus compactum, ex quibus, uidelicet partibus catholicis, omnium animalium, arborum, herbarum propria specialissimaque corpora mirabili ineffabilique mixtura coeuntia componuntur, inque eas iterum resolutionis tempore redeunt. Vt enim totus iste mundus sensibus apparens assiduo motu circa suum cardinem uoluitur, circa terram dico circa quam ueluti quoddam centrum caetera tria elementa, aqua uidelicet, aer, ignis, incessabili rotatu uoluuntur, ita inuisibili motu sine ulla intermissione uniuersalia corpora, quattuor elementa dico, in se inuicem coeuntia singularum rerum propria corpora conficiunt, quae resoluta iterum ex proprietatibus in uniuersalitates recurrunt, manente semper immutabiliter quasi quodam centro singularum rerum propria naturalique essentia quae nec moueri nec augeri nec minui potest.

Accidentia enim in motu sunt, non essentiae; nec etiam ipsa accidentia in motu sunt seu in incrementis detrimentisue, sed participatio eorum ab essentia tales patitur mutabilitates. Aliter enim uera ratio non sinit esse. Omnis siquidem natura, seu essentiarum seu eis accidentium, immutabilis est, participatio uero, ut diximus, essentiarum ab accidentibus seu accidentium ab essentiis semper in motu est. Participatio siquidem et inchoari et augeri minuique potest, donec mundus iste ad finem suae stabilitatis in omnibus perueniat, post quem nec essentia nec accidens nec eorum inter se inuicem participatio ullum motum patietur. Omnia enim unum et id ipsum immobile erunt, quando in suas immutabiles rationes omnia reuersura sunt. De quo reditu alibi disserendum arbitror.

"lugares"? Porventura a água não é o lugar dos peixes, o éter o lugar das plantas, e a esfera celeste o lugar dos astros?

Outras questões acerca do lugar

T. Nada mais que um erro, que os que pensam assim deverão reconhecer, se forem ensináveis e quiserem aprender, ou que jamais reconhecerão, se forem contenciosos. A reta razão ri dos que dizem tais coisas. Ora, se uma coisa é o corpo, e outra coisa é o lugar, segue-se que o lugar não é corpo. Mas o ar é a quarta parte desse mundo visível e corpóreo; logo, não é lugar. Ademais, é evidente que este mundo visível é composto de quatro elementos, que são suas quatro partes gerais. O mundo é como que um corpo composto dessas quatro partes, a partir das quais – de todas essas partes – são compostos os corpos próprios e específicos de todos os animais, árvores e plantas, através duma mistura inefável, e nas quais são dissolvidas no tempo da decomposição. Assim como o inteiro mundo sensível gira, em movimento contínuo, em torno de seu eixo, isto é, da terra, em torno da qual, que é como um centro, volvem-se os outros três elementos, a água, o ar e o fogo, assim também, por um movimento invisível e ininterrupto, todos esses corpos – os quatro elementos – produzem os corpos específicos das coisas singulares ao se misturarem uns aos outros, os quais, quando se dissolvem, perdem as qualidades próprias e voltam a ter as qualidades universais, permanecendo, porém, sempre e imutavelmente a essência própria e natural das coisas singulares, que é como um centro e que não pode mover-se, nem aumentar, nem diminuir. Os acidentes estão em movimento; a essência [ou substância] não. Ou melhor, nem sequer os acidentes estão em movimento, crescendo e diminuindo, mas é sua participação na essência que padece de mutações. A reta razão não nos permite pensar de outro modo. Assim, toda natureza, tanto a natureza das essências como a natureza dos acidentes, é imutável, mas a participação, como dissemos, dos acidentes na essência está sempre em movimento. A participação pode começar, aumentar e diminuir, até que este mundo alcance sua estabilidade final em todas as coisas, depois da qual nem a essência, nem os acidentes, nem a participação destes naquela sofrerão qualquer movimento. Todas as coisas serão uma só realidade imóvel quando voltarem às suas Ideias imutáveis, retorno este de que trataremos em outro lugar.

Qua autem ratione solummodo mundi centrum (id est terra) semper stat, caetera uero elementa circa eam aeterno motu uoluuntur, non parua indiget consideratione. Nam et saecularium philosophorum et catholicorum patrum de hac quaestione sententias cognouimus. Plato siquidem, philosophantium de mundo maximus, in Timeo suo multis rationibus asserit hunc mundum uisibilem quasi magnum quoddam animal corpore animaque componi, cuius animalis corpus quidem est quattuor elementis notissimis generalibusque diuersisque corporibus ex eisdem compositis compactum, anima uero ipsius est generalis uita, quae omnia quae in motu atque in statu sunt uegetat atque mouet. Hinc Poeta:

«Principio caelum ac terram camposque liquentes Lucentemque globum lunae titaniaque astra Spiritus intus alit».

Sed quia ipsa anima, ut ait ipse, aeternaliter mouetur ad corpus suum (id est mundum totum) uiuificandum, regendum, diuersisque rationibus uariorum corporum singulorum coniunctionibus resolutionibusque mouendum, manet etiam in suo naturali immobilique statu, mouetur ergo semper et stat. Ac per hoc et corpus eius (id est uniuersitas rerum uisibilium) partim quidem stat aeterna stabilitate, ut est terra; partim uero aeterna uelocitate, ut est aetherium spatium; partim nec stat nec uelociter mouetur, ut aqua; partim uelociter sed non uelocissime, ut est aer. Et haec ratio summi philosophi non est omnino spernenda, ut aestimo. Acuta enim atque naturalis esse uidetur.

Sed quoniam de hac eadem causa magnus Gregorius NYCEYC episcopus subtilissime disputat in sermone de imagine, magis uideo ipsius sententiam esse sequendam. Dicit enim conditorem uniuersitatis hunc mundum uisibilem inter duas sibi inuicem contrarias extremitates constituisse, inter grauitatem dico atque leuitatem, quae sibi omnino opponuntur. Atque ideo, quoniam in grauitate terra est constituta, semper immobilis manet – nam grauitas moueri nescit – et est in medio mundi constituta extremumque ac medium obtinet terminum; aetheria uero spatia propterea ineffabili uelocitate semper circa media uoluuntur quoniam in natura leuitatis

A *ratio* do mundo visível

T. Mas por que razão só o centro do mundo, a terra, está sempre parado, enquanto todos os demais elementos giram em torno dela por um movimento eterno, é uma questão que merece uma não pequena consideração. Conhecemos as opiniões dos filósofos mundanos e dos padres católicos sobre essa questão. Platão, o maior dos que filosofaram sobre o mundo, servindo-se de muitos argumentos em seu *Timeu*, afirma que este mundo visível está composto como um grande animal, possuindo alma e corpo, cujo corpo animal é composto dos quatro elementos conhecidos e gerais e dos diversos corpos, e cuja alma é a vida geral que anima e move tudo o que está em movimento e repouso. Daí dizer o Poeta:[70]

> Em primeiro lugar,[71] o céu, a terra e os campos líquidos,[72]
> O globo luminoso da lua e os astros titânicos,[73]
> Um [espírito] os alimenta desde dentro.

Diz ele que a alma se move eternamente para vivificar e reger seu corpo – o mundo inteiro –, e para mover segundo diversas Ideias os vários corpos singulares, mediante a composição e a decomposição, e ao mesmo tempo permanece em seu estado natural e imóvel. Portanto, ela sempre se move e sempre está em repouso. Por essa razão, também parte de seu corpo, que é a totalidade das coisas visíveis, fica num repouso eterno, como a terra; parte fica num movimento eterno e veloz, como o espaço etéreo; e parte não fica em repouso, nem se move velozmente, como a água; e parte se move velozmente, mas não de modo muito veloz, como o ar.[74] Essa doutrina do sumo filósofo não deve ser de todo desprezada, penso eu. Parece ser uma doutrina penetrante, e condizente com a natureza. Mas, como o grande bispo Gregório de Nissa também discorreu sutilmente acerca do assunto, no sermão *Da Imagem*,[75] parece-me que devamos seguir antes a sua opinião. Diz ele que o Criador do universo pôs este mundo visível entre duas extremidades contrárias: entre a gravidade e a leveza (que são absolutamente contrárias). Assim, como atribuiu a gravidade à terra, ela sempre permanece imóvel (pois o que é grave não pode ser movido), e fica no meio do mundo, sendo um de seus extremos e tocando a parte intermediária. Os espaços etéreos sempre se movem com velocidade inefável em torno da região intermediária, já que o Criador lhes atribuiu a

constituta sunt, quae stare ignorat et extremum mundi uisibilis obtinent finem. Duo uero in medio elementa constituta, aqua uidelicet et aer, proportionali moderamine inter grauitatem et leuitatem assidue mouentur, ita ut proximum sibi extremum terminum utraque magis sequantur quam ab eis longe remotum. Aqua nanque tardius mouetur aere quoniam grauitati telluris adhaeret, aer uero uelocius aqua concitatur quoniam aetheriae leuitati coniungitur. Sed quamuis uideantur extremae mundi partes a se inuicem discrepare propter diuersas earum qualitates, non tamen per omnia a se inuicem dissentiunt. Nam aetheria spatia quamuis semper celerrima uelocitate uoluantur, chorus tamen astrorum suam immutabilem obseruat sedem, ita ut et cum aethere uoluatur et naturalem locum ad similitudinem terrenae stabilitatis non deserat. Terra uero e contrario cum aeternaliter in statu sit, omnia tamen quae ex ea oriuntur ad similitudinem leuitatis aetheriae semper in motu sunt, nascendo per generationem, crescendo in numerum locorum ac temporum, iterumque decrescendo et ad solutionem formae atque materiae perueniendo.

A. Videris mihi paulo longius a principali quaestione ad incidentem transitum fecisse. Nam cum de loco disputare nostri propositi fuerat, loco relicto ad mundi tractatum transisti. Et quorsum haec tendant adhuc ignoro.

N. Non aliorsum nisi ut corporum naturam a locorum natura diligenti ratiocinatione segregemus. Horum nanque confusio aut maxima aut sola est erroris causa multis ac paene omnibus aestimantibus hunc mundum uisibilem partesque eius uniuersales atque speciales loca esse. Si enim recta ratione rerum omnium genera acute ac sine ullo errore discernerent, nullo modo corpus atque locum in uno eodemque genere concluderent. Nemo enim naturas rerum recte considerantium atque discernentium loca et corpora in uno genere miscet, sed rationabili discretione segregat. Nam corpora in kategoria quantitatis continentur; kategoria autem quantitatis a kategoria loci longe naturaliter distat; non est igitur corpus locus, quia localitas non est quantitas. Siquidem, ut praediximus, nil aliud est quantitas nisi partium quae seu sola ratione seu naturali differentia separantur certa dimensio, eorumque quae naturalibus spatiis extenduntur, longitudine dico, latitudine

leveza (que não pode ficar em repouso), e ficam na outra extremidade do mundo visível. Os dois outros elementos, a água e o ar, possuem combinação proporcional de leveza e gravidade, e, portanto, move-se continuamente, de tal modo cada um desses elementos segue o movimento da extremidade que lhe está mais próxima.[76] Assim, a água move-se mais lentamente que o ar pois está próxima da terra, e o ar move-se mais rápido que a água pois está mais próximo da leveza do éter. Mas, embora as partes extremas do mundo pareçam ser de todo diferentes por causa de suas qualidades opostas,[77] contudo, não são diferentes sob todos os aspectos. Com efeito, embora o espaço etéreo sempre gire em velocidade máxima, o coro das estrelas fixas tem uma posição imutável, de tal modo que se movem junto como o éter sem deixar seu lugar natural, à semelhança da estabilidade da terra. Em sentido contrário, embora a terra esteja eternamente em repouso, tudo o que nasce dela está sempre em movimento, à semelhança da leveza do éter, nascendo pela geração, crescendo através dos lugares e tempos, depois diminuindo, e por fim chegando à separação de matéria e forma.

D. Parece que essa digressão te afastou um pouco da questão principal. Nossa intenção era discorrer sobre o lugar, e deixaste o tema do lugar para tratar da estrutura do mundo. Não entendo aonde queres chegar.

T. Quero separar, por um raciocínio acurado, a natureza dos corpos da natureza dos lugares. A confusão dessas duas naturezas é o único ou o principal erro de todos, ou de quase todos, os que pensam que este mundo visível e suas partes universais ou específicas são lugares. Se examinassem, segundo a reta razão e de modo cuidadoso, os gêneros de todas as coisas, perceberiam sem erro algum que "corpo" e "lugar" não podem estar no mesmo gênero. Ninguém que considera e discerne a natureza das coisas junta os lugares e os corpos no mesmo gênero, mas os separa segundo um critério racional.

Relação entre corpo e lugar

T. Com efeito, os corpos estão na categoria da quantidade. Ora, a categoria da quantidade é por natureza muito diferente da categoria do lugar. Portanto, o corpo não é um lugar, porque a "localidade" não é "quantidade". Como já dissemos, a quantidade não é senão duas coisas: ou é a medida das partes que estão separadas, quer pela razão, quer por uma separação natural; ou, no caso das coisas que se

et altitudine, ad certos terminos rationabilis progressio, locus uero nil aliud est nisi rerum quae certo fine terminantur ambitus atque conclusio. Si igitur mundus iste uisibilis corpus est, sequitur necessario ut et partes eius corpora sint. At si corpora sunt, quantitatis non localitatis generi subiugantur; sunt autem corpora; loca igitur non sunt. Videsne itaque quomodo praedictis rationibus confectum est hunc mundum cum partibus suis non esse locum sed loco contineri, hoc est certo diffinitionis suae ambitu? Aliud est enim quod continet et aliud quod continetur; corpora continentur locis suis; aliud igitur est corpus et aliud locus, sicut aliud est quantitas partium, aliud diffinitio earum. Non igitur quattuor ista notissima elimenta loca sunt, sed in loco circumscripta, quia sunt principales partes quibus uniuersalitas sensibilis mundi completur.

A. Haec quae a te dicta sunt de differentia locorum et corporum uerisimilia esse uidentur, sed subtilius eadem uelim repetas. Non enim uideo quare mundus iste locus non sit, cum multa in eo locentur.

N. Non te latet, ut arbitror, nullam praedictarum kategoriarum, quas decem esse Aristoteles diffiniuit, dum per se ipsam (hoc est in sua natura) rationis contuitu consideratur, sensibus corporeis succumbere. Nam OYCIA incorporalis est nullique corporeo sensui subiacet, circa quam aut in qua aliae nouem kategoriae uersantur. At si illa incorporea est, num tibi aliter uidetur nisi ut omnia quae aut ei adhaerent aut in ea subsistunt et sine ea esse non possunt incorporea sint? Omnes igitur kategoriae incorporales sunt per se intellectae. Earum tamen quaedam inter se mirabili quodam coitu, ut ait Gregorius, materiem uisibilem conficiunt, quaedam uero in nullo apparent semperque incorporales fiunt. Nam OYCIA et relatio, locus, tempus, agere, pati nullo sensu corporeo attinguntur; quantitas uero qualitas que, situs et habitus, dum inter se coeuntes materiem, ut praediximus, iungunt, corporeo sensu percipi solent. Si igitur locus inter ea quae nullo modo corporeis sensibus succumbunt connumeratur, corpora uero si sensibus non percipiantur

estendem por um espaço natural, isto é, pelo comprimento, pela largura e pela profundidade, a quantidade é a progressão racional até determinados termos. Por outro lado, o lugar nada mais é que o âmbito ou a circunscrição das coisas que estão determinadas por certo limite. Se, portanto, este mundo visível é um corpo, segue-se que suas partes também sejam corpos. E se são corpos, pertencem ao gênero da quantidade, e não do lugar. Mas essas partes são corpos; logo, não são lugares. Vês agora como a argumentação anterior deixa claro que este mundo, com suas partes, não é um lugar, mas está contido pelo lugar, isto é, por aquilo que circunscreve o seu limite? Com efeito, o que contém é outra coisa que o que é contido. Ora, os corpos estão contidos em seus lugares. Logo, o corpo é diferente do lugar, assim como a quantidade das partes é diferente de sua delimitação. Portanto, os quatro conhecidíssimos elementos não são lugares, mas estão circunscritos pelo lugar, pois são eles as partes principais de que está composta a totalidade do mundo sensível.

O mundo não é um lugar

D. Isso que disseste sobre a diferença entre os lugares e os corpos parece verossímil, mas gostaria que me explicasses de novo, de modo mais sutil. Não vejo como este mundo não seja um lugar, já que muitas coisas estão localizadas nele.

T. Não ignoras, penso eu, que nenhuma das categorias, as dez definidas por Aristóteles, está sujeita aos sentidos corpóreos, uma vez que é a razão quem as considera em si mesmas, isto é, em sua natureza. Com efeito, a οὐσία é incorpórea e não está sujeita a nenhum sentido. As outras nove categorias estão nela ou em torno dela. Se ela é incorpórea, não te parece que também sejam incorpóreas as outras categorias, que inerem a ela ou subsistem nela, e sem a qual não poderiam existir? Portanto, todas as categorias são incorpóreas, quando consideradas em si mesmas. Mas algumas delas, por uma união admirável, como diz Gregório, produzem a matéria visível, enquanto outras não aparecem de modo algum e permanecem sempre incorpóreas. A οὐσία, a relação, o lugar, o tempo, a ação e a paixão não são percebidas por nenhum sentido corpóreo, mas a quantidade, a qualidade, a situação e o hábito, quando combinados na matéria, tornam-se perceptíveis aos sentidos corpóreos. Ora, se o lugar é contado entre as categorias que de modo algum estão sujeitas aos sentidos corpóreos, e se os corpos não seriam corpos se não fossem percebidos pelos sentidos, não se segue daí que o lugar não é corpo? Chamo de corpo a tudo

corpora non sunt, nonne datur quod locus non sit corpus? Corpora nunc dico quae ex coitu quattuor mundi elementorum conficiuntur. Nam quattuor mundi elimenta, dum corpora sint per se ipsa discreta, ineffabili sua naturali subtilitate atque puritate omnem sensum mortalem superant. Aliud est igitur locus et aliud corpus. An tibi aliter uidetur?

A. Nullo modo. Et haec postrema ratiocinationis nostrae conclusio nequaquam sinit concedere locum et corpus unius generis esse. Sed quod interpositum a te uideo, nil aliud esse materiem uisibilem formae adiunctam – quicquid enim apparet per formam apparet – nisi accidentium quorundam concursum, non paruum me mouet.

N. Non te moueat. Nam, ut dixi, magnus Gregorius NYCEYC in sermone de imagine certis rationibus ita esse suadet, nil aliud dicens materiam esse nisi accidentium quandam compositionem ex inuisibilibus causis ad uisibilem materiem procedentem. Nec immerito. Si enim corporalis huius materiae solubilisque quaedam simplex atque immutabilis essentia et nullo modo solubilis inesset, nulla ratione nullaque actione paenitus solueretur. Iam uero soluitur. Nil igitur ei insolubile subest. Nam genera et species et ATOMA propterea semper sunt ac permanent quia inest eis aliquod unum indiuiduum, quod solui nequit neque destrui. Ipsa quoque accidentia propterea in sua natura immutabiliter permanent quia omnibus eis unum quoddam indiuiduum subest, in quo naturaliter omnia unum subsistunt.

A. Nil uerius, ut arbitror. Atque ideo praesentem inquisitionem concludas specto.

N. Quid restat nisi ut dicamus, uerbi gratia, dum uidemus corpora nostra in hac terra constituta uel hoc aere circunfusa, nil aliud nisi corpora in corporibus esse? Eadem ratione pisces in fluctibus, planetae in aethere, astra in firmamento corpora in corporibus sunt, minora in maioribus,

que é composto pelos quatro elementos do mundo; com efeito, os quatro elementos do mundo, embora sejam corpos, quando considerados em si mesmos, superam as capacidades dos sentidos mortais por causa de sua inefável sutileza e pureza natural. Portanto, corpo é uma coisa, e lugar é outra. Ou te parece que não seja assim?

Os corpos corruptíveis se produzem por conjunções de acidentes

D. De modo algum! A conclusão de nosso último raciocínio não nos permite pensar que lugar e corpo sejam do mesmo gênero. Mas o que disseste de passagem: que a matéria visível unida à forma, pois tudo o que aparece, aparece pela forma, não é senão uma afluência de certos acidentes, inquieta-me um pouco.

T. Não te inquietes, pois, como disse, o grande Gregório de Nissa, no sermão *Da Imagem*,[78] dá provas racionais de que as coisas são assim, dizendo que a matéria não é outra coisa que certa composição de acidentes, que procede de causas invisíveis para a matéria visível. E isso é razoável, pois, se a matéria corpórea e solúvel tivesse uma essência simples e imutável, ela não poderia ser separada nem pela razão, nem por uma ação. Mas ela é separável. Logo, não há nada insolúvel nela.

As substâncias e os acidentes são imutáveis em si

T. Com efeito, os gêneros, as espécies e os átomos[79] existem e permanecem para sempre, pois há neles algo uno e indivisível que não pode ser separado, nem destruído. Os próprios acidentes permanecem imutavelmente em sua natureza, porque todos eles possuem algo uno e indivisível, segundo o qual subsistem naturalmente como algo uno.

D. Nada mais certo, penso eu. Creio, pois, que poderás encerrar a presente questão.

Por que o mundo não é um lugar

T. Que nos resta senão dizer, por exemplo, que quando vemos corpos sobre nossa terra, ou espalhados pelo ar, não vemos senão corpos dentro de corpos? Pela

crassiora in subtilioribus, leuia in leuioribus, pura in purioribus. Haec enim omnia, sensibilia sicut etiam intelligibilia, suis propriis locis (id est naturalibus diffinitionibus) contineri uera ratio edocet.

A. Nec huic conclusioni resisto, dum eam ueram esse uideo. Sed ualde miror cur in communem usum humanae uitae peruenit ut omnia haec corpora, siue caelestia, siue aeria, siue aquatica, siue terrena minorum intra se corporum loca esse dicere consuescat, quemadmodum nil aliud esse aestimat OYCIAN praeter hoc corpus uisibile atque tangibile. Ideoque obnixe flagito ne sit tibi morosum diutius de hac praesenti difficultate disputare.

N. Quid igitur? Nempe iamdudum inter nos est confectum omnia quae uel sensu corporeo uel ratione uel intellectu cognoscuntur de deo merito creatore omnium posse praedicari, dum nihil eorum quae de se praedicantur pura ueritatis contemplatio eum approbat esse.

A. Id ipsum inconcussum esse luceque clarius ratio edocet.

N. Si ergo de deo omnia quae sunt non quidem proprie sed modo quodam translationis – quoniam ab ipso sunt – rite praedicantur, quid mirum si cuncta quae in loco sunt, dum maioribus se undique uideantur circunfundi, loca possint nominari, cum nullum illorum proprie locus sit, sed loco suae propriae naturae continetur, cumque uideamus per METONOMIAN (id est transnominationem) ab his quae continent nominari ea quae continentur. Non tamen ita continentur ab eis ut sine eis intra naturales suos terminos subsistere non possint. Vsus siquidem mortalium «domum» uxorem seu familiam solet appellare, cum haec naturaliter distent; non enim «domus» praestat uxori seu familiae substantialiter esse sed naturae locus. Quoniam uero in ea possident, ab ea denominari solent. Similiterque ea quae continent ab his quae continentur, uerbi gratia: aer continet lucem ideoque illuminatus aer lux dicitur, oculus uisus uocatur seu uisio, dum neque uisus neque uisio sit iuxta naturae proprietatem. Quis enim nesciat oculum partem quandam corporalem capitis umidamque esse, per quam uisus radiorum instar ex menica (hoc est membranula cerebri) foras funditur? Menica uero luminis naturam ex corde, ignis uidelicet

mesma razão, os peixes na água, as plantas no éter e os astros no firmamento não passam de corpos dentro de corpos, os menores dentro dos maiores, os mais opacos dentro dos mais sutis, os leves dentro dos que são ainda mais leves, e os puros dentro dos que são ainda mais puros. A reta razão nos ensina que todos esses seres, quer sensíveis, quer inteligíveis, estão contidos em seus lugares próprios, isto é, em suas delimitações naturais.

D. Tampouco resisto a essa conclusão, pois a reconheço como verdadeira. Mas muito me admiro de que os homens tenham o costume de chamar a todos esses corpos, celestes, aéreos, aquáticos e terrenos, de "lugares" dos corpos menores, do mesmo modo como pensam que a οὐσία não seja outra coisa que esses corpos visíveis e tangíveis. Assim, peço-te que não consideres demasiado penoso discorrer um pouco mais acerca dessa dificuldade.

T. Que dizer então? Já não concordamos que tudo o que pode ser conhecido pelos sentidos corpóreos, ou pela razão, ou pelo intelecto, pode ser predicado de Deus, porque Ele é o Criador de todas essas coisas, ao mesmo tempo que a pura contemplação da verdade não nos permite pensar que Ele seja realmente assim, em sentido próprio?

D. A razão nos ensina isso como algo inabalável e mais claro que a luz do dia.

T. Se, pois, todas as coisas são predicadas de Deus, não em sentido próprio, mas em sentido translato, já que elas procedem d'Ele, por que se admirar de que todas as coisas que estão num lugar sejam chamadas lugar, as quais estão rodeadas de outros seres maiores, já que nenhuma dessas coisas é propriamente um lugar, mas estão contidas no lugar próprio à sua natureza, e já que é muito comum o uso da metonímia, ou transnominação, que nomeia o conteúdo pelo continente, aquilo que é contido pelo lugar não está de tal modo por ele contido, que não possa subsistir em seus termos naturais próprios. Mas é costume dos mortais chamar de "casa" à esposa ou à família, sendo que são coisas naturalmente distintas. Com efeito, a casa não dá o ser substancial à esposa ou à família, mas empresta um lugar para a natureza. Assim, como o lugar os "possui", podem ser nomeados por ele. De modo similar, o continente pode ser nomeado pelo conteúdo. Por exemplo: o ar contém a luz, e por isso o ar iluminado é chamado de luz; o olho é chamado de visão, embora, segundo a natureza, não seja propriamente a visão.

sede, recipit. Est enim uisus naturalis luminis in sensu uidendi possidentis radiarim foras prosiliens emissio, quae cum coloribus formisque exteriorum sensibilium corporum circunfunditur, mirabili celeritate ipsis coloratis uisibilibus formis conformatur. Est enim uisio formarum colorumque corporalium in radiis oculorum quaedam imago conformata quae, nulla mora interstante, sensu recipitur memoriaeque sentientis infigitur. Eadem ratio est et in sensu aurium. Nam et particula capitis quae proprie auris dicitur ex auditu denominatur, quoniam instrumentum auditus est. Atque id genus mille.

A. Et hoc plane perspitio.

N. Videsne itaque qua consuetudine rerumque significandarum necessitate inops uerarum rerum discretionis humanitas has abusiuas rerum denominationes reppererit, imam mediamque mundi uisibilis partem, terram dico, animalium gressibilium nominans locum? Cui similiter coadunatam inseparabilemque partem qualitateque frigiditatis proximam, aquam uidelicet, locum natantium euocat. Deinde naturali ordine tertiam mundi partem pennati generis locum esse aestimat. Eodemque modo amplissima aetheris spatia caelestium corporum circulariter in eo reuolutorum loca nominare consueuit. Quae omnia uera ratione discretionis naturarum consulta non loca sed partes mundi suis locis circunscripta perspiciuntur. Vt autem perspicue cognoscas has praedictas mundi generales partes earumque partium partes usque ad minutissimas peruenientes partitiones non esse loca sed locis circunscriptas, ipsius loci natura paulo diligentius, si tibi placet, consideranda est.

A. Placet equidem; et ad hoc audiendum ardenter insisto.

N. Accipe igitur tale ratiocinationis huiusmodi exordium, quam a sanctis patribus, Gregorio uidelicet theologo sermonumque eius egregio

Definição de olho e visão

T. Quem ignora que o olho seja uma parte corpórea e úmida da cabeça, por meio da qual a visão parte para fora do cérebro a partir da meninge? A meninge recebe a natureza luminosa do coração, que é sede do fogo.[80] A visão, por sua vez, é a emissão natural da luz nos sentidos de quem vê, luz esta que, quando se espalha pelas cores e formas dos corpos exteriores sensíveis, recebe, dum modo admiravelmente rápido, as formas das coisas coloridas e visíveis. A visão é certa imagem, que se produz nos raios luminosos dos olhos, conformada às formas coloridas e corpóreas, que sem demora é recebida pelos sentidos e impressa na memória do ser senciente. Isso também vale para o sentido da audição. A pequena parte da cabeça que é propriamente chamada "ouvido" recebe esse nome a partir da palavra "audição",[81] pois é instrumento da audição; há milhares de exemplos dessa sorte.

D. Entendo-o claramente.

As partes do mundo não são propriamente lugares

T. Percebes que é por causa do costume e da necessidade de se expressar que a humanidade, incapaz de fazer uma verdadeira distinção entre as coisas, escolheu essas denominações abusivas das coisas, chamando, por exemplo, a parte mais baixa e central do mundo visível, isto é, a terra, de "lugar" onde os animais andam? Pela mesma razão chama a parte do mundo que está coadunada com a terra, que lhe é inseparável e que possui a qualidade da frieza, isto é, a água, de "lugar" dos seres que nadam. Também, chama de "lugar" dos seres com plumas àquela que é a terceira parte do mundo segundo a ordem natural. Do mesmo modo, por costume chamam os amplíssimos espaços do éter de "lugar" dos corpos celestes, que se movem circularmente por eles. Para que percebas claramente que as referidas partes gerais do mundo, e também as partes dessas partes, chegando até a menor parte, não são "lugares", mas estão circunscritas pelo lugar, acho que, se te aprouver, devemos considerar com um pouco mais de diligência a natureza do lugar.

D. Apraz-me. Na verdade, desejo ardentemente ouvir isso de ti.

Tempo e lugar são inseparáveis

T. Atenta, pois, ao preâmbulo de nosso raciocínio, que tomamos dos Santos Padres Gregório, o Teólogo, e Máximo, o egrégio expositor de seus sermões.[82]

expositore Maximo, sumpsimus: «Omne quodcunque est praeter deum, qui solus super ipsum esse proprie subsistit, intelligitur in loco. Cum quo (uidelicet loco) semper et omnino cointelligitur tempus. Non enim possibile est locum subtracto tempore intelligi», sicut neque tempus sine loci cointelligentia diffiniri potest. Haec enim inter ea quae simul et semper sunt inseparabiliter ponuntur, ac sine his nulla essentia quae per generationem accepit esse ullo modo ualet consistere uel cognosci. Omnium itaque existentium essentia localis atque temporalis est, atque ideo nisi in loco et tempore et sub loco et sub tempore nullo modo cognoscitur. «Non enim omnium rerum uniuersitas sub se ipsa et intra se ipsam est. Hoc enim statuere irrationabile est et impossibile, ipsam uidelicet uniuersitatem super suimet uniuersitatem esse, dum sub se ipsa in se ipsa circunscriptionem habeat post omnia circunscribentem omnia causalissimam uirtutem. Ipse itaque finis exterior locus uniuersitatis est, sicut quidam definiunt locum dicentes: locus est ipse extra uniuersitatem ambitus, uel ipsa extra uniuersitatem positio, uel finis comprehendens, in quo comprehenditur comprehensum. Sub tempore etiam uniuersa comprobabuntur, quoniam non simpliciter sed aliquo modo esse habent uniuersa quaecunque post deum esse habent, ac per hoc non carent principio. Omne enim quodcunque rationem recipit alicuius modi essentiae, etsi est, non erat.» Itaque aliquo modo esse hoc est localiter esse, et aliquo modo inchoasse esse hoc est temporaliter esse; ideoque omne quod est praeter deum, quoniam aliquo modo subsistit et per generationem subsistere inchoauit necessario loco ac tempore concluditur.

«Vnde deum esse dicentes non aliquo modo esse dicimus, ac per hoc et "est" et "erat" simpliciter et infinite et absolute in ipso dicimus. Incomprehensibile enim omni rationi et intellectui diuinum est, atque ideo praedicantes ipsius esse non dicimus ipsum esse. Ex ipso enim esse, sed non ipsum esse. Est enim super ipsum esse, super "aliquo modo esse", et uniuersaliter super quod dicitur et intelligitur. Si autem aliquo modo sed non uniuersaliter ea quae sunt habent esse, quemadmodum sub loco esse per positionem et finem rationum in quibus secundum naturam sunt, et sub tempore esse omnino per principium ostendentur.» Videsne igitur

Tudo o que existe e que não é Deus – o único propriamente subsistente para além de todo ser –, entendemos que existe num lugar. Com ele, [com o lugar], subentendemos sempre e em todos os casos o tempo. Com efeito, não é possível entender o lugar fazendo abstração do tempo, assim como o tempo também não pode ser definido sem a ideia de lugar. Essas duas condições são daquelas que são sempre simultâneas e inseparáveis, e sem as quais nenhuma essência que recebe o ser pela geração poderia subsistir, ou ser conhecida. Portanto, a essência de todos os existentes está local e temporalmente circunscrita. Se não estivesse num lugar e num tempo, sob as condições de lugar e tempo, não poderia de modo algum ser conhecida. A totalidade das coisas não pode estar dentro de si mesma, ou sob si mesma. É desarrazoado e impossível dizer que a totalidade das coisas está sob a totalidade das coisas, pois o que circunscreve todas as coisas sob si e em si é aquela Potência causativa que existe para além de todas as coisas.[83]

Definições de lugar

T. O limite exterior é o lugar da totalidade das coisas, segundo a definição que alguns dão de lugar: "Lugar é a fronteira que está fora da totalidade de coisas; ou a posição e limite que está além de todas as coisas, que compreende tudo que é compreendido". Todas as coisas também estão sob o tempo, pois tudo o que tem ser, mas não é Deus, não possui um ser absoluto, mas um ser sob certo aspecto; portanto, não é desprovido de princípio. Tudo o que recebe uma essência que só é essência sob certo aspecto, mesmo que exista agora, não existia antes. Portanto, ser sob certo aspecto é ser num lugar; e começar a ser sob certo aspecto é ser no tempo. Assim, tudo o que é, e não é Deus, já que subsiste sob certo aspecto e começou a subsistir pela geração, está limitado pelo lugar e pelo tempo. Assim, ao dizer que Deus é, não dizemos que ele é sob certo aspecto, mas que "é" ou "era" de modo total, infinito e absoluto. A divindade é incompreensível para qualquer razão ou intelecto [criado e finito], e por isso, quando Lhe predicamos o ser, não queremos dizer que Ele seja como as outras coisas são. O ser procede d'Ele, mas Ele não é ser.[84] Está acima dos seres que existem sob certo aspecto, é o supra-ser, transcendendo tudo o que pode ser dito ou inteligido. Se as coisas que são têm ser sob certo aspecto e não na sua totalidade, como negar que estejam contidas no lugar, pela posição e delimitação dadas pela Ideia de que participam por natureza,

locum tempusque ante omnia quae sunt intelligi? Numerus enim locorum et temporum, ut ait sanctus Augustinus in sexto de musica, praecedit omnia quae in eis sunt. Modus siquidem (id est mensura) omnium rerum quae creata sunt naturaliter conditionem earum ratione praecedit. Qui modus atque mensura uniuscuiusque locus dicitur et est. Similiter principium nascendi atque inchoatio ante omne quod nascitur atque inchoat ratione praecedere perspicitur; ideoque omne, quod non erat et est, a principio temporis coepit esse. Solus itaque deus infinitus est, caetera «ubi» et «quando» terminantur, id est loco et tempore; non quod locus et tempus in numero eorum quae a deo creata sunt non sint, sed quod omnia quae in uniuersitate sunt non spatiis temporum sed sola ratione conditionis praecesserint.

Necessario enim ea quae continent prius intelliguntur quam ea quae continentur, sicut causa praecedit effectum, ignis incendium, uox uerbum caeteraque similia. Ac per hoc non aliam beatitudinem his qui digni sunt aestimamus esse promissam, nec alium huius mundi finem fore, quam ut omnes qui gloriam theoseos (id est deificationis) accepturi sunt ultra loca et tempora ascendant. Nam qui loco et tempore coartantur finiti sunt; aeterna autem beatitudo infinita est; aeternae igitur beatitudinis atque infinitae participes neque loco circunscribentur neque tempore. Quod enim de solo Melchisedech scriptum est, patre ac matre caruisse nullumque dierum principium per generationem in essentiam neque finem temporis habuisse, uniuersaliter de omnibus qui futurae beatitudinis participes erunt intelligendum arbitror. Omnes siquidem, qui ad aeternas suas rationes, quae neque initium temporis per generationem in loco temporeue neque finem per resolutionem habent, neque ulla locali positione circunscribuntur, reuersuri sunt ut solae in eis et nil aliud sint, profecto omni locali temporalique termino carebunt. Causae enim omnium rerum, quae omni caret circumscriptione quoniam infinita est, infiniti in infinitum adhaerebunt. Solus nanque deus in ipsis apparebit quando terminos suae naturae transcendent, non ut in eis natura pereat, sed ut in eis solus appareat qui solus uere est. Et hoc est naturam transcendere, naturam non apparere, sicut aer, ut saepe diximus, luce plenus non apparet, quoniam sola lux regnat. Quod igitur de generali

ou que estejam sob o tempo, já que têm princípio? Percebes, pois, que as noções de tempo e lugar são logicamente inteligidas antes de todas as coisas? O número dos lugares e tempos, diz Santo Agostinho no livro VI *Da Música*,[85] precede tudo o que está neles. O modo, isto é, a medida, de todas as coisas criadas precede natural e logicamente à sua criação; e esse modo ou medida de cada coisa é o que se chama de "lugar". Similarmente, o princípio e a incoação da geração precedem logicamente a tudo o que é gerado. Portanto, tudo o que é, mas não era, começou a ser num princípio temporal. Só Deus, pois, é infinito, enquanto tudo o mais está limitado por um "onde" e um "quando", [isto é, pelo lugar e pelo tempo]. Não que lugar e tempo não sejam do número das coisas que Deus criou, mas são condições que precedem logicamente, e não temporalmente, à totalidade dos seres. É necessário que o que contém seja logicamente anterior ao que é contido, assim como a causa precede ao efeito, o fogo ao incêndio, a voz à palavra, e coisas similares. Por essa razão, cremos que a beatitude prometida aos que dela se mostrarem dignos, e o fim deste mundo, não são outra coisa que a transcendência das limitações espaço-temporais para aqueles que receberem a glória da *theosis*, ou deificação. Com efeito, tudo o que é limitado pelo lugar e pelo tempo é finito. Ora, a beatitude eterna é infinita. Portanto, os que participarão da beatitude eterna e infinita não estarão limitados nem por lugar nem por tempo.

A ordem de Melquisedeque

T. Aquilo que está escrito somente sobre Melquisedeque, que não teve pai nem mãe, nem princípio de dias, nem essência gerada, nem fim, creio que valerá para todos os que participarem da futura beatitude. Todos os que retornarem às suas Ideias eternas, as quais não têm princípio temporal pela geração no tempo e no lugar, nem têm fim pela decomposição, nem estão circunscritas a uma posição local, de tal modo são simples e nada mais do que elas mesmas, certamente não terão nenhum limite local ou temporal. Serão infinitos, e estarão infinitamente unidos à Causa de todas as coisas, que não tem nenhuma circunscrição, já que é infinita. Quando transcenderem os limites de sua natureza, só Deus aparecerá neles, não porque sua natureza perecerá, mas porque neles aparecerá só o que realmente é. Transcender a natureza é isto: é não aparecer a natureza, assim como o ar, já o dissemos várias vezes, não aparece quando está repleto de luz, pois a luz reina soberana sobre ele.

loco generalique tempore uniuersalis creaturae intelligitur necessario de partium eius locis temporibusque specialibus et propriis a summo usque deorsum intelligetur. Praecedit autem locus generalis tempusque generale secundum intelligentiam omnia quae in eis sunt; praecedit igitur specialium propriorumque locorum temporumque cognitio ea quae in eis specialiter proprieque intelliguntur. Ac per hoc concluditur nil aliud esse locum nisi naturalem diffinitionem modumque positionemque uniuscuiusque siue generalis siue specialis creaturae, quemadmodum nil aliud est tempus nisi rerum per generationem motionis ex non esse in esse inchoationem, ipsiusque motus rerum mutabilium certae dimensiones, donec ueniat stabilis finis, in quo immutabiliter omnia stabunt.

A. Clarescit paululum, ut reor, huius ratiocinationis intentio. Nam nil aliud appetit, quantum mihi datur intelligere, quam ut nihil esse locum suadeat nisi naturalem uniuscuiusque creaturae diffinitionem, intra quam tota continetur et extra quam nullo modo extenditur. Ac per hoc datur intelligi, siue locum quis dixerit, siue finem, siue terminum, siue diffinitionem, siue circunscriptionem, unum id ipsumque significare, ambitum uidelicet finitae naturae. Quamuisque multae diffinitionum species quibusdam esse uideantur, sola ac uere ipsa dicenda est diffinitio, quae a grecis YCIAΔEC, a nostris uero essentialis uocari consueuit. Aliae siquidem aut connumerationes intelligibilium partium (O)YCIAE aut argumentationes quaedam extrinsecus per accidentia aut qualiscunque sententiarum species sunt, sola uero YCIAΔEC id solum recipit ad diffiniendum quod perfectionem naturae quam diffinit complet ac perficit. «Diffinitio enim» ut ait Augustinus «nihil maius, nihil minus tenet quam id quod susceptum est ad explicandum; aliter omnino uitiosa est».

N. Clare perspicis. Non enim aliud praeter quod dixisti praedicta ratio appetit suadere.

A. Sed miror nec pure perspicio quomodo diffinitio cuiuscunque essentiae non intra ipsam sed extra esse dicatur, hoc est neque totum ipsius neque pars dici ualeat.

N. Attentior igitur esto ut et hoc plane cognoscas.

A. Quantum lux interior admittit.

Portanto, o que se entende do lugar e do tempo gerais da criação inteira é necessariamente entendido dos lugares e tempos específicos e próprios das partes do universo, desde a suma criatura até a última. Ora, o lugar geral e o tempo geral precedem, na ordem lógica, a tudo o que neles está. Portanto, a noção dos lugares e tempos específicos e próprios precede a tudo o que neles está específica e propriamente.

Conclusão sobre lugar e tempo

T. Daí concluirmos que o lugar nada mais é que a definição, o modo e a posição de qualquer criatura, seja ela geral, seja específica, do mesmo modo como o tempo nada mais é que a incoação do movimento, que parte do não ser e termina no ser, das coisas que existem pela geração, e a medida do movimento das coisas mutáveis, até que se alcance o fim estável, no qual todas as coisas permanecerão imutavelmente.

D. Está ficando um pouco mais claro o objetivo desse raciocínio. Tanto quanto consigo entender, tua intenção é provar que o lugar nada mais é que a definição natural de cada criatura, dentro de cujos limites todas as coisas estão contidas, e para além de cujos limites nada transborda. Isso dá a entender que "lugar", "limite", "termo", "definição" e "circunscrição" significam uma só e a mesma coisa: os limites da natureza finita. Embora muitos pensem que existam muitas espécies de definição, parece-nos que só pode ser verdadeiramente nomeada assim a definição que os gregos chamam de οὐσιώδης (*ousiodes*), ou "essencial". As demais definições ou são enumerações das partes inteligíveis da οὐσία, ou corolários derivados extrinsecamente dos acidentes, ou meras opiniões. Por outro lado, a definição οὐσιώδης só recebe em sua definição o que diz respeito à completude e perfeição daquilo que define. A definição, como diz Agostinho,[86] não deve conter nada mais nada menos que aquilo que pretende explicar; se não for assim, a definição é viciosa.

T. Entendeste claramente. Nossa argumentação pretende provar precisamente o que disseste.

D. Mas isso é estranho, pois não entendo como a definição de qualquer essência não esteja nela, mas fora dela, de tal modo que não possamos chamá-la nem de o todo, nem de parte da essência.

T. Presta, pois, mais atenção, e entenderás tudo isso claramente...

D. Se assim o permitir minha luz interior...

N. Dic quaeso. Cum rerum omnium duo genera sint – omne enim quod dicitur esse aut uisibile est et sensibus corporeis percipitur aut percipi potest, aut inuisibile et intelligentiae obtutu consideratur, aut considerari possibile est aut per se aut per aliquod sibi adhaerens – in quo praedictorum generum diffinitiones esse iudicas?

A. Ridiculum istuc. Quis enim locum seu finem seu diffinitionem seu qualemcunque circunscriptionis speciem, qua uniuscuiusque substantia ambitur, inter ea quae sensibus corporeis succumbunt recte sapientum posuerit, cum uideat terminos liniae seu trianguli seu alicuius planae solidaeue figurae incorporeos esse? Punctus siquidem, ex quo linea incipit et in quo terminatur, nec linea nec pars eius est sed terminus lineae, ac per hoc locus eius nec sensu percipitur sed sola ratione cogitatur; punctus enim sensibilis pars lineae est, non autem eius principium seu finis. Similiter et ipsa linea ratione consulta incorporea est, et est principium superficiei. Item superficies incorporea est et est finis liniae, principium uero soliditatis. Soliditas quoque incorporea est, et est finis totius perfectionis. Quicquid enim in his, id est siue punctum siue lineam siue superficiem siue soliditatem uisibilem, corporeus sensus attigerit, profecto figurae incorporalium rerum sunt, non earum ipsa uera substantia, quae incorporea est. Similiterque naturalium corporum, siue sensibilia sint per contemperandam elimentorum quibus subsistunt, siue subtilitate sui mortales fugitent contuitus, solo intellectu naturae fines perspiciuntur. Forma siquidem quae omnem materiam corporum continet incorporea est. Ipsa etiam materies, si quis intentus aspexerit, ex incorporeis qualitatibus copulatur.

N. Itaque in genere inuisibilium diffinitiones, quas locos rerum circumscriptarum diximus, concludi arbitraris?

A. Ita quidem arbitror, et nil certius uideo.

N. Recte aestimas. Sed quia iterum genus inuisibilium in multas species diuidi patitur – quaedam enim inuisibilium sunt quae intelliguntur et intelligunt,

Onde se situam as definições

T. Responde-me, por favor: como há dois gêneros de todas as coisas, pois tudo o que dizemos que existe ou é visível, e é percebido ou pode ser percebido pelos sentidos corpóreos, ou é invisível e é considerado ou pode ser considerado pela inteligência – quer seja considerado em si mesmo ou mediante algo que lhe é inerente –, em quais desses dois gêneros pensas que estejam as definições?

D. Essa questão é risível. Quem, dentre os sábios, poria o lugar, o limite, a definição, ou qualquer outra espécie de circunscrição que envolve a substância, entre as coisas que são percebidas pelos sentidos corpóreos, uma vez que é fácil perceber que os termos da linha, do triângulo, ou de qualquer outra figura plana ou sólida, são incorpóreos? Com efeito, o ponto, onde começa a linha e onde termina, não é nem linha nem parte da linha, mas termo da linha, e por isso seu lugar não é percebido pelos sentidos, mas apenas cogitado pela razão, pois o ponto sensível é parte da linha, não seu princípio e seu fim. De modo similar, a linha, examinada pela razão, é incorpórea e princípio da superfície. Por sua vez, a superfície é incorpórea e é termo da linha, mas princípio da figura sólida. A figura sólida é também incorpórea, e termo de toda perfeição. Tudo o que os sentidos corpóreos percebem nestas coisas: no ponto, na linha, na superfície ou no sólido, são meras figurações de realidades invisíveis, não a própria substância dessas coisas, que é incorpórea. De modo similar, os limites da natureza dos corpos naturais – quer sejam corpos sensíveis pela mistura harmoniosa dos elementos, quer escapem aos olhares mortais por causa de sua sutileza – são percebidos somente pelo intelecto. Com efeito, a forma que contém toda a matéria dos corpos é incorpórea. E se a pessoa examinar atentamente, verá que a própria matéria é composta de qualidades incorpóreas.

T. Então, pensas que as definições, que chamamos de "lugares das coisas limitadas", estão no gênero das coisas invisíveis?

D. Penso assim, e nada me parece mais certo que isso.

As espécies do que é invisível

T. Pensas corretamente. Mas como o gênero das coisas invisíveis pode dividir-se em muitas espécies – pois há coisas invisíveis que são inteligidas e inteligem,

quaedam intelliguntur et non intelligunt, quaedam neque intelliguntur neque intelligunt – in qua specie horum diffinitiones connumerandas esse censes?

A. In ea profecto quae intelligit et intelligitur; actio siquidem diffinitionis ratiocinantis intelligentisque naturae actio est.

N. Nec aliter uidetur esse posse; nulla enim natura, quae se ipsam non intelligit esse, aut sui aequalem aut se inferiorem potest diffinire. Nam quod supra se est quomodo potest cognoscere, dum eius notitiam non ualeat superare?

A. Solius ergo intellectualis naturae, quae in homine angeloque constituitur, diffinitionis peritia est. Sed utrum angelus aut homo se ipsum, aut homo angelum, aut angelus hominem possit diffinire, non parua quaestio est. De qua quid tibi uidetur nosse cupio.

N. Videtur mihi neque se ipsos neque inter se inuicem diffinire posse. Nam si homo se ipsum uel angelum diffinit, maior se ipso est et angelo. Maius enim est quod diffinit quam quod diffinitur. Eadem de angelo est ratio. Hos itaque ab ipso solo, qui eos ad imaginem suam condidit, diffiniri posse arbitror.

A. Videtur mihi hac ratione concludi non alias naturas rationabili animo diffiniri nisi inferiores se, siue uisibiles sint siue inuisibiles.

N. Quisquis hoc dixerit ueritate non errat. Ideoque ubi diffinitiones sunt eorum quae diffiniuntur, ibi profecto et loci eorum quae circunscribuntur. Praedictis enim rationibus confectum est locum diffinitionem esse et diffinitionem locum.

A. Confectum scilicet.

N. Atqui diffinitiones corporum rerumque ratione carentium non alibi nisi in anima rationabili sunt; in ea itaque et loci omnium quae localiter comprehenduntur. At si rationalis anima incorporea est, unde nullus sapiens dubitat, necessario quicquid in ea intelligitur incorporeum esse manifestum est; locus in anima intelligitur, sicut prius datum est; incorporalis est igitur.

A. Et hoc iure conclusum uideo. Siue enim angelica natura rerum inferiorum se diffinitiones contineat, ut Augustino uidetur placere – nam et angeli inferiora

outras são inteligidas e não inteligem, outras nem são inteligidas nem inteligem –, em qual espécie pensas que devemos colocar as definições?

D. Certamente na que intelige e é inteligida, pois o ato de definir é ato da natureza raciocinante e inteligente.

T. E não parece que possa ser de outro modo, pois nenhuma natureza que não intelige a si mesma pode definir uma natureza igual a si ou inferior. Como poderia conhecer o que é superior, se nenhuma natureza tem capacidade de conhecer o que está acima de si?

D. Portanto, só as naturezas intelectuais, o homem e o anjo, podem dar definições. Mas eis uma não pequena questão, e gostaria de saber tua resposta a ela: podem o anjo e o homem definir-se a si mesmos, ou pode o homem definir o anjo, ou o anjo definir o homem?

T. Parece-me que nem podem definir a si mesmos, nem definir uns aos outros. Com efeito, se o homem define a si mesmo e ao anjo, o homem seria maior que si mesmo e maior que o anjo. Ora, o que define é maior que o que é definido. A mesma razão vale para o anjo. Penso, pois, que só Aquele que os criou à sua imagem os pode definir.

D. Parece que esse argumento conclui que a razão não pode definir senão as naturezas inferiores, quer sejam visíveis, quer invisíveis.

T. Quem disser isso não estará errado. Onde, pois, houver definição do que é definido, aí estará o lugar do que é circunscrito, pois, nos raciocínios anteriores, concordamos que o lugar é a definição, e a definição é o lugar.

D. De fato, estamos de acordo.

As definições dos corpos estão na alma racional

T. Ademais, as definições dos corpos e das coisas que carecem de razão não estão em outro lugar que na alma racional. Nela, portanto, estão os lugares de tudo o que é abarcado por um lugar. Mas, se a alma racional é incorpórea, algo que nenhum sábio põe em dúvida, é necessário e evidente que tudo o que é por ela inteligido seja incorpóreo. Ora, o lugar é inteligido pela alma, como se concedeu anteriormente. Logo, o lugar é incorpóreo.

D. Essa conclusão parece correta. Em nada obsta a esse argumento que a natureza angélica contenha as definições das coisas inferiores, como parece pensar

se creduntur administrare – siue ad superiora se semper intendat, id est ad causas rerum aeternas, huic rationi non obstat. Non enim a ueritate distat, ut uideo, si quis aestimauerit humanum animum terrenis adhuc fanthasiis depressum causas creatas inferiorum se naturarum posse comprehendere si pure uixerit, angelicum uero omnium rerum aetemas appetere rationes, et ad hoc semper caritate motum humanam naturam attrahere.

N. Recte uides. Videsne itaque non aliud esse locum nisi actionem intelligentis atque comprehendentis uirtute intelligentiae ea quae comprehendere potest, siue sensibilia sint siue intellectu comprehensa? Atqui si ita est, aliud igitur est quod diffinitut et aliud eius diffinitio.

A. Aliud esse uideo. Sed intellectus qui se ipsum intelligit, quoniam se ipsum diffinit, suimet locus esse uidetur.

N. Nec hoc absurde quis dixerit, si ullus intellectus post deum, qui intellectus omnium dicitur, se ipsum potest intelligere. Si autem omnis intellectus praeter deum non a se ipso sed a superiori se circunscribitur, nullus intellectus suimet locus erit, sed intra superiorem se collocabitur. Et hoc paulo superius nonne inter nos conuenerat non aliter esse?

A. De hoc alibi latius disputandum aestimo. Nunc autem uelim scire utrum aliud est natura animi diffinientis (id est omne cfuod ab eo intelligitur cognitionis loco comprehendentis) et aliud locus ipse seu diffinitio locati uel diffiniri.

N. Nec hoc inquisitione indignum esse uideo; multi enim de hoc dubitant. Sed quoniam uidemus aliud esse constitutas in anima liberales artes, aliud ipsam animam quae quasi quoddam subiectum est artium, artes uero ueluti inseparabilia naturaliaque animae accidentia uidentur esse, quid nos prohibet diffiniendi disciplinam inter artes ponere, adiungentes dialecticae, cuius proprietas est rerum omnium quae intelligi possunt naturas diuidere, coniungere, discernere, propriosque locos unicuique distribuere? Atque ideo a sapientibus uera rerum contemplatio solet appellari. Nam cum in omni rationabili intellectualique natura tria inseparabilia semperque incorruptibiliter manentia considerentur, OYCIAN dico et ΔYNAMIN ENEPΓANque (hoc est essentiam, uirtutem, operationem) – haec enim teste sancto Dyonisio inseparabiliter sibimet adhaerent ac ueluti

Agostinho,[87] pois cremos que os anjos fazem duas coisas: servem às coisas inferiores, e sempre estão atentos às realidades superiores, isto é, às Ideias eternas. Não me parece que erra quem pensa que o espírito humano, ainda que submetido às imagens terrenas, possa compreender as causas criadas das naturezas que lhe são inferiores caso viva de modo puro, e que o espírito angélico possa apetecer as Ideias eternas de todas as coisas, e, sempre movido pela caridade, atrair a natureza humana a esse conhecimento.

T. Pensas corretamente. Percebes que o lugar nada mais é que um ato do ser que intelige e compreende, pela virtude da inteligência, tudo o que pode ser compreendido, quer se trate de coisas sensíveis, quer de coisas compreendidas pela inteligência? Se é assim, então uma coisa é o que é definido, e outra coisa é sua definição.

D. Vejo que são coisas distintas. Mas o intelecto que intelige a si mesmo parece que é para si seu próprio lugar, uma vez que define a si mesmo.

T. Não é absurdo dizê-lo, caso algum intelecto que não seja Deus, que é o Intelecto de tudo, possa inteligir a si mesmo. Se todo intelecto que não é Deus não é inteligido por si mesmo, mas é definido por um intelecto superior, nenhum intelecto será para si o lugar próprio, mas estará localizado no intelecto superior; e pouco antes não concordamos que as coisas são de fato assim?

D. Acho que devemos considerar mais amplamente essa questão em outro momento, pois agora quero saber se a natureza do espírito que define, isto é, do espírito que compreende no "lugar" do conhecimento tudo que é por ele inteligido, é distinta do lugar mesmo, ou da definição do ser alocado e definido.

T. Não acho que essa questão seja indigna de investigação, pois muitos têm dúvida quanto a isso. Mas, como sabemos que as artes liberais que estão na alma são distintas da própria alma – que é o sujeito das artes, enquanto as artes parecem ser acidentes inseparáveis e naturais da alma –, o que nos proíbe de considerar a ciência da definição uma dessas artes, reduzindo-a à dialética, que tem como propriedade dividir, unir e distinguir as naturezas das coisas que podem ser inteligidas, bem como estabelecer as coisas em seus lugares próprios, arte esta que os sábios costumam chamar de verdadeira contemplação das coisas? Ora, quando consideramos que a natureza racional e intelectual possui três coisas inseparáveis e que permanecem sempre incorruptíveis, isto é, a οὐσία, a δύναμις (*dynamis*) e a ἐνέργεια (*energeia*), ou a essência, a potência e a operação (essas

unum sunt et nec augeri nec minui possunt, quoniam immortalia sunt atque immutabilia – num tibi uerisimile uidetur certaeque rationi conueniens omnes liberales disciplinas in ea parte, quae ΕΝΕΡΓΑ (id est operatio) animae dicitur, aestimari? Siquidem a philosophis ueraciter quaesitum repertumque est artes esse aeternas et semper immutabiliter animae adhaerere, ita ut non quasi accidentia quaedam ipsius esse uideantur, sed naturales uirtutes actionesque nullo modo ab ea recedentes nec recedere ualentes nec aliunde uenientes sed naturaliter ei insitas, ita ut ambiguum sit utrum ipsae aeternitatem ei praestant quoniam aetemae sunt eique semper adhaereant ut aeterna sit, an ratione subiecti, quod est anima, artibus aeternitas administratur – OYCIA enim animae et uirtus et actio aetemae sunt – an ita sibi inuicem coadhaereant, dum omnes aetemae sint, ut a se inuicem segregari non possint.

A. Huic rationi, quoniam uera est, nescio quis audeat reluctari. Nam quodcunque horum quis firmauerit, rationi non resistit. Vltimum tamen quod a te positum est uerisimilius esse caeteris elucet. Sed ut ad eadem redeamus, non mihi plane patet quomodo OYCIA siue in generibus, siue in speciebus, siue in atomis diffiniri possit, cum in praedictis rationibus huius libelli conclusum sit eam nullo sensui corporeo, nullo intellectui comprehensibilem esse.

N. OYCIAN per se ipsam diffinire et dicere quid sit nemo potest. Ex his autem quae inseparabiliter ei adhaerent et sine quibus esse non potest, ex loco dico et tempore – omnis enim OYCIA de nihilo creata localis temporalisque est, localis quidem quia aliquo modo est, quoniam infinita non est, temporalis uero quoniam inchoat esse quod non erat – solummodo diffiniri potest quia est. OYCIA itaque nullo modo diffinitur quid est, sed diffinitur quia est. Ex loco nanque, ut diximus, et tempore accidentibusque aliis, quae siue in ipsa seu extra intelliguntur esse, tantummodo datur non quid sit sed quia est. Et hoc generaliter de omni OYCIA, siue generalissima, siue specialissima, siue media non incongrue quis dixerit. Nam et causa omnium, quae deus est, ex his quae ab ea condita sunt solummodo cognoscitur esse, nullo uero

três coisas, afirma São Dionísio,[88] estão inseparavelmente unidas umas às outras, e são como uma só, não podem aumentar nem diminuir, já que são imortais e imutáveis), não te parece verossímil e condizente com a razão classificar todas as artes liberais como uma ἐνέργεια, ou operação da alma? Com efeito, os filósofos investigaram e descobriram que as artes liberais são eternas, e aderem sempre e imutavelmente à alma, de tal modo que não parecem ser simples acidentes da alma, mas potências e atos naturais que não se separam dela de modo algum, nem podem separar-se, e que não vêm de fora, mas lhe são inatas, de tal modo que é incerto se são essas potências que dão eternidade à alma (pois são eternas e aderem sempre à alma, conferindo-lhe a eternidade), ou se, em razão do sujeito que é a alma, as artes se tornam eternas (pois a οὐσία, a potência e os atos da alma são eternos), ou se ambas são eternas e aderem umas às outras de tal modo que nunca possam se separar.[89]

D. Não sei se alguém ousaria contradizer esse argumento, pois que é verdadeiro, já que nenhuma das afirmações se opõe à razão. Porém, a última proposição se mostra mais verossímil que as demais. Mas, para voltarmos a nossa questão, não me parece evidente como a οὐσία poderia ser definida dentro dos gêneros, ou das espécies, ou dos átomos, uma vez que a argumentação anterior deste livro nos levou à conclusão de que ela não é compreensível a nenhum sentido corpóreo e a nenhum intelecto.

O caráter indefinível da substância

T. A οὐσία não pode ser definida nem expressa por ninguém. Só podemos definir que ela existe (*quia est*) a partir daquelas coisas que aderem a ela e sem as quais ela não poderia existir, isto é, a partir do lugar e do tempo. Com efeito, toda οὐσία criada do nada é temporal e local: *local*, porque existe sob certo aspecto e não é infinita; *temporal*, porque passa a ser o que não era. Portanto, não definimos o que é (*quid est*) a οὐσία, mas definimos que ela é (*quia est*). A partir do lugar, como dissemos, do tempo, e dos outros acidentes que são inteligidos nela, ou fora dela, podemos chegar à conclusão de que ela é, mas não à conclusão do que ela é. E isso se aplica congruentemente a toda οὐσία, quer seja generalíssima, especialíssima, quer seja intermediária. Com efeito, a partir das coisas que a causa de tudo, Deus, criou, sabemos *que* Ele é, mas por nenhum argumento tirado das criaturas

creaturarum argumento possumus intelligere quid sit. Atque ideo sola haec diffinitio de deo praedicatur, quia est qui plus quam esse est.

A. Huic quoque rationi nemo sane intelligentium, ut opinor, obstabit.

N. Nunc igitur sole lucidius perspicis eos esse deridendos, immo etiam dolendos, ac per hoc ad ueram rerum discretionem reuocandos si uelint, aut penitus relinquendos si suam consuetudinem ueritati inimicissimam sequi malint, qui partes huius mundi uisibilis caeterorum corporum intra se constitutorum naturalia loca esse opinantur. Nam, ut uerbi gratia de meo corpore dicam – animam quippe corporalibus huius mundi spatiis putare contineri impudentissimum est – si aer iste locus eius est, sequitur ut quarta pars sui locus suus sit. Nam omne corpus uisibile quattuor partibus constare omnibus notum est, ex igne uidelicet, aere, terra, aqua. Nil autem irrationabilitati propinquius quam ut totum corpus sui parte locari putetur; totum siquidem omnes suas partes comprehendere, non autem pars totum recte aestimatur ambire. Item si corpus meum in isto aere ueluti in suo loco esse dicam, sequitur nullum certum locum ibi posse habere. Iste etenim aer semper circa terram uoluitur, ac per hoc uno eodemque temporis spatio innumerabiles locos habere corpus eo constitutum necesse est, quod nulla ratione conceditur; praedictis siquidem rationibus suasum est locum in statu esse nulloque motu uariari.

Sicut ergo qui in flumine stat sedetue seu natat illam partem fluminis non potest retinere ut possit dicere certum locum fluminis possidere, cum constet sine ulla intermissione illud transire, ita nemo debet dicere locum corporis sui hunc aerem sine ulla intermissione mobilem nuiloque temporis momento stantem. Si autem quis huic rationi obiecerit terram, quoniam semper stat, corporum iure appellari locum, uideat similiter terram materiem corporum esse, non locum. Quis autem materiam corporum eorundem esse locum ratione utens audeat dicere, praesertim cum materia per se ipsam ratione considerata nec in motu nec in statu sit? In motu

podemos inteligir *o que* Ele é; portanto, só podemos predicar de Deus a seguinte definição: "que é Aquele que é mais do que o ser".

D. Ninguém inteligente objetará a esse argumento, acho eu.

Nenhuma parte isolada do mundo é um lugar

T. Mais claramente que o sol, percebes que devemos desprezar, ou melhor, lamentar, e convidar à verdadeira consideração das coisas, se quiserem, ou, se preferirem se apegar a seus hábitos mentais mais do que à verdade, abandonar aqueles que pensam que as partes deste mundo visível e dos corpos que estão nele contidos são lugares naturais? Por exemplo, falando de meu corpo – pois seria vergonhoso pensar que a alma esteja contida nos espaços deste mundo –, se o ar é o seu lugar, seguir-se-ia que a quarta parte do corpo seria seu próprio lugar; com efeito, todos sabem que todo corpo visível tem quatro partes: fogo, ar, terra e água. Ora, não há nada mais próximo da irracionalidade do que pensar que o todo esteja localizado em alguma de suas partes, pois o todo compreende todas as partes, e seria errado pensar que uma parte pudesse circunscrever o todo. Assim, se eu disser que meu corpo está no ar como em seu lugar, consequentemente ele não terá um lugar definido, pois o ar está sempre em movimento em torno da terra, e por isso o corpo que nele estivesse localizado ocuparia inumeráveis lugares ao mesmo tempo, algo que a razão não pode admitir, já que provamos que o lugar está em repouso, e de modo algum em movimento. Assim, pois, como alguém que está parado, sentado ou nadando no rio não pode parar aquela parte do rio de tal modo que possa dizer que possui um lugar do rio, pois é evidente que o rio corre sem parar, assim também ninguém deve dizer que o lugar do corpo é o ar, pois ele se move sem parar e não fica em repouso por nenhum momento. Se alguém objetar que a terra, que está sempre em repouso, poderia ser corretamente chamada de lugar dos corpos, lembre-se de que a terra é matéria dos corpos,[90] não o lugar dos corpos.

A matéria

T. Quem, usando a razão, ousaria dizer que a matéria dos corpos é seu lugar? Considere-se, sobretudo, que a matéria, considerada em si mesma pela razão, não está nem em movimento nem em repouso. Não está em movimento,

siquidem non est quod nondum inchoat certa forma contineri. Nam per formam mouetur materia; sine forma immobilis est, ut graeci uolunt. Quo enim mouebitur quod nullo loco, nullo tempore certo adhuc coartatur? Nec in statu est, quia nondum finem suae perfectionis possidet; status siquidem finis motionis est. Quomodo autem potest in statu fieri quod non coepit iam moueri? Quomodo igitur materia corporis locus corporis, quod ex ea conficitur, potest esse, cum et ipsa in se ipsa nullo certo loco seu modo seu forma circunscribatur, nulla certa ratione diffinitur nisi per negationem? Negatur enim aliquid esse eorum quae sunt, cum ex ea omnia quae creata sunt condita esse credantur. Item si partes huius uisibilis mundi nostrorum corporum seu aliorum loca sunt, loca nostra semper esse non possunt. Dum enim corpus cuiusdam animalis solutum fuerit partesque illius ad sedes suas naturales ex quibus assumptum est separatim reuertantur, locus eius, aer uerbi gratia seu aqua seu terra seu ignis, non erit, sed singulae partes unius corporis singulis connaturalibus sibi elimentis ita commiscentur ut unum eis sint, non ut in eis sint ueluti aliquid in aliquo.

Quod enim reddetur aeri aer erit, et non quasi in quodam loco aeris statuitur. Non ut confusio quaedam corporum sit, sed mirabili naturae modo unusquisque partem suam propriam in singulis habebit elimentis totam per totum, non in parte partem, ita ut resurrectionis tempore nullus accipiat nisi quod suum est, sicut multorum luminarium lux simul est coniuncta ut nulla in ea sit commixtio, nulla segregatio. Dum enim una eademque lux uideatur esse, unumquodque tamen luminare suam propriam possidet lucem alterius luci non commixtam, sed mirabiliter totae in totis fiunt et unum lumen conficiunt. Aliud igitur est aer et aliud locus eius.

Eodem modo de caeteris elimentis partibusque solutorum corporum sibi redditis intelligendum esse censeo. Et si ita est, necessario dabitur aut istas partes mundi generales loca corporum ab eis perfussorum compositorumque non esse, aut corpora ipsa certum locum non habere, aut penitus omni loco uacare, quod natura rerum ueraque ipsius contemplatio non sinit concedere. Non enim ulla creatura certo suo loco atque immutabili certisque temporum spatiis finibusque, siue corporea sit siue incorporea,

pois ainda não passou a ser contida por uma forma determinada. Com efeito, a matéria é movida pela forma, e, quando está sem forma, não tem movimento, como dizem os gregos. Como poderia ser movida, já que não está limitada por nenhum lugar, nem por tempo determinado? Em contrapartida, também não está em repouso, pois ainda não alcançou o fim de sua perfeição; ora, o repouso nada mais é que o fim do movimento.[91] Como, pois, poderia estar em repouso o que ainda não começou a se mover? Como, então, a matéria dos corpos poderia ser o lugar dos corpos, que são compostos a partir dela, uma vez que a matéria em si mesma não está circunscrita por nenhum lugar, modo ou forma, nem pode ser definida senão por negação? Com efeito, negamos dela todas as coisas que são, já que cremos que todas as coisas foram criadas a partir dela.[92] Ademais, se as partes deste mundo visível são os lugares de nosso corpo e dos outros, elas não podem ser sempre os nossos lugares, pois, quando o corpo de qualquer animal é dissolvido e as suas partes voltam separadamente ao seu estado natural de que foram tomadas, o seu lugar, por exemplo, o ar, a água, a terra ou o fogo, não existirá, mas cada uma das partes do corpo singular se mistura a cada um de seus elementos conaturais, formando um todo único, e não algo em algo. O que volta ao ar é ar, e não está no ar como num lugar. Não que haja uma confusão dos corpos, mas a natureza faz, de modo admirável, com que cada um tenha a sua parte própria em cada um dos elementos, um todo em tudo, e não uma parte numa parte, de tal modo que no tempo da ressurreição cada um só receberá o que é seu, do mesmo modo como as luzes de muitos luminares se juntam simultaneamente, sem que haja entre elas mistura, nem segregação.

Embora pareça existir uma só e a mesma luz,[93] contudo, cada luminar possui sua luz própria que não está misturada à luz dos outros; porém, de modo admirável, todas as luzes se unem a todas as outras, formando uma só iluminação. Portanto, uma coisa é o ar, e outra coisa é o seu lugar. Penso que o mesmo valha para os demais elementos, e para as partes dos corpos dissolvidos quando voltam a seu estado natural. E, se as coisas são assim, segue-se necessariamente uma destas duas consequências: ou as partes gerais do mundo não são os lugares dos corpos que são por elas penetrados e compostos, ou os corpos não possuem um lugar determinado, ou carecem de lugar, algo que a natureza das coisas e a verdadeira contemplação não nos permitem conceder.

potest carere. Ideoque, ut sepe diximus, duo haec, locus profecto et tempus, a philosophis ΩN ANEY appellantur (hoc est quibus sine); nam sine his nulla creatura generatione inchoans et aliquo modo subsistens potest consistere. Vtque proximo rerum utamur argumento, si locus corporis est omne quodcunque ei circunfunditur, color erit locus corporis; nullum etenim uisibile corpus est quod luce coloris non circunfundatur. Si autem color colorati corporis locus est, necessario dabitur qualitas locus corporis esse; sed quis tam dira stultitia opprimitur ut qualitatem corporis locum corporis esse fateatur? At si color corporis qualitas est incorporea et extra corpus undique corpori circunfunditur, non tamen locus eius esse ulli sapientum uidetur, qua ratione aer iste seu aliquod aliud mundi elimentum, quamuis corporibus intra se positis circunfusa sint, eorum tamen nullo modo esse posse loca non conceditur?

A. Satis de his disputatum. Sed aduersus eos qui non aliud esse corpus et aliud corporis essentiam putant, in tantum seducti ut ipsam substantiam corpoream esse uisibilemque atque tractabilem non dubitent, quaedam breuiter dicenda esse arbitror. Nam multi ac paene omnes tali errore fatigantur naturales rerum differentias ignorantes.

N. Aduersus stultitiam pugnare nil est laboriosius; nulla enim auctoritate uinci fatetur, nulla ratione suadetur. Sed quoniam non est aequalis hominum stultitia nec eadem erroris caligine mentes eorum obscurantur, paucis argumentationibus aduersus eos utendum uideo.

A. Vtendum sane. Si enim eis proderit, lucrum erit; sin uero, nosmet ipsos de talibus naturarum discretionibus disputationis studio certiores efficiemus.

N. Has itaque paucas de pluribus dialecticas collectiones intentus considera. Omne corpus quod materia formaque componitur, quoniam solui potest, corruptibile est; mortale autem corpus materia formaque componitur; corruptibile est igitur. Item omnis OYCIA simplex est nullamque ex materia

Nada pode ser fora do lugar e do tempo

Com efeito, nenhuma criatura, quer corpórea, quer incorpórea, pode carecer dum lugar determinado e imutável, e dum tempo determinado e limitado.[94] Razão por que, como dissemos várias vezes, os filósofos chamavam essas duas categorias, tempo e lugar, de ὧν ἄνευ, isto é, categorias *sine qua non*, pois, sem elas, nenhuma criatura que começou a existir pela geração e que de algum modo subsiste, poderia existir. Para empregar um argumento mais próximo das coisas, digamos que, se o lugar do corpo é tudo que o circunda, então a cor seria o lugar do corpo, pois não há corpo visível que não seja circundado pela luz colorida. Ora, se a cor do corpo colorido é seu lugar, segue-se necessariamente que uma qualidade é lugar do corpo. Mas quem, acometido por tão terrível estupidez, ousaria dizer que uma qualidade do corpo é o lugar do corpo? Se, por um lado, a cor é uma qualidade incorpórea do corpo, envolvendo-o por toda parte, por outro lado, nenhum sábio diria que a cor é o lugar do corpo. Assim sendo, nem o ar, nem qualquer outro elemento do mundo, embora circundem todos os corpos que estão dentro deles, poderiam jamais ser o lugar dos corpos.

Relação entre corpo e essência

D. Tua explicação é bastante. Mas acho que deverias falar brevemente sobre os que pensam que o corpo não é diferente da essência do corpo, os quais são tão iludidos, que pensam que a substância corpórea é visível e tangível. Com efeito, muitos ou quase todos são oprimidos por esse erro, ignorando as distinções que se devem aplicar às coisas naturais.

T. Nada mais laborioso que lutar contra a estupidez! Nenhum argumento de autoridade a submete, nenhum argumento racional a convence. Mas como nem toda estupidez humana é igual a outra, nem todas as mentes estão obscurecidas pelas mesmas trevas de erro, creio que devemos esboçar alguns poucos argumentos contra os que pensam assim.

D. Com certeza. Se tirarem proveito, lucrarão; se não, nós mesmos aprenderemos mais ao argumentarmos sobre as distinções naturais.

T. Considera, pois, as seguintes conclusões – dentre muitas – da Dialética: todo corpo composto de matéria e forma, uma vez que pode ser dissolvido, é

formaque compositionem recipit, quoniam unum inseparabile est; nulla igitur OYCIA corpus mortale rationabiliter conceditur esse. Hoc autem dictum est quia omnis OYCIA, quanquam intelligatur ex essentia et essentiali differentia composita esse – hac enim compositione nulla incorporea essentia potest carere, siquidem et ipsa diuina OYCIA, quae non solum simplex sed plus quam simplex creditur esse, essentialem differentiam recipit: est enim ingenita, genita, procedens – ipsa tamen compositio, quae sola ratione cognoscitur nulloque actu et operatione fieri comprobatur, rationabiliter simplicitas esse iudicanda est. Vt autem firmius cognoscas OYCIAN (id est essentiam) incorruptibilem esse, lege librum sancti Dyonisii Ariopagitae de diuinis nominibus, eo loci quo de natura daemonum deque eorum malitia disputat, quod nullam essentiam neque eorum neque aliorum corrumpere possit, et repperies eum disputare subtilissime nullum eorum quae sunt, in quantum essentia et natura est, ullo modo corrumpi posse. Haec enim tria in omni creatura siue corporea siue incorporea, ut ipse certissimis argumentationibus edocet, incorruptibilia sunt et inseparabilia: OYCIA, ut saepe diximus, ΔINAMIC, ENEPΓIA (hoc est essentia, uirtus, operatio naturalis).

A. Horum trium exemplum posco.

N. Nulla natura siue rationalis siue intellectualis est, quae ignoret se esse, quamuis nesciat quid sit.

A. Hoc non ambigo.

N. Dum ergo dico «intelligo me esse», nonne in hoc uno uerbo quod est «intelligo» tria significo a se inseparabilia? Nam et me esse, et posse intelligere me esse, et intelligere me esse demonstro. Num uides uno uerbo et meam OYCIAM meamque uinutem et actionem significari? Non enim intelligerem si non essem; neque intelligerem si uirtute intelligentiae carerem; nec illa uirtus in me silet sed in operationem intelligendi prorumpit.

A. Verum et uerisimile.

N. Num igitur necesse est eos, qui dicunt corpus materiale OYCIAN esse, aut corpus suum ex forma materieque compositum non esse fateri, sed

corruptível; ora, o corpo mortal é composto de matéria e forma; logo, é corruptível. Ora, toda οὐσία é simples, e não é composta de nenhuma matéria ou forma, pois é uma unidade indivisível. Portanto, é razoável conceder que nenhuma οὐσία é um corpo mortal. Dizemos isso porque, embora entendamos que toda οὐσία seja composta de essência e ser – com efeito, a nenhuma essência incorpórea pode faltar essa composição, pois até mesmo a οὐσία divina, que não só é simples, mas *mais-que-simples*, recebe uma diferenciação essencial, já que ela é uma substância ingênita, gênita e procedente –,[95] contudo, a composição que só é conhecida pela razão, e que não se dá por nenhum ato ou operação, pode muito bem ser considerada como verdadeira simplicidade. Para que entendas com mais certeza que toda οὐσία – toda essência – é incorruptível, lê o livro de São Dionísio Areopagita, *Dos Nomes Divinos*,[96] na passagem em que discorre sobre a natureza e a malícia dos demônios, que não podem corromper nenhuma essência, nem a sua própria nem a dos outros seres, e verás que ele argumenta de modo muito sutil que nenhum dos seres existentes, *enquanto essência ou natureza*, pode corromper-se. Ensina ele com argumentos certíssimos que estas três coisas, presentes em toda criatura corpórea ou incorpórea, são incorruptíveis e indivisíveis: a οὐσία, como dissemos várias vezes, a δύναμις e a ἐνέργεια, isto é, a essência, a potência e a operação natural.[97]

A inseparabilidade de essência, potência e ato

D. Peço que me dês um exemplo de cada uma dessas três coisas.

T. Nenhuma natureza, quer racional quer intelectual, ignora que ela mesma existe, embora ignore o que seja.

D. Não o ponho em dúvida.

T. Quando digo: "Sei que sou", a palavra "sei" porventura não significa aquelas três coisas inseparáveis? Significa que eu sou, que posso saber que sou, e que sei que sou. Não vês que essa simples palavra indica minha essência, minha potência e meu ato? Com efeito, se eu não existisse, não saberia; e não saberia se não tivesse a potência intelectual; por fim, essa minha potência não é ociosa, mas produz a operação de inteligir.

D. O que dizes é verdadeiro e verossímil.

T. Portanto, os que dizem que a οὐσία é um corpo material, ou que o corpo não é composto de forma e matéria, não estariam constrangidos pela verdade a

OYCIAN incorruptibilem esse, aut corpus suum corruptibile et materiale esse, ac per hoc OYCIAN non esse, ueritate coacti concedere?

A. Necesse sane. Sed mihi uideris non omne corpus OYCIAN esse uniuersaliter, sed omne corpus materia formaque compactum solummodo negare.

N. Intentus itaque haec intuere, ne me aestimes non de specie quadam corporum sed uniuersaliter de omni corpore dixisse, quamuis specialiter de corpore composito ex forma materiaque dixerim pro praesentis quaestionis utilitate aduersus eos qui mortalia sua corpora transitoriaque non aliud esse nisi suam OYCIAN, suamque OYCIAN nihil aliud esse nisi corpus materiale suum diuersisque compositum, forma uidelicet atque materia uariisque accidentibus. Vt autem plane cognoscas uniuersaliter OYCIAN nullum corpus esse, hanc argumentationis accipe speciem.

A. Accipiam. Sed prius quandam formulam praedictae argumentationis fieri necessarium uideo. Nam praedicta ratiocinatio plus argumentum e contrario uidetur esse quam dialectici syllogismi imago.

N. Fiat igitur maxima propositio sic: utrum OYCIA corpus corruptibile est? Omnis OYCIA incorruptibilis est; omne incorruptibile corpus materiale non est; omnis igitur OYCIA corpus materiale non est. Et reflexim: omne igitur corpus materiale OYCIA non est. Item omne corpus quod ex forma atque materia componitur simplex non est; omnis autem OYCIA simplex est; nullum igitur corpus forma materiaque compositum OYCIA est. [Item omnium hominum una eademque (O)YCIA est: omnes enim unam participant essentiam ac per hoc, quia omnibus communis est, nullius proprie est. Corpus autem commune omnium hominum non est, nam unusquisque suum proprium possidet corpus. Non et OYCIAE igitur communis est et corpus est; est autem communis; non est igitur corpus. Eadem ratio in caeteris animalibus inanimalibusque perspicue splendet.]

A. Haec formula idonea est. Redi, precor, ad promissam argumenti uniuersalem speciem, qua concluditur nullum corpus OYCIAM esse.

N. Omne quod longitudine, latitudine, altitudine comprehenditur, quoniam diuersis spatiis concluditur, corpus est. Quod autem nullum

conceder que a οὐσία é incorruptível, ou que o corpo é corruptível e material, e que portanto o corpo não é οὐσία?

D. Necessariamente. Mas me parece que não negas que todo e qualquer corpo possa ser uma οὐσία, mas só o corpo que é composto de matéria e forma.

T. Presta atenção ao que digo, e não penses que estou falando duma espécie de corpos, mas sim de todos os corpos universalmente, embora tenha me referido ao corpo composto de forma e matéria porque parecia útil à presente questão, movida contra os que dizem que seu corpo mortal e transitório é sua οὐσία, ou que sua οὐσία não é outra coisa mais que o corpo material composto de coisas diversas, isto é, da forma, da matéria e dos variados acidentes. Para que entendas claramente que, de modo universal, nenhum corpo pode ser uma οὐσία, acompanha meu argumento.

D. Acompanharei. Mas, antes, parece-me necessário que sigamos a forma da argumentação, pois teu raciocínio anterior parece antes um argumento *a contrario sensu,* que um silogismo dialético.

Argutos argumentos relativos à distinção entre corpo e essência

T. Formulemos a questão assim: a οὐσία é um corpo corruptível? Respondemos: Toda οὐσία é incorruptível; ora, todo incorruptível não é um corpo material; portanto, toda e qualquer οὐσία não é um corpo material; ou inversamente: todo e qualquer corpo material não é οὐσία. Além disso, todo corpo que é composto de matéria e forma não é simples; mas toda οὐσία é simples; portanto, o corpo composto de matéria e forma não é οὐσία. Ademais, existe uma só e a mesma οὐσία para todos os homens. Com efeito, todos participam duma só essência, que, sendo comum a todos, não é própria de nenhum; ora, o corpo não é comum a todos os homens, pois cada homem possui seu corpo próprio. Assim, a οὐσία é comum, mas o corpo não é comum; logo, a οὐσία não é corpo. O mesmo argumento se aplica claramente a todos os seres animados e inanimados.

D. Essa forma do silogismo está correta. Volta, pois, ao prometido argumento universal, que prova que nenhuma espécie de corpo pode ser οὐσία.

T. Tudo o que está compreendido por comprimento, largura e profundidade, encerrado por dimensões espaciais diversas, é corpo. Por outro lado, tudo o que

praedictorum spatiorum recipit, quoniam unum est atque simplex nullumque motum naturae suae per spatia potest recipere, necessario incorporale est. OYCIA autem nec longitudine nec latitudine nec altitudine protenditur, et quoniam in suae naturae simplicitate indiuidua permanet, incorporalis est. Nulla itaque OYCIA, quoniam caret spatio, corporalis est, sicut nullum corpus, quoniam spatiis extenditur, OYCIA est.

A. Hoc edam certa dialectica formula imaginari uolo.

N. Fiat itaque forma syllogismi conditionalis ita. Maxima proposido: utrum OYCIA corpus est? Si OYCIA corpus est, longitudinis, ladtudinis altitudinisque spatia recipit; OYCIA autem longitudinem, ladtudinem altitudinemque non recipit; corpus igitur non est. Si autem ENTYMEMATIC (hoc est conceptionis communis animi) syllogismum, qui omnium conclusionum principatum obtinet, quia ex his quae simul esse non possunt assumitur, audire desideras, accipe huiusmodi formulam. Non et OYCIA est et incorporalis non est; est autem OYCIA; incorporalis igitur. Non enim simul esse potest ut et OYCIA sit et incorporea non sit. Item non et OYCIA est et corpus est; est autem OYCIA; non est igitur corpus. Item non et OYCIA non est et incorporalis est; est autem OYCIA; incorporalis igitur. Maximum itaque argumentum est, ex quo dinoscitur aliud esse corpus, aliud OYCIAN. Nam OYCIA in genera et species diuiditur, corpus uero uelud totum quoddam in partes separatur. Item corpus in pardbus suis totum non est. In capite enim seu manibus pedibusue totum corpus non comprehenditur, et est maius in omnibus suis partibus simul, minus uero in singulis non simul. E contrario autem OYCIA tota in singulis suis formis speciebusque est, nec maior in omnibus simul collectis, nec minor in singulis a se inuicem diuisis. Non enim amplior est in generalissimo genere quam in specialissima specie, nec minor in specialissima specie quam in generalissimo genere.

Et ut exemplis utamur, OYCIA non est maior in omnibus hominibus quam in uno homine, nec minor in uno homine quam in omnibus hominibus. Non est maior in genere, in quo omnes species animalium unum sunt, quam in homine solo uel boue uel equo, nec minor in his

não possui nenhuma das referidas dimensões espaciais, sendo uno e simples, e não podendo sofrer nenhum movimento em sua natureza através do espaço, é necessariamente incorpóreo. Ora, a οὐσία não se distende segundo o comprimento, a largura e a profundidade; e, como permanece na simplicidade indivisível de sua natureza, é incorpórea. Portanto, nenhuma οὐσία é corpórea, pois não está no espaço; e nenhum corpo é οὐσία, pois o corpo se distende pelo espaço.

D. Gostaria também que esse argumento fosse enunciado segundo a forma do silogismo dialético.

T. Coloquemos nosso argumento na forma do silogismo condicional. Questão: a οὐσία é corpo? Resposta: se a οὐσία é corpo, recebe as dimensões espaciais de comprimento, largura e profundidade; ora, a οὐσία não tem comprimento, largura e profundidade; logo, não é corpo. Se quiseres o silogismo em forma de ἐνθύμημα (*entimema*), que parte dos lugares-comuns, e cujas conclusões têm força porque se baseia em alternativas que não podem se dar simultaneamente, ouve-o: não há nada que seja οὐσία e que não seja incorpóreo; mas há algo que é οὐσία; o qual será necessariamente incorpóreo. Não é possível que a coisa seja ao mesmo tempo οὐσία e corpórea. Tampouco algo pode ser οὐσία e corpo; mas há algo que é οὐσία; portanto, esse algo não é corpo. Ademais, a não οὐσία não pode ser ao mesmo tempo incorpórea; mas há algo que é οὐσία, que, portanto, é incorpóreo. Mas o maior dos argumentos é aquele que prova que o corpo e a οὐσία são coisas distintas. Com efeito, a οὐσία se divide em gêneros e espécies, enquanto o corpo, sendo um todo, divide-se em suas partes.[98] Ademais, o corpo não está todo em suas partes. Por exemplo, o corpo não está todo na cabeça ou nas mãos, mas se mostra maior quando consideramos todas as suas partes simultaneamente, e menor quando consideramos cada uma das partes separadamente. Em sentido contrário, a οὐσία está toda em cada uma de suas formas e espécies; nem maior quando as reunimos simultaneamente, nem menor quando as consideramos separadamente.

Exemplos do que se disse acima

T. A οὐσία não é maior no gênero generalíssimo que na espécie especialíssima, nem menor na espécie especialíssima que no gênero generalíssimo. Para dar um exemplo, a οὐσία não é maior em todos os homens que num homem só, nem é menor em um só homem que em todos os homens; não é maior no gênero

singulis speciebus quam simul in omnibus. Item corpus in partes potest secari ut totum suum pereat, uerbi gratia, dum soluitur in ipsa elimenta ex quibus coeuntibus superaddita forma conficitur, totum perit. Vbi enim partes simul non sunt neque propria forma continentur, totum simul esse non potest in aliqua re actu et opere, quamuis simul uideantur esse naturas rerum considerantis cogitatione. Sed aliud est simul esse rationabili naturae consideratione, quae omnia simul semper intellectu colligit et inseparabiliter comprehendit uniuersitatem, aliud quod operatione agentis aut passione patientis uisibiliter in separatione seu collectione sensibilium partium peragitur. Ratio siquidem omnium numerorum in unitate inconcussa est, nec augeri potest nec minui, corporales uero numeri seu fantastici et augeri in infinitum possunt et minui ita ut penitus non sint. At uero OYCIA, quamuis sola ratione in genera sua spedesque numerosque diuidatur, sua tamen naturali uirtute indiuidua permanet ac nullo actu seu operatione uisibili segregatur; tota enim simul et semper in suis subdiuisionibus aeternaliter et incommutabiliter subsistit, omnesque subdiuisiones sui simul ac semper in se ipsa unum inseparabile sunt. Atque ideo etsi corpus, quod nihil aliud est quam OYCIAE quantitas et, ut uerius dicam, non quantitas sed quantum, actu et operatione, uel certe suae fragilitatis passione, in diuersas segregetur partes, ipsa per se (id est OYCIA, cuius est quantum corpus) immortalis inseparabilisque sua propria naturalique uirtute perdurat. Ideo autem addidi rectius corpus quantum uocari quam quantitas, quoniam illa accidentia quae naturalia dicuntur dum in se ipsis naturaliter perspiciuntur, incorporalia sunt et inuisibilia et circa ipsam OYCIAM seu in ipsa solo rationis contuitu considerantur, et ueluti quaedam causae suorum effectuum sunt, ut est ipsa quantitas et qualitas causa quanti et qualis, caeteraque accidentium genera, de quibus satis ut arbitror diximus: quoniam inuisibiles sunt, suos uisibiles effectus gignunt.

Corpus igitur non est OYCIAE quantitas sed quantum, sicut color uisibilis qui circa corpus sentitur non est OYCIAE qualitas sed quale in quanto constitutum, caeteraque id genus. Placuit etiam sententiam sancti

que reúne numa unidade todas as espécies de animais que num homem singular, num boi ou num cavalo, nem menor em cada uma das espécies que em todas consideradas simultaneamente. Ademais, o corpo pode ser cortado em partes, perecendo o todo. Por exemplo, quando um corpo, que é composto de elementos aos quais se acrescenta uma forma, dissolve-se em seus elementos, o todo perece. Ora, quando as partes não são simultâneas, nem estão contidas sob uma forma própria, essas partes não formam um todo em ato e operação, embora pareçam existir simultaneamente para a razão, que considera essas partes. Mas uma coisa é existir simultaneamente para a razão que considera a natureza, que colige no intelecto todas as coisas de modo simultâneo e permanente, compreendendo o universal de modo inseparável; e outra coisa são a separação e a união visíveis das partes sensíveis que se dão na operação do agente, e na paixão do paciente.

Como se divide a essência, em que pese ser indivisa, e o corpo

T. A ideia de todos os números se reduz à unidade inabalável, que não pode aumentar nem diminuir, enquanto os números corpóreos ou imaginários podem aumentar infinitamente e diminuir até se reduzirem a nada. A οὐσία, embora seja dividida unicamente pela razão em seus gêneros, espécies e números, permanece, contudo, indivisível em sua potência natural, e não é separada por nenhum ato ou operação visível. A essência subsiste toda, de modo eterno e imutável, em suas subdivisões, e todas as subdivisões são, nela e de modo simultâneo e permanente, uma realidade una e inseparável. Razão por que, mesmo que o corpo, que nada mais é que a quantidade da οὐσία – ou melhor, não uma quantidade, mas algo quantificado (*quantum*) –, se dissolva em suas partes por um ato, uma operação ou pelas paixões inerentes a sua própria fragilidade, a οὐσία, de que o corpo é a quantificação, perdura imortal e indivisa em sua potência natural própria. Eu disse que o corpo é mais corretamente chamado de ser quantificado, que de quantidade, pois os chamados acidentes naturais, considerados em si mesmos, são incorpóreos e invisíveis, ligados à οὐσία, considerados tão somente pela razão, e são certas causas de seus efeitos. Com efeito, a quantidade e a qualidade são causa do quantificado e do qualificado. Isso aplica-se aos demais gêneros de acidente, sobre os quais já falamos suficientemente, penso eu, que, sendo invisíveis, geram efeitos visíveis. O corpo, pois, não é

patris Augustini ex libro quem de cathegoriis Aristotelis scripsit nostris disceptatiunculis inserere: «Descripta igitur» inquit «OYCIA, quoniam diffiniri non potuit propter eas causas quas superius memoraui, accidentium diffinitionem necessarius ordo poscebat. Quorum primum est quantum. Nec sine causa. Nam cum aliquid uiderimus, id necesse est quantum sit aestimare. Quantum uero sit inueniri non potest, nisi fuerit adhibita mensura collectum. Si ergo, omissa latitudine, solam quis longitudinem uoluerit emetiri, longitudo sine latitudine mensurae ΓΡΑΜΜΗ subiecta dicitur; non quod sit longitudo aliqua quae careat latitudine, sed quod solam quis metiens longitudinem ΓΡΑΜΜΗ metiri dicitur. Emensa uero cum loneitudine latitudo dicitur ΕΠΙΦΑΝΙΑ. Sin autem et altitudo fuerit mensurae sociata, corpus cuncta perficiunt; quod tamen non ita accipimus quemadmodum solemus accipere naturale, ne ad OYCIAN reuerti uideamur. Hoc ideo dictum est ut has singulas regulas in geometricis corporibus sciamus esse constitutas, in quibus haec tria separatim discreta esse possunt. In naturalibus autem inseparabiliter cohaerent, in quibus solo intellectu quantitas ab OYCIA separatur. Nam cum uidetur quis de quantitate disputare, tamquam de OYCIA quid diceret putatur confundere».

Videsne quid summae auctoritatis magister dicat? «Cum uidetur» inquit «quis de quantitate» (hoc est de spatiis quibus corpus conficitur) «disputare», ab his qui nil aliud esse OYCIAN estimant nisi corpus quod uident «de ipsa OYCIA putatur quid dicere». Si igitur geometrica corpora, quae solo animi contuitu contemplamur solisque memoriae imaginationibus fingere procuramus, in aliqua OYCIA subsistunt, profecto naturalia sunt, nullaque inter geometrica et naturalia corpora differentia est. Nunc uero, quoniam geometrica corpora solo animo consideramus, in nullaque OYCIA subsistunt, atque ideo phantastica iure uocantur, naturalia uero corpora propterea naturalia sunt quoniam in naturalibus suis OYCIIC (id est essentiis) subsistunt et sine quibus esse non possunt, ideoque uera sunt – alioqui non in rebus naturalibus sed sola ratione cogitarentur – profecto datur intelligi aliud esse corpus aliud OYCIA, quoniam corpus aliquando caret OYCIA, aliquando adheret OYCIAE, ut uerum sit, sine qua uerum

a quantidade da οὐσία, mas sua quantificação, assim como a cor visível percebida nos corpos não é uma qualidade da οὐσία, mas uma qualificação radicada no ser quantificado, e assim por diante. Gostaria de citar em nossa pequena inquirição um trecho do Santo Padre Agostinho,[99] tirado do livro que escreveu sobre as *Categorias* de Aristóteles. Diz ele: *Tendo descrito a οὐσία, uma vez que não pode ser definida, conforme as razões há pouco recordadas, a ordem das coisas exige que demos a definição dos acidentes, dentre os quais o primeiro é a quantificação. Isso é assim por uma razão, pois tudo o que vemos é necessariamente quantificado. Mas a quantidade dum corpo não pode ser determinada senão por uma medição. Portanto, se alguém quiser medir o comprimento sem medir a largura, o comprimento sem a medição da largura chama-se γραμμή (*grammê*), não porque exista algo que tenha comprimento sem largura, mas porque, quando alguém mede só o comprimento, dizemos que mede a γραμμή. Medindo o comprimento com a largura, temos uma ἐπιφάνεια (*epifaneia*). Se medirmos também a profundidade, perfaremos um corpo, mas note-se: não no sentido costumeiro de "corpo natural", pois pareceria que voltamos à consideração da οὐσία.* Ele disse isso para que reconheçamos que essas observações valem para os corpos geométricos, nos quais é possível separar essas três dimensões. Já nos corpos naturais elas estão inseparavelmente unidas, sendo que só no intelecto a οὐσία é separável da quantidade. Era possível que alguém se confundisse, pensando que, ao falar da quantidade, Santo Agostinho estivesse referindo-se à οὐσία. Vês o que nos ensina esse doutor de suma autoridade? Diz ele que, quando alguém discorre acerca da quantidade, isto é, das direções do espaço que perfazem o corpo, aqueles que acham que a οὐσία nada mais é que um corpo poderiam pensar que se estaria a discorrer sobre a οὐσία.

Diferença entre corpos geométricos e corpos naturais

T. Ora, como os corpos geométricos só são considerados no espírito, não subsistindo em nenhuma οὐσία, os quais podem com razão ser chamados de "corpos imaginados", e, por outro lado, os corpos naturais – que são chamados "naturais" porque subsistem em sua essência natural, sem a qual não poderiam existir – são os verdadeiros corpos, pois, de outro modo, não poderiam existir no mundo natural, mas apenas na razão, podemos entender com certeza que uma coisa é o corpo

fieri non potest, sed quadam imaginatione figuratum. OYCIA uero nullo modo corporis indiget ut sit, quoniam per se ipsam subsistit. Satis de his dictum esse reor.

A. Satis plane. Sed restat, ut uideo, ut de ipsa materia formaque, quibus materialia corpora componi asseris, pauca edisseras; non enim praetereundum est, ut arbitror. Siquidem non mihi satis elucet utrum eadem forma est et quae generi subditur et quae materiae ut corpus sit copulatur.

N. Formarum aliae in OYCIA, aliae in qualitate intelliguntur, sed quae in OYCIA sunt substantiales species generis sunt. Nam de ipsis genus praedicatur, quia in ipsis subsistit. Genus nanque, ut saepe diximus, totum in singulis suis formis est, quemadmodum et singulae formae unum in suo genere sunt; et haec omnia (id est genera et formae) ex uno fonte OYCIAE manant inque eam naturali ambitu redeunt. Formae uero quae qualitati attribuuntur in naturalibus corporibus proprie formae, in geometricis autem figurae uocantur. Omne enim geometricum corpus spatiis solummodo atque figura, nulla uero substantia continetur. Omne siquidem fantasticum corpus uniuersalibus tribus spatiis perficitur, longitudine uidelicet, latitudine altitudineque, non autem uniuersaliter omnia corpora geometrica una figura circunscribuntur. Eorum nanque alia ex triangula surgunt figura, alia ex tetragona, alia ex pentagona caeterisque in infinitum polygonis, alia ex circulari crescunt superficie. Atque ideo in quantum numerus linearum ex ternario inchoans progreditur, in tantum et figurarum et superficierum multiplex ordo uariatur. Numerus itaque spatiorum et linearum in geometricis corporibus quantitati deputatur, laterum uero angulorumque ordo atque positio superficierumque habitudines qualitatis proprium est, et dicitur forma geometrica seu proprie figura. Dum uero in naturalibus corporibus numerus membrorum atque distinctio siue naturalibus discretionibus segregentur, siue naturaliter sibi inuicem coniuncta sint perspicitur,

e outra coisa é a οὐσία, pois às vezes um corpo não tem οὐσία, e às vezes a tem. A presença duma οὐσία é o que torna aquele corpo real; sem ela, o corpo não poderia gerar-se na natureza, mas somente poderia ser figurado na imaginação; em contrapartida, a οὐσία não precisa de modo algum do corpo para subsistir, pois subsiste por si mesma. Penso que falamos o bastante sobre isso.

D. O bastante, com certeza. Mas resta, penso eu, que digas algumas poucas palavras sobre matéria e forma, a partir das quais dizes que os corpos são compostos. É uma questão que não deve ser omitida, penso eu, pois não está muito claro para mim se a forma, enquanto subdivisão do gênero, é a mesma que se une à matéria para formar um corpo.

Diferenças entre as formas e relação entre quantidade e qualidade nos corpos geométricos e nos naturais

T. Inteligimos algumas formas na οὐσία, e outras na qualidade, mas as que estão na οὐσία são as espécies substanciais dos gêneros. Predicamos dessas formas o gênero, pois o gênero subsiste nelas. O gênero, como dissemos várias vezes, está todo em cada uma das formas, do mesmo modo como todas as formas são uma só realidade em seu gênero. Tanto os gêneros como as formas emanam duma única fonte, a οὐσία, e por um ciclo natural retornam a ela. As formas dos corpos naturais, às quais se predicam qualidades, são formas em sentido próprio; as formas dos corpos geométricos chamam-se figuras.

Com efeito, todo corpo geométrico é delimitado pelo espaço e pela figura, e não está contido em nenhuma substância. Todos os corpos imaginados se distendem pelas mesmas três dimensões universais: comprimento, largura e profundidade, mas nem todos os corpos geométricos são definidos pela mesma figura. Alguns corpos geométricos têm figura triangular; outros, tetragonal; outros, pentagonal; e assim, ao infinito para todos os polígonos; outros corpos geométricos têm figura circular; assim, as figuras e superfícies podem multiplicar-se por todos os números que vêm depois do três. Ora, o número das direções e das linhas, nos corpos geométricos, se reduz ao gênero da quantidade, enquanto a ordem dos lados e dos ângulos e as posições e relações das superfícies são próprias da qualidade. Isso é o que se chama "forma" geométrica, ou, mais propriamente, figura geométrica. Já com respeito aos

quantitatis proprium esse nemo denegat; ordinem uero atque positionem naturalium partium seu membrorum ad qualitatem referri formamque proprie uocari. Dicimus enim formam hominis sursum uersus erectam, caeterorum uero animalium deorsum uersus pronam. Vnde deformes dicuntur qui congrua membrorum armonia carent seu coloris pulcritudine priuantur, quae ex qualitate ignea, quae est calor, corporibus innascitur. Nam color dicitur quasi calor mutatione unius litterae, et forma uocatur a «formo» (hoc est calido) conuersa «mum» syllaba in «ma». Antiqui siquidem formuro dicebant calidum, unde et forcipes formum capientes appellantur. Innormes quoque eos qui naturalem membrorum regulam excedunt quasi sine norma (id est regula) solemus nominare. Nonne uides hoc non in numero nec magnitudine membrorum sed in positione partium corporis luceque coloris consistere? An tibi aliter uidetur?

A. Non, ut opinor. Sed quid ad propositam quaestionem talis attineat differentia nosse specto.

N. Num praedictis rationibus inter nos est concessum aliud esse corpus aliud OYCIAN?

A. Satis plurimumque.

N. Si itaque naturali discretione quantitas corporis ab intellectu OYCIAE separatur, quamuis sibimet adhaereant, ita ut OYCIA subiectum quantitatis sit et quanti, ipsa uero quantitas seu quantum accidentia sint OYCIAE, nonne luce clarius est aliam esse formam quae in ipsa OTCIA non ut accidens sed ut id ipsum ei perspicitur, aliam quae ex qualitate quantitati adiuncta corpus efficit perfectum?

A. Iam uideo quo tendis.

N. Putasne me uelle formam essentialem materiae adiunctam naturale corpus efficere?

A. Ne id quidem. Immo uero nolle te uideo.

N. Dic, quaeso, quomodo.

corpos naturais, ninguém nega que o número é a distinção de membros, quer estejam naturalmente segregados, quer naturalmente conjuntos; a ordem e a posição das partes ou dos membros naturais, que se referem à qualidade, são propriamente chamadas forma. Dizemos, com efeito, que a forma do homem é ereta, e que a forma dos demais animais é voltada para baixo. Por isso, chamamos disformes aos que não possuem a devida harmonia dos membros, ou que estão privados da beleza da cor, a qual nasce nos corpos a partir da qualidade ígnea, o calor. Com efeito, a palavra "cor" deriva de "calor", pela mudança duma letra. E a palavra "forma" deriva de *formus*, quente, pela troca de uma sílaba. Para significar "quente", os antigos usavam a palavra *formus* em vez de *calidus,* razão por que a tenaz dos ferreiros é chamada de *forcipes* (*formum capiens,* "instrumento que pega o que é quente"). Também costumamos chamar de "enormes" (*in-normes*) aos que têm membros que excedem a regra natural, como se fugissem à norma. Não vês que essas coisas não dizem respeito ao número, nem ao tamanho dos membros, mas sim à posição das partes do corpo e à luminosidade da cor? Ou porventura pensas de outro modo?

D. Ao que parece, não. Mas gostaria de saber o que essa distinção tem a ver com a questão proposta.

T. Seguindo o raciocínio anterior, não concedemos que uma coisa é o corpo, e outra coisa é a οὐσία?

D. Certamente.

Relação entre a forma e a qualidade

T. Ora, se a quantidade do corpo e a ideia de οὐσία estão separadas por uma distinção natural, mesmo que estejam ligadas uma à outra, de tal modo que a οὐσία é o sujeito da quantidade e do quantificado, enquanto a quantidade, ou o quantificado, é um acidente da οὐσία, não percebes, de modo mais claro que o dia, que a forma que está na οὐσία não como acidente, mas como a οὐσία mesma, é diferente da forma que, a partir da qualidade unida à quantidade, torna o corpo perfeito?

D. Já vejo qual tua intenção.

T. Pensas que eu acho que a forma essencial unida à matéria produz o corpo natural?

D. Com certeza não. Queres, na verdade, dizer o contrário.

T. Diz-me como.

A. Ex predicta formarum differentia, usiadum scilicet qualitatiuarumque, uideris mihi non aliud suadere nisi eam formam, quae species qualitatis est, materiae superadditam, corpus cui OYCIA subsistit perficere. Haec etenim tria in omnibus natura libus inspiciuntur corporibus: OYCIA, quantitas, qualitas. Sed OYCIA solo semper intellectu cernitur, in nullo enim uisibiliter apparet; quantitas uero et qualitas ita inuisibiliter sunt in OYCIA ut in quantum et quale uisibiliter erumpant, dum corpus sensibile inter se coniunctae componunt. Si enim geometricum corpus, cui nulla subest OYCIA, sola quantitate spatiorum linearumque qualitatisque forma quae figura dicitur rationabiliter constare probatur, quid impedimenti est ut naturale corpus, cui uirtus OYCIAE ad permanendum substat quantum manere ualet, ea forma quae ex qualitate est, adiecta quantitati quae ex materia assumitur, perfici non dicamus? Non enim aliud te suadere aestimo quam ut cognoscamus quattuor mundi huius elimentorum in se inuicem concursu contemperantiaque materiam corporum fieri, cui adiecta qualicunque ex qualitate forma perfectum corpus efficitur. Non enim mihi obstat quod multis: uidemur nanque eis contra nosmet agere contrariaque et nobis aduersantia firmare, dicentes aliquando quattuor elimentorum coitum materiam gignere, aliquando quantitatis atque qualitatis OYCIAE conuentum causam materiae esse. Nec mirum, quoniam illos latet non aliunde mundi huius elimenta nisi praedictorum OYCIAE accidentium concursu componi. Ignem siquidem caliditas ariditati, aera caliditas umiditati, aquam timiditas frigiditati, terram frigiditas ariditati copulata conficiunt. Et quoniam praedictae qualitates sibimet coeuntes per se apparere non possunt, quantitas sumministrat eis quantum, in quo sensibiliter eluceant. Quantitas siquidem ueluti secundum subiectum est post OYCIAN ideoque in ordine kategoriarum prima post eam ponitur, quoniam sine quantitate qualitas nescit manifesta fieri. Si itaque elimenta quantitate qualitateque fiunt et corpora ex elimentis, ex quantitate igitur et qualitate corpora sunt.

N. Quoniam igitur uideo te intentionis nostrae finem acute prospexisse, dic, oro: num tibi haec diuisio formarum in duas species diuersi generis, OYCIAE uidelicet atque qualitatis, rata esse uidetur necne?

D. A partir da referida distinção das formas – essenciais e qualitativas –, pareces sugerir que a espécie da qualidade se une à matéria para formar o corpo, cuja substância é a οὐσία. Com efeito, encontramos estas três coisas em todos os corpos naturais: a οὐσία, a quantidade e a qualidade; mas a οὐσία é só perceptível ao intelecto, e não se manifesta visivelmente em nada; a quantidade e a qualidade também estão invisíveis na οὐσία,[100] mas se manifestam visivelmente no ser quantificado e qualificado quando se unem para compor o corpo. Se provamos que o corpo geométrico, sob o qual não subsiste nenhuma οὐσία, é constituído somente pela quantidade de direções e linhas e pela forma da qualidade, que se chama figura, o que nos impede de dizer que o corpo natural – sob o qual subsiste a potência da οὐσία, permitindo que o corpo permaneça na existência segundo suas possibilidades – seja composto pela forma que provém da qualidade, e pela quantidade que se radica na matéria?

De que matéria e forma se faz o corpo

D. Penso que desejas persuadir-me de que a matéria dos corpos é feita da confluência e da mistura dos quatro elementos deste mundo, à qual se acrescenta uma forma que provém da qualidade, constituindo, assim, um corpo perfeito. O que parece ser um problema para muitos não o é para mim. À primeira vista, opomo-nos a eles e contradizemos a nós mesmos, dizendo, por um lado, que a matéria é gerada pela união dos quatro elementos, e, por outro lado, que a causa da matéria é a união da quantidade e da qualidade da οὐσία. Mas isso não me espanta, pois eles não sabem que os elementos do mundo são compostos a partir dos referidos acidentes da οὐσία: o calor unido à secura gera o fogo; o calor unido à umidade perfaz o ar; a umidade unida à frieza engendra a água; e a frieza unida à secura produz a terra. E como as referidas qualidades que se unem umas às outras não podem aparecer por si mesmas, a quantidade oferece um ser quantificado no qual podem manifestar-se sensivelmente. Assim, a quantidade é como que um segundo sujeito depois da οὐσία, e por isso é posta logo depois dela na ordem das categorias, pois que a qualidade não pode se manifestar sem que haja quantidade. Ora, se os elementos são produzidos a partir da quantidade e da qualidade, e se os corpos são produzidos a partir dos elementos, então os corpos são produzidos a partir da quantidade e da qualidade.

T. Vendo que foste perspicaz em perceber nossa intenção, diz-me, por favor, se te parece certa a divisão das formas em duas espécies de gênero diverso – isto é, numa espécie do gênero da οὐσία e numa espécie do gênero da qualidade.

A. Rata quidem uerique similis, licet non sine animi mei scrupulo hanc rationabilem esse concesserim. Etenim facilius mihi suaderes formam substantialem materiae adiectam naturale corpus constituere quam qualitatiuam. Causam siquidem constitutionis corporis OYCIAN esse, non qualitatem, probabilius crediderim. Praedictis nanque rationibus collectum opinor qualitatem non solum materiae, uerum etiam formae causam esse, excepto quod materiam mixta quantitati efficiat, formam uero per se sola materiae superfundat; non quod nescierim unam causam multos ex se effectus producere, cum uideam ex uno igne calorem simul et lucem erumpere, ipsamque lucem causam splendoris et umbrarum esse. Quid dicam? Quanta diuersa corpora una eademque fiunt materia? Vna forma in quot multiplicatur numeros? Et caetera huiusmodi. Atque ideo OYCIAN ipsam formam materiae fieri putarim, non autem eius accidentia.

N. Miror ualde cur tam cito quae paulo ante inter nos ad purum deducta sunt tua labuntur memoria. Considera itaque diligentius atque eadem breuiter repetamus.

A. Praesto sum. Repete.

N. Num inconcusse inter nos conuenerat OYCIAN incorpoream esse?

A. Conuenerat.

N. Atqui nondum obliuioni te dedisse aestimarim quantitates qualitatesque quantum in se ipsis cogitantur incorporeas esse, et non in alio subiecto nisi in OYCIA cui accidunt subsistere et inseparabiliter in ea manere.

A. Hoc quoque firmiter obtineo.

N. Num itaque probabiliter dicendum est omne quod quantitate et qualitate conficitur, hoc est quantum et quale, non aliunde constitutionis suae causam accipere nisi ab ipsa OYCIA, cui naturaliter ipsa quantitas et qualitas ueluti prima accidentia maximaque probantur accidere, et sine qua non possunt esse? Quicquid enim ex his quae in fonte sunt progreditur cur non ad ipsum fontem referatur, non habeo, praesertim cum ipsa OYCIA, in quantum OYCIA est, nullo modo uisibiliter tractabiliterque ac spatiose ualeat apparere, concursus uero accidentium quae ei insunt uel circa eam intelliguntur sensibile quoddam spatiosumque per generationem potest creare. Quantitas

D. É certa e verossímil, se bem que não posso considerá-la razoável sem sentir certo escrúpulo. Com efeito, confesso que seria mais fácil admitir que a forma substancial – e não a forma qualitativa – se une à matéria para constituir um corpo. Creio ser provável que a causa da constituição do corpo seja a οὐσία, e não a qualidade. Penso que os argumentos anteriores estabeleceram que a qualidade não é só causa da matéria, mas também da forma; com uma única diferença: ela produz a matéria ao se unir à quantidade, enquanto difunde por si só a forma na matéria. Não que eu desconheça que uma só causa pode ter muitos efeitos, pois sei que um único fogo produz tanto calor como luz, e que a luz é, ela mesma, causa da iluminação e da sombra. Que direi? Quantos não são os corpos, distintos entre si, que possuem uma só e a mesma matéria? Porventura uma só forma também não se multiplica segundo o número? E assim por diante. Portanto, estou mais inclinado a pensar que a οὐσία, e não seus acidentes, é a forma da matéria.

T. Admiro-me de que tenha tão rapidamente sumido de tua memória aquilo que há pouco deduzimos de modo translúcido. Considera esse ponto com mais diligência, e repitamos brevemente o que foi dito.

D. Estou pronto. Repete.

T. Não tínhamos concordado que a οὐσία é incorpórea?

D. Concordamos.

T. E certamente não esqueceste que as quantidades e qualidades, pensadas em si mesmas, também são incorpóreas, e não subsistem senão em seu sujeito, que é a οὐσία, permanecendo nela inseparavelmente.

D. Também admito isso com certeza.

T. Não devemos então dizer com probabilidade que tudo o que é composto de quantidade e qualidade, isto é, o ser quantificado e qualificado, não tem outra causa de sua constituição que a οὐσία, que tem por acidentes primeiros e fundamentais a quantidade e a qualidade, os quais não poderiam existir sem ela? Não entendo por que tudo o que procede do que está na fonte não deveria referir-se a essa mesma fonte, considerando que a οὐσία, enquanto οὐσία, não pode de maneira alguma aparecer de modo visível, tangível e espacial, mas a confluência dos acidentes que estão nela, ou que são entendidos nela, pode criar, pela geração, um ser sensível e espacial. A quantidade e a qualidade unem o quantificado e o qualificado, que, uma vez unidos, são gerados segundo um modo e um lugar, manifestando um corpo íntegro; os demais acidentes parecem ser só acréscimos àqueles.

siquidem et qualitas quantum et quale inter se coniungunt, quae duo sibi inuicem coniuncta modo quodam temporeque generationem accipientia corpus integrum ostendunt; caetera enim accidentia his superaddita esse uidentur. Haec enim quattuot in corporibus nostris caeterorumque animalium inanimaliumque principaliter inquirimus. Quantum sit, quibus partibus constet, num spatiis longitudinis protenditur latitudinisque altitudinisque? Quale sit, rectaene formae atque humanae, pronaeue atque bestialis? Quo tempore genitum? Quoue modo diffinitur atque in se locatur ne infinitum sit sed unum aliquod in suo genere terminatum?

Haec, ut diximus, in corporibus nostris primordialiter inspiciuntur; extra uero haec altiori consideratione OYCIA, quae est formarum substantialium origo, contemplamur. Dicimus enim: hoc corpus uel hoc, cuius oysiadis (id est substantialis) formae est, utrum humanae an equinae alicuiusue irrationabilis animalis intra OYCIAN comprehensi? His enim nominibus non animalium corpora sed substantiales eorum formae appellantur.

Tria siquidem discrete debemus cognoscere, siue de nobismet ipsis cogitantes siue de aliis animalibus: quid sumus, quid nostrum est, quid circa nos? Nos sumus substantia nostra, quae uitalis atque intelligibilis est supra corpus omnesque eius sensus uisibilemque formam. Nostrum est, non autem nos, corpus quod nobis adhaeret, quanto et quali caeterisque accidentibus compositum, atque sensibile, mutabile, solubile, corruptibile; nilque aliud esse uerissimum est dicere quam sensuum instrumenta uel sedes, quae a grecis uocantur AICΘHTHPIA (id est AICΘECEΩN THPIA, sensuum custodiae). Dum enim anima incorporea sit suasque cogitationes per se ipsam sine sensibus aperire non possit, sensusque ipsi non nisi in sedibus quibusdam custodiri ualeant, naturae conditor corpus ad usus animae condidit, in quo sua uehicula, id est sensus, custodiret. Circa nos sunt omnia sensibilia quibus utimur, ut sunt quattuor mundi huius elimenta corporaque ex eis composita. Non enim mortalia nostra corpora sine his possunt permanere. Terra siquidem pascuntur, umore potantur, aere inspirantur, igne califkantur. Duobus crescunt et nutriuntur, terra et aqua; duobus ut uiuant administrantur, aere et igne. Duo patiuntur in corpus transeuntia, terra et aqua; duo operantur officinam

Há quatro questões principais sobre o nosso corpo e sobre o corpo dos seres animados e inanimados: qual sua quantidade? Quais as suas partes, se se estende segundo o comprimento, a largura e a profundidade? Qual sua qualidade, se sua forma é humana e ereta, ou se é inclinada e bestial? Em que tempo foi gerado o corpo e de que modo é definido e localizado (pois não pode ser algo infinito, mas sim algo único e delimitado em seu gênero)? Essas quatro coisas, como dissemos, encontram-se primordialmente em nosso corpo. Elevando nossa consideração, podemos contemplar, para além desses quatro aspectos, a οὐσία, que é a origem das formas substanciais. Perguntamos, então: é este ou aquele corpo? Qual sua forma essencial, ou substancial? É humana, equina ou pertence a outra οὐσία animal e irracional? Com efeito, esses nomes não designam os corpos dos animais, mas suas formas substanciais.

Toda vez que pensamos em nós mesmos ou nos outros animais, devemos conhecer as três coisas seguintes: o que somos; o que é nosso; o que está a nosso redor. Nós somos nossa substância, viva e inteligente, que está além do corpo, de todos os seus sentidos e de sua forma visível. O corpo é nosso, mas não é o que nós somos, pois o corpo está unido a nós e é composto de quantificação, qualificação e dos demais acidentes, e, além disso, é sensível, mutável, divisível e corruptível. Não há nada mais verdadeiro do que considerar o corpo como instrumento ou sede dos sentidos. Os gregos o chamam de αἰσθητήρια (*aisteteria*), isto é, "portador dos sentidos" (αἰσθήσεων τήρια, *aisteseon teria*). Como a alma é incorpórea e não pode, por si mesma e sem os sentidos, executar suas operações, e como os sentidos não podem operar sem que estejam radicados em algo, o Criador da natureza produziu um corpo para que a alma o usasse, no qual pode manter seus instrumentos, os sentidos.

O que há ao redor de nós

T. Ao nosso redor estão todas as coisas sensíveis que usamos, tais como os quatro elementos do mundo e os corpos compostos a partir deles. Nosso corpo mortal não poderia subsistir sem essas coisas. A terra o alimenta; a água lhe serve de bebida; o ar é inspirado por ele; e o fogo o aquece. Dois desses elementos, a terra e a água, lhe permitem o crescimento e a nutrição; os dois outros, o ar e o fogo, servem para conservar a vida. Dois, a terra e a água, são passivos por passarem pelo corpo; os outros dois, o ar e o fogo, operam ativamente, aquecendo o forno

corporis conf(lan)tia, aer et ignis. Ignea siquidem uirtus, cuius sedes in corde est, cibi potusque subtilem per occultos poros in diuersas corporis partes uaporem distribuit, foeculentum in secessum discernit. Sed ipse ignis nisi aerio spiritu insuffletui ciboque ac potu ueluti quibusdam fomentis nutriatur, cito extinguitur, ac sine mora totum corporis aedificium solutum collapsumque rigescit, frigore uim caloris superante. Sed de his alius disserendi locus est.

A. Haec probabiliter accipio. Sed mecum tractare non desino quomodo haec sibimet possunt conuenire, id est quomodo incorporales res per se atque inuisibiles suo concursu inter se inuicem uisibilia corpora efficiunt, ita ut nihil aliud sit materia nullamque aliam causam constitutionis habeat nisi eorum quae solo sapientiae contuitu considerantur inter se ipsa in se ipsis et non in aliquo contemperatum coitum, praesertim magnifico Boetio, summo utriusque linguae philosopho, in libris suis de arithmetica talia asserente: «Sapientia est rerum quae sunt suique inmutabilem substantiam sortiuntur comprehensio ueritatis. Esse autem illa dicimus quae nec intentione crescunt nec retractione minuuntur nec uariationibus permutantur, sed in propria semper ui suae se naturae subsidiis fixa custodiunt. Haec autem sunt qualitates, quantitates, formae, magnitudines, parilitates, aequalitates, habitudines, actus, dispositiones, loca, tempora, et quicquid adunatum quodam modo corporibus inuenitur, quae ipsa quidem natura incorporea sunt et inmutabilis substantiae ratione uigentia, participatione uero corporis permutantur et tactu uariabilis rei in uertibilem inconstantiam transeunt. Haec igitur quoniam, ut dictum est, natura inmutabilem substantiam uimque sortita sunt, uere proprieque esse dicuntur».

Num ex hac sententia aperte datur intelligi aliud esse materiam corpusque ex ea factum, aliud quantitatem et qualitatem caeteraque quae sola contemplantur sapientia inmutabilemque naturae suae uirtutem semper custodiunt, materia uero corpusque quibus accidunt uariabili permutatione diuersa inconstantiaque sunt? Quid enim? Nunquid uerisimile uidetur, si ex quantitate et qualitate caeterisque naturalibus accidentibus sibi inuicem

do corpo. A potência ígnea, que está radicada no coração, distribui o vapor sutil do alimento e da bebida pelas diversas partes do corpo através dos poros ocultos, e separa o que deve ser evacuado. Porém, se o fogo não for mantido pelo sopro do ar, pelo alimento e pela bebida, que são seus combustíveis, logo se extinguirá e sem demora o edifício inteiro do corpo se dissolverá e cairá, pois o frio supera a força do calor. Mas convém que dissertemos sobre isso em outro lugar.

Como se produzem os corpos visíveis a partir do invisível

D. Aceito tudo isso como provável. Mas não deixo de pensar como essas doutrinas poderiam concordar, ou de que modo coisas que são incorpóreas e invisíveis em si mesmas poderiam, por sua união, produzir corpos visíveis, de tal modo que a matéria não seja outra coisa, nem tenha outra causa, que a união harmônica de realidades que se unem entre elas, nelas, e não em outras coisas, que só podem ser percebidas pelo olhar da sabedoria, especialmente porque o magnífico Boécio, sumo filósofo das duas línguas, afirma o seguinte em seu livro *Da Aritmética*[101]: *Sabedoria é a compreensão da verdade acerca das coisas que são e que possuem uma substância imutável. Chamamos de ser àquilo que nem cresce pela expansão, nem diminui pela contração, nem muda pela variação, mas sempre se preserva em seu vigor por estar ligado à raiz de sua natureza. Exemplos disso são as qualidades, quantidades, formas, magnitudes, pequenezas, igualdades, relações, atos, disposições, lugares, tempos, em suma, todas as coisas que estão de algum modo atreladas ao corpo, as quais, embora sejam incorpóreas por natureza e permanentes em razão de sua substância imutável, contudo, quando o corpo participa delas, ficam sujeitas à mudança, e, quando se unem a algo variável, ficam sujeitas à inconstância. Essas coisas, portanto, são verdadeira e propriamente chamadas "ser", pois, como dissemos, possuem uma substância e uma virtude imutável por natureza.*

Esse excerto porventura não dá a entender que uma coisa são a matéria e o corpo produzido a partir dela, e outra coisa são a quantidade, a qualidade e as demais realidades contempladas tão somente pela sabedoria, que conservam a potência imutável de sua natureza, enquanto a matéria e o corpo, aos quais elas se prendem como acidentes, são diversos e inconstantes devido às mudanças sem fim? Que dizer então? Não te parece que, se a matéria existe por causa da união mútua

copulatis materia subsisteret, necessario et ipsa inmutabilis esset? Nam quod de causis intelligitur, cur non etiam de effectibus earum intelligatur, ut quemadmodum quantitates et qualitates caeteraque similia solo animi contuitu aspiciuntur, ita et materia et corpus non sensibus corporeis sed intellectui succumbant? Nunc uero formatam materiam qua corpus efficitur – nam informis omnino intelligibilis est – sensu corporeo percipimus, quantitatem uero et qualitatem solo intellectu uidemus. Quomodo igitur quantitas et qualitas materiam longe ab eis distantem possunt conficere?

N. Acute admodum falso argumento falleris, aut alios fallere uis. Sed utrum tu ipse de his dubitas an aliorum de his dubitantium personas arripis adhuc ignoro.

A. Vtrumque in me ipso perspicio. Nam et ex aliorum persona qui non immerito de talibus aut haesitant aut penitus ignorant haec proponere curaui, et me ipsum non adhuc tantae puritatis in his esse uideo ut iam nil amplius de eis inquiram.

N. Vtendum igitur est, ut opinor, ratione et auctoritate, ut haec ad purum dinoscere ualeas; his enim duobus tota uirtus inueniendae rerum ueritatis constituitur.

A. Vtendum sane. Haec enim a multis quaesita sunt, paucis uero reperta.

N. Dic itaque. Quid tibi uidetur de ipsa materia ex qua formata corpora fiunt? Num per se dum sit informis, sensu an ratione consideratur?

A. Ratione profecto. Non enim audeo dicere sensu, nam materia forma carens nullo sensu corporeo potest attingi.

N. Recte respondisti. Sed uide ne diutius de his quae nunc assumpseris iterum nos interroges. Nam in talibus nimium moramur, cum altiora ad considerationem sui nos inuitent.

A. De his quae nunc inter nos puro mentis intuitu fuerint diffinita non, ut arbitror, ulterius sollicitum te faciam. De eo autem quod dixisti «altiora ad considerandum nos inuitant» mirari non desino. Quid enim altius sit ratione

entre quantidade, qualidade e os demais acidentes naturais, ela também não seria necessariamente imutável? Por que aquilo que se aplica às causas não se aplicaria também aos efeitos, de tal modo que, assim como as quantidades, qualidades e acidentes similares são percebidos tão somente pelo olhar do espírito, assim também a matéria e o corpo estariam sujeitos, não aos sentidos corpóreos, mas ao intelecto? Mas eis que é pelos sentidos corpóreos que percebemos a matéria formada, com a qual se faz o corpo (pois o que é informe não é inteligível), e é pelo intelecto que percebemos as quantidades e qualidades. Como, então, a quantidade e a qualidade poderiam produzir a matéria, que está [ontologicamente] distante delas?

T. Teu argumento é penetrante, mas falso; enganas-te a ti mesmo e enganas os outros. Mas não entendo se essa dúvida é tua, ou se reproduzes a dúvida de outras pessoas.

D. As duas coisas. Cuidei em propor essa dúvida a partir do que ouvi de outros, que não sem razão hesitam diante dessa doutrina ou não a compreendem de todo, e eu mesmo não vejo tanta clareza nela a ponto de aceitá-la sem propor mais questionamentos.

T. Devemos, pois, penso eu, empregar argumentos racionais e de autoridade para que possas entendê-la claramente. Com efeito, esses dois tipos de argumento têm o poder de nos fazer encontrar a verdade sobre as coisas.

D. Deves empregá-los. Muitos levantaram essa questão, mas poucos a solucionaram.

T. Quero que me digas: o que pensas da matéria a partir da qual, quando formada, se produz um corpo? Quando está informe, é percebida pelos sentidos ou pela razão?

D. Certamente pela razão. Não ousaria dizer que é pelos sentidos, pois a matéria sem forma não pode ser percebida por nenhum sentido corpóreo.

T. Respondeste corretamente. Mas cuida em não me perguntar novamente sobre questões já assentadas, pois perdemos muito tempo com elas, quando coisas mais elevadas exigem nossa consideração.

Uma vez mais, considerações sobre a matéria

D. Pretendo não te inquietar mais com o que já definimos com o olhar claro da mente. Mas não paro de me admirar com o que disseste, que há coisas

considerandum post deum quam informis materia non uideo, dum quaeritur quid sit materia, quid forma, quid ex materia formaque conficitur. Vnde materia? Num inter primordiales causas quae primitus a deo conditae sunt connumeranda sit? An etiam inter sequentes causas quae ex primordialibus nascuntur? Num in his quae sensibus incumbunt, an in his quae intellectui computanda? Et utrum diffiniri possit, dum adhuc infinita est? An etiam infinita diffiniri potest? Quod rationi uidetur resistere, cum a sanais patribus ad purum deductum sit duo solummodo esse quae nullo modo possunt diffiniri, deum uidelicet atque materiam. Deus siquidem infinitus informisque, quoniam a nullo formatur, dum sit forma omnium. Materia similiter informis infinita; aliunde enim formari indiget finirique, dum per se non forma sed formabilis sit. Et haec similitudo causae omnium, ex qua et in qua et per quam et ad quam omnia sunt, et ipsius causae informis, dico autem materiae, quae ad hoc creata est ut ea quae per se sensibus attingi non possent quodam modo in ea sensibiliter apparerent, e contrario intelligitur. Nam summa omnium causa per excellentiam omnium formarum finiumque informis est atque infinita: non enim solummodo forma omnium est principalis sed plus quam forma, omnem formam superans omneque formabile et informabile formans. Nam et eorum quae formari possunt forma est, quoniam eam aut appetunt aut ad eam conuertuntur, et eorum quae formari nequeunt propter suae excellentiam naturae proximamque ei (uidelicet causae) similitudinem informitas est. Siquidem ipsa informitas eorum quae informabilia sunt non ideo dicitur informitas ut omni forma careat, sed quia omnem formam sensibilem intelligibilemque superascendat. Atque ideo ipsa omnium causa et firmari et negari solet, uti de ea sic dicatur: forma est, forma non est, informitas est, informitas non est. Quicquid enim de ipsa praedicatur et firmari et negari potest, quia super omne quod dicitur et intelligitur et non intelligitur est. Materia uero informis uocatur per priuationem omnium formarum. Ab ea siquidem nihil formatur, sed diuersas innumerabilesque recipit formas.

N. Non longe distas a uero. Num igitur materia informis, quoniam solo mentis oculo, ratione dico, perspicitur, necessario eam incorpoream esse sequetur?

A. Ne hoc quidem negare ausim.

mais elevadas que exigem nossa consideração. Não vejo o que a razão poderia considerar de mais elevado, depois de Deus, que a matéria informe, pois perguntamos: o que é matéria? O que é forma? O que é produzido a partir da matéria e da forma? De onde vem a matéria? Devemos numerá-la entre as causas primordiais que Deus criou primeiro, ou entre as causas segundas que derivam das causas primordiais? Devemos considerá-la perceptível aos sentidos, ou perceptível ao intelecto? Pode ela ser definida enquanto é infinita, ou só pode ser definida quando é finita? Isso parece contradizer a razão, pois os Santos Padres provaram claramente que só há duas coisas que não podem ser definidas de modo algum: Deus e a matéria. Deus é infinito e informe; não é formado por nada, mas é a forma de todas as coisas. A matéria, similarmente, é informe e infinita, e precisa ser formada e delimitada por outra coisa, pois, em si mesma, não é forma, mas formável. A semelhança entre a Causa de todas as coisas – a partir da qual, na qual, pela qual e em ordem à qual todas as coisas existem – e a causa informe, a matéria – que foi criada para manifestar sensivelmente aquelas coisas que não poderiam ser captadas pelos sentidos –, é uma semelhança por inversão. A causa suma de todas as coisas é informe e infinita porque é mais excelente que todas as formas e limites. Não só é a forma principial de todas as coisas, mas é *mais-que-forma*, excedendo toda forma e formando todo formável e não formável. Com efeito, é a forma de todas as coisas que podem ser formadas, porque estas a desejam e retornam a ela; e é também a não forma das coisas que não podem ser formadas, por causa das excelências de suas naturezas e da semelhança próxima com ela, com a Causa. A "não forma" dos seres que não podem ser formados é tal não porque não possuam uma forma, mas porque sua forma excede toda e qualquer forma sensível e inteligível. São semelhantes à causa de todas as coisas, sobre a qual podemos afirmar e negar o seguinte: ela é forma e não é forma; é informe e não é informe. Com efeito, tudo o que se predica dela pode ser afirmado e negado, pois está acima de tudo o que podemos dizer, inteligir e não inteligir. A matéria, por seu turno, é chamada de informe porque está privada de todas as formas. Ela não forma nada, mas recebe diversas formas.

T. Não estás longe da verdade. Portanto, se a matéria informe só é percebida pelo olho da mente, isto é, pela razão, então necessariamente ela é incorpórea?

D. Não ousaria negá-lo.

N. Igitur incorporea est?

A. Est quidem; meoque iudicio conclusum me esse uideo.

N. Visne hoc auctoritate roborari?

A. Valde, et ut fiat posco.

N. Multos de materia disputasse repperimus et mundanae et diuinae sophiae peritorum, sed paucorum testimonio uti sat est. Sanctus Augustinus in libris confessionum informem materiam esse asserit mutabilitatem rerum mutabilium, omnium formarum capacem. Cui assentit Plato in Timeo, similiter informem materiam esse dicens formarum capacitatem. His ambobus sibimet consentientibus potest sic dici et diffiniri: mutabilitas rerum mutabilium capax omnium formarum informis materia est. Sanctus Dionysius Ariopagita in libro de diuinis nominibus materiam dicit esse ornatus et formae et speciei participationem, quibus sine per se informis est materia et in nullo intelligi potest. Ac sic secundum Dyonisium potest colligi: Si materia est ornatus et formae et speciei participatio, quod ornatus et formae et speciei participa(tio)ne caret materia non est, sed quaedam informitas. Siue itaque informis materia mutabilitas sit formarum capax secundum Augustinum atque Platonem, siue informitas quaedam speciei, formae omatusque participatione carens secundum Dionysium, non negabis, ut arbitror, si quodam modo intelligi potest, non nisi solo intellectu percipi.

A. Iamdudum hoc inconcuse dedi.

N. Quid? Ipsam speciem formamque omatumque, quorum participatione informitas illa praedicta seu mutabilitas in materiam uertitur, putasne aliter nisi mentis contuitu considerari?

A. Nullo modo. Nam de forma et specie, sine quibus nullus ornatus fieri potest, omnino incorporea esse praedictis rationibus satis est actum.

N. Nunc itaque uides ex incorporeis, mutabili uidelicet informitate formarum quidem capaci ex ipsaque forma, quoddam corporeum, materiam dico corpusque, creari.

A. Plane uideo.

N. Concedis itaque ex incorporalium coitu corpora posse fieri?

A. Concedo ratione coactus.

T. É, pois, incorpórea?

D. É. Vejo-me preso a essa conclusão.

T. Gostarias que isso fosse confirmado por uma autoridade?

D. Gostaria muito.

T. Sabemos que muitos dos peritos na sabedoria mundana e divina discorreram acerca da matéria, mas basta que citemos o testemunho de alguns poucos. Santo Agostinho, nas *Confissões*,[102] afirma que a matéria informe é a mutabilidade de todas as coisas mutáveis e é capaz de receber todas as formas. Platão, no *Timeu*,[103] concorda com ele, dizendo de modo similar que a matéria informe é capaz de receber todas as formas. Juntando as duas afirmações, podemos defini-la assim: a matéria informe é a mutabilidade das coisas mutáveis, e é capaz de receber todas as formas. São Dionísio Areopagita, no livro *Dos Nomes Divinos*,[104] diz que a matéria participa da beleza, da forma e da espécie, sem as quais ela fica informe e absolutamente ininteligível. Se a matéria participa da beleza, da forma e da espécie, então tudo o que não participa da beleza, da forma e da espécie não é uma matéria, mas mais propriamente uma ausência de forma. Quer a matéria informe seja uma mutabilidade capaz de receber as formas, conforme Agostinho e Platão, quer seja uma ausência de forma, carecendo de beleza, forma e espécie, conforme Dionísio, não negarás que, se ela pode ser percebida, só o intelecto pode inteligi-la.

D. Já declarei que isso é certo para mim.

T. O quê? Então pensas que outro órgão além do olho da mente poderia contemplar a espécie, a forma e a beleza, por cuja participação aquela mutabilidade ou ausência de forma se torna uma matéria?

D. De modo algum. Com respeito à forma e à espécie, sem as quais não poderia haver nenhuma beleza, a argumentação anterior deixa claro que são de todo incorpóreas.

T. Percebes agora que é possível criar algo corpóreo, digo, a matéria e a forma, a partir de coisas incorpóreas, isto é, a partir da matéria informe e mutável, porém capaz de receber as formas, e da própria forma?

D. Vejo claramente.

T. Admites, então, que é possível produzir os corpos pela união de coisas incorpóreas?

D. Admito-o, pois a isso a razão me compele.

N. Atqui dum haec ita sint, necessario fateberis corpora in incorporea posse resolui, ita ut corpora non sint sed penitus soluta; incorporea uero naturali suo concursu mirabilique armonia ita corpora conficiunt, ut naturalem suum statum immobilemque uigorem nullo modo desinant habere, quemadmodum, ut quadam similitudine utamur, ex luce et corpore umbra nascitur, neque tamen lux neque corpus in umbram mouetur, umbra uero dum soluitur in causas suas, corpus uidelicet atque lucem, intelligitur redire. Vmbrarum siquidem causam corpus lucemque esse uera ratio edocet, in quibus naturaliter silent dum in nullo loco apparere ualeant propter undique circa corpora circumfusam luminis claritatem. Errant enim qui putant umbram perire dum sensibus non apparet. Non enim umbra nihil est sed aliquid. Alioqui non diceret scriptura: «Et uocauit deus lucem diem et tenebras noctem». Deus nanque non nominat nisi quod ex ipso est, neque eo loci altitudo theoriae auffert ueritatem historiae. Ibi siquidem secundum rerum factarum considerationem non aliud tenebras noctemque accipimus nisi umbram terrae solarium radiorum circunfusione factam instar coni semperque globo luminis oppositam. Eademque ratio est in minoribus umbris qualicunque lumine corporibusque proiectis, seu finitae seu infinitae sint et qualiscunque formae sint.

Non mireris itaque ex incorporalibus causis corpora creari inque easdem iterum resolui, ipsas uero causas ab una eademque rerum omnium creatrice creatas procedere. Ex forma enim omnium, unigenito uidelicet patris uerbo, omnis forma, siue substantialis, siue quae ex qualitate assummitur materiaeque adiuncta corpus generat, creata est. Ab ipsa quoque omnis informitas. Nec mirum ex informi forma per excellentiam informitatem quae est formarum omnium priuatione conditam fieri, quandoquidem non solum monogena sed etiam eterogena (hoc est non solum quae sunt unius sed etiam quae sunt diuersi generis), et non solum quae per excellentiam sed etiam quae per priuationem dicuntur esse uel non esse ab eodem fonte omnium manant. Quid igitur? Num iam tibi clare lucet non sine ratione a nobis dictum esse ex accidentium concursu corpora fieri, auctoritatem sancti Gregorii Nysae sequentes,

T. Como as coisas são assim, confessarás necessariamente que os corpos podem ser dissolvidos em suas partes incorpóreas, de tal modo que, assim divididos, deixem de ser corpos. Com efeito, as coisas incorpóreas, por sua união natural e admirável harmonia, produzem os corpos de modo tal, que não perdem de maneira alguma sua natureza nem sua virtude imóvel, do mesmo modo como, para dar um exemplo, a sombra é produzida pela união da luz com um corpo. Ora, nem a luz nem o corpo se transformam em sombra, e quando a sombra é dissolvida, entendemos que retorna às suas causas, ao corpo e à luz.

A respeito da sombra

T. A razão nos ensina que as causas da sombra são o corpo e a luz, nas quais ela está latente quando não pode se manifestar, isto é, quando a claridade da luz envolve o corpo por todos os lados. Estão errados os que pensam que a sombra perece quando não aparece aos sentidos. Ela não é um nada, mas algo; de outro modo, a Escritura não diria: "*E chamou à luz dia, e às trevas noite*".[105] Deus só nomeia o que procede d'Ele, e, nessa passagem, a profundidade da teoria não nega a veracidade da história. Com efeito, considerando o universo criado, sabemos que as trevas e a noite não são outra coisa que uma sombra, em formato de cone, produzida na parte da terra que é oposta à parte que recebe os raios do sol. O mesmo vale para as sombras menores, produzidas por qualquer luz que se projete nos corpos, independentemente de serem sombras finitas ou infinitas,[106] e de terem esta ou aquela forma. Não te espantes, então, de que os corpos sejam criados a partir de causas incorpóreas e se dissolvam nessas causas, e de que as causas criadas procedam duma única causa criadora de todas as coisas. Com efeito, a partir da Forma de todas as coisas, isto é, do Verbo unigênito do Pai, foram criadas todas as formas, quer substanciais, quer qualitativas, que, quando unidas à matéria, produzem um corpo. Da mesma fonte também procede a ausência de forma. Não é nada estranho que a ausência de forma, que está privada de todas as formas, seja criada pela Forma, que é dita informe por causa de sua excelência, já que as coisas homogêneas e heterogêneas, isto é, do mesmo gênero e de gênero diverso, bem como as coisas que são e que não são, quer pela excelência, quer pela privação, emanam todas da mesma fonte.

cum uideas alios siue graecos siue latinos auctores ex incorporalibus asserere corpora fieri?

Ideoque praedicti patris Gregorii sententiam disputationi nostrae placuit inseri. Ait enim in libro de imagine aduersus eos qui dicunt materiam deo esse coaeternam agens: «Neque extra ea quae consequenter inuenta sunt de materia susceptio illa fertur quae ex intellectuali et immateriali eam subsistere profert. Omnem siquidem materiam ex quibusdam qualitatibus consistere inuenimus, quibus si nudata fuerit per se ipsam nulla ratione comprehendetur. Atqui unaquaeque qualitatis species ratione subiecto separatur. Ratio autem intellectualis est quaedam et incorporalis theoria, ut puta proposito quopiam animali seu ligno in theoria seu aliquo alio materialium constitutionem habentium multa circa subiectum secundum intelligentiam diuisione intelligimus, quorum uniuscuiusque ad id quod consideratur inconfuse habetur ratio. Alia siquidem coloris et alia grauitatis ratio, alia iterum quantitatis et alia intelligentiae quae est secundum tactum proprietatis; mollities enim et bicubitale, caetera

etiam eorum quae dicta sunt neque sibi inuicem neque corpori secundum rationem commiscentur. Nam in unoquoque horum specialis iuxta quam est interpretata intelligitur causa nullaque earum quae circa subiectum theorizantur alteri qualitati promiscetur. Si ergo intelligibilis color, intelligibilis etiam soliditas et quantitas et caetera talium specialitatum, horum autem unumquodque si sublatum fuerit subiecto omnis ratio corporis simul soluetur, consequens erit quorum absentiam solutionis corporis causam inuenimus, horum concursum materialem naturam creare assumere.

Vt enim non est corpus cui res (id est OYCIA) et figura et soliditas et distantia et grauitas caeteraque specialitatum non adsunt, horum autem unumquodque corpus non est sed alterum quid praeter corpus seorsum inuenitur, sic conuersim ubicunque quae dicta sunt concurrerint corporalem substantiam perficiunt. At si intelligibilis est specialitatum intelligentia, intelligibilis quoque natura deus, nil inconsequens ex incorporali natura has intellectuales occasiones ad

Os corpos são produzidos por um concurso de acidentes

T. Que dizer, então? Já não ficou claro para ti que tínhamos razão ao dizer, seguindo a doutrina de São Gregório de Nissa, que os corpos são produzidos pela união dos acidentes, sabendo que outros autores, tanto gregos como latinos, também afirmam que os corpos são produzidos a partir de coisas incorpóreas? Gostaria de citar aqui o que diz o Santo Padre Gregório. Diz ele no livro *Da Imagem*,[107] contra os que dizem que a matéria é um agente coeterno a Deus: *A hipótese de que a matéria subsiste a partir duma natureza intelectual e imaterial não é contraditória com o que exporemos a seguir. Sabemos que toda matéria possui certas qualidades, e que, se for desnudada dessas qualidades, não poderia ser compreendida em si mesma pela razão. A razão separa do sujeito cada uma das espécies de qualidade. A razão nada mais é que uma faculdade teorética intelectual e incorpórea. Por exemplo, quando especulamos acerca dum animal, dum pedaço de madeira, ou de qualquer coisa que tenha uma existência material, a razão faz uma separação*[108] *intelectual e permite que entendamos muitas coisas acerca do sujeito, definindo de modo claro cada uma das coisas consideradas. Com efeito, a definição de cor é diferente da definição de peso; a definição da quantidade é diferente da definição das propriedades percebidas pelo tato. Com efeito, a razão não confunde as propriedades, tais como "maciez" e "comprimento de dois cúbitos"; não confunde as propriedades umas com as outras, nem as confunde com o corpo. Em cada uma dessas coisas ela entende uma causa específica, que as torna o que elas são, e não confunde uma propriedade com outra ao teorizar sobre o sujeito. Se, pois, ao removermos do sujeito a cor inteligível, a solidez inteligível, a quantidade inteligível, e as outras categorias, o corpo perece, então a confluência material dessas categorias é o que cria a natureza corpórea, já que sua ausência causa a dissolução do corpo. Assim, não existe corpo em que não estejam presentes οὐσία, figura, solidez, tamanho, peso, e outras categorias (cada uma dessas coisas não é corpo, mas são coisas separáveis do corpo), e, em sentido contrário, onde quer que essas categorias estejam presentes, aí teremos uma substância corpórea perfeita. Ora, se as categorias são realidades inteligíveis, e se Deus é uma natureza inteligível, não é incongruente dizer que, a partir da natureza incorpórea, a Natureza*

corporum generationem substitutas esse ab intellectuali quidem natura intelligibiles substituente uirtutes, harum uero ad se inuicem concursu materialem naturam in generationem adducente».

Num itaque uides maximum fortissimumque praedicti magistri argumentum sufficere? Si enim aliud esset corpus praetet accidentium oysiae concursum, subtractis eisdem in se ipso per se ipsum subsisteret. Siquidem omne subiectum per se subsistens accidentium non indiget ut sit, sicut ipsa OYCIA; siue enim accidant ei siue non accidant, siue in ea sint quae sine ea esse non possunt, siue ab ea recedant quae ab ea segregari possunt, seu sola cogitatione seu actu et opere, suis naturalibus subsidiis semper immutabiliterque subsistit. Corpus autem subtractis accidentibus nullo modo per se subsistere potest, quoniam nulla sui substantia fulcitur. Nam si quantitatem a corpore subtraxeris, corpus non erit; spatiis enim membrorum numeroque continetur. Similiter si qualitatem ab eo dempseris, deforme remanebit et nihil. Eadem ratio in caeteris accidentibus quibus corpus contineri uidetur contemplanda est. Quod igitur sine accidentibus per se non potest subsistere nihil aliud intelligendum est praeter eorundem accidentium concursum esse.

Quid ergo mirum aut rationi contrarium, si similiter accipiamus magnificum Boetium non aliud aliquid «uariabilem rem» intellexisse nisi corpus materiale quod ex concursu earum rerum «quae uere sunt», ut ait ipse, constituitur et, dum in ipso considerantur, mutabilitatem quandam pati necesse est? Nec hoc mirum, si aliter res per se immutabiles puro mentis contuitu perspicientur in sua simplicita(te), aliter sensu corporeo in aliqua materia ex concursu earum facta compositae, cum uideamus ea quae per se simplicia sunt et incorruptibilia compossitum quoddam atque corruptibile inter se coeuntia perpetrare. Cui enim incognitum sit hanc molem terreni globi ex quattuor simplicibus elimentis esse compactam, quae quidem corruptibilis solubilisque dum sit, ea tamen elimenta ex quibus conficitur in sua simplicitate insolubili permanent? Et hoc in omnibus fere corporibus communiter speculatur ratio. Ac de his satis dictum aestimo.

Intelectual ordena esses princípios intelectuais para gerar os corpos, combinando suas potências inteligíveis, e gerando a natureza material pela combinação dum princípio inteligível com outro. Percebes que esse argumento máximo do mestre é suficiente? Com efeito, se o corpo fosse outra coisa que uma confluência de acidentes da οὐσία, o corpo continuaria subsistindo em si mesmo, ainda que fossem removidos os acidentes. Com efeito, todo sujeito que é subsistente por si não tem necessidade dos acidentes, como é o caso da οὐσία. Quer a οὐσία tenha acidentes, quer não os tenha, quer os acidentes estejam presentes nela – pois sem ela não podem existir –, quer se afastem dela – pois podem separar-se tanto na mente como de fato –, a οὐσία continua, de modo permanente e imutável, a subsistir por força da própria natureza.

Não existe corpo sem acidentes próprios

T. Já o corpo, se lhe tiramos os acidentes, não pode subsistir por si mesmo, pois não possui nenhuma subsistência em si mesmo. Se tiras a quantidade do corpo, não haverá corpo, pois ele está contido no espaço e tem determinado número de partes. De modo similar, se lhe tiras as qualidades, ele fica sem forma, um nada. A mesma coisa podemos ver com respeito aos demais acidentes que contêm o corpo. Portanto, o que não pode subsistir por si, sem a confluência dos acidentes, não é outra coisa que essa mesma confluência de acidentes. Por que, então, seria estranho e contrário à razão admitir, com o magnífico Boécio,[109] que o corpo nada mais é que uma realidade variável, o qual é constituído pela união de coisas que existem de verdade, as quais também sofrem de certa mutabilidade quando consideradas no corpo? Não há nada estranho em considerar de um modo as coisas que são imutáveis quando o olhar puro da mente as examina em sua simplicidade, e considerá-las de outro modo quando os sentidos corpóreos as examinam em alguma matéria, que é produzida por sua confluência, pois vemos que essas coisas que são simples e incorruptíveis em si mesmas produzem algo composto e corruptível quando se unem. Quem não sabe que a estrutura do globo terrestre está construída de quatro elementos simples, e que, embora o globo terrestre seja corruptível e solúvel, os elementos de que se compõe permanecem insolúveis em sua simplicidade? A razão pode especular essas coisas em quase todos os corpos. Penso que já dissemos o bastante sobre essa questão.

A. Satis profecto. Et iam ad reliquarum categoriarum theoriam redeundum esse uideo. Nam de his diutius dubitare minus considerantium rerum naturas esse dubium non est, ac pei hoc meae tarditatis in multis me pudet et penitet.

N. Non te pudeat nec peniteat. Quamuis enim haec de quibus disputamus tam praeclara sapientibus sint ut eorum nullus in eis haesitet, rudibus tamen et ex inferioribus ad superiora rationis iter carpentibus utilia esse non ambigo.

A. Nullo modo ambigendum, et hoc in me ipso perspicio. Perge ad caetera.

N. Duae kategoriae contemplationi restant, ni fallor, agendi uidelicet et patiendi. Nam disputantes de loco quaedam de tempore, quantum praesentis disputationis necessitas exigebat, discussimus.

A. Nil nunc amplius de tempore deque loco a te quaero; sufficiunt enim quae de his dicta sunt. Nam si de singulis omnia quae ratio considerari appetit quis dixerit, aut uix aut nullum finem disputatio habebit.

N. Considera itaque. Num actio passioque proprie de deo praedicantur, an sicut caeterae cathegoriae per metaphoran dici aestimandum est?

A. Per metaphoran sane. Quid enim? Nunquid arbitrandum est has duas aliarum regulas excedere, cum minoris uirtutis uideantur esse?

N. Dic quaeso. Quid tibi uidetur? Mouere et moueri, nonne agere est et pati?

A. Aliter non esse uideo.

N. Similiter, ut opinor, amare et amari.

A. Eadem regula colliguntur. Haec enim uerba suique similia actiua et passiua esse nemo artium liberalium peritus ignorat.

N. Si igitur haec uerba, siue actiuae siue passiuae significationis sint, non iam proprie sed translate de deo praedicantur – et omnia quae translate praedicantur non re uera sed quodam modo de eo dicuntur – re

D. Disseste o bastante. Penso que devemos voltar à contemplação das demais categorias, pois demorar demasiado nessa questão é próprio dos que não têm muito conhecimento da natureza das coisas, e por isso me envergonho e me arrependo da minha lentidão em entender alguns pontos.

T. Não tenhas vergonha, nem te arrependas. Embora os pontos que discutimos aqui sejam claríssimos para os sábios, que não vacilam nem um pouco diante dessas questões, contudo, para os pouco instruídos e que estão seguindo os passos da razão, partindo das coisas inferiores para contemplar as superiores, a consideração demorada desses pontos pode ser útil.

D. Tens razão, e sei que isso vale para mim. Continua, pois, a exposição das categorias.

T. Se não me engano, resta-nos contemplar duas categorias: a ação e a paixão, uma vez que o que precisávamos dizer sobre o lugar e o tempo já foi tudo exposto ao longo de nossa discussão.

D. Não espero de ti que me expliques mais coisas sobre o tempo e o lugar; basta-me o que já disseste. Com efeito, se tivéssemos de expor tudo o que a razão gostaria de saber, nossa discussão não chegaria ao fim.

Ação e paixão

T. Considera, pois. Ação e paixão são predicáveis propriamente de Deus, ou só o são metaforicamente, como as demais categorias?

D. Metaforicamente, com certeza. Ora, se são categorias de menor amplitude, por que pensar que não estariam sujeitas às mesmas limitações que as outras?

T. Diz-me então: que te parece? Mover e ser movido não é o mesmo que agir e padecer?

D. Não penso de outro modo.

T. O mesmo se aplica a amar e ser amado.

D. A mesma regra se aplica. Com efeito, nenhuma pessoa instruída nas artes liberais ignora que tais verbos pertencem, respectivamente, à voz ativa e passiva.

T. Se, pois, tais palavras têm um significado ativo e passivo, então não são predicadas de modo próprio, mas translato [ou analógico]. Ora, tudo o que é predicado de modo translato não é predicado de modo verdadeiro, mas sob certo

uera neque deus agit, neque patitur, neque mouet, neque mouetur, neque amat, neque amatur.

A. Haec postrema conclusio non paruae indiget considerationis. Nam huic, ut opinor, totius sanctae scripturae sanctorumque patrum reluctari uidetur auctoritas. Quotiens enim, ut nosti, sancta scriptura deum manifeste pronuntiat agere et pati, amare et amari, deligere et deligi, uidere et uideri, mouere et moueri caeteraque id genus! Quorum exempla quoniam innumerabilia sunt passimque quaerenti occurrunt ne nunc prolixitatem gignerent placuit praeterire, satisque hoc uno euangelico utendum est exemplo: «Qui deligit me deligetur a patre meo et ego deligam eum et manifestabo me ipsum illi».

Sanctus item Augustinus in examero suo de diuino motu disserens haec uerba protulit: «Spiritus quidem creator mouet se ipsum sine tempore et loco, mouet conditum spiritum per tempus sine loco, mouet corpus per tempus et locum». Si itaque agere et pati de deo, ut praediximus, non re uera (id est non proprie) praedicantur, sequitur nec mouere nec moueri. Mouere enim agere est, moueri uero pati. Item si nec agit nec patitur, quomodo dicitur amare omnia et amari ab omnibus quae ab eo facta sunt? Amare enim motus quidam agentis est, amari uero patientis et causa et finis est motus. Sed hoc dico usum puplicum sequens. Nam si quis diligentius rerum inspexerit naturam, repperiet multa uerba quae cum sola uocis superficie actiua esse uideantur, intellectu tamen passiuam habent significationem, et e contrario passiua superficies actum significat. Nam qui amat uel deligit ipse patitur, qui uero amatur uel deligitur agit. At si amat deus quae fecit, profecto uidetur moueri; suo enim amore mouetur. Et si amatur ab his quae amare possunt, siue sciant quid amant siue nesciant, nonne apertum est quia mouet? Amor siquidem pulchritudinis ipsius ea mouet. Quomodo ergo dicitur neque mouere neque moueri ne uideatur agere et pati, per me ipsum considerare nequeo. Ac per hoc huius quaestionis nodum soluas obnixius postulo.

N. Putasne in his qui agunt aliud esse agentem, aliud posse agere, aliud agere, an unum idemque?

aspecto. Em verdade, Deus nem age, nem padece; nem move, nem é movido; nem ama, nem é amado.

D. Essa última conclusão precisa ser mais bem considerada, pois, penso eu, parece contradizer a Sagrada Escritura inteira, bem como a doutrina dos Santos Padres. Sabes muito bem quantas vezes a Sagrada Escritura diz de modo manifesto que Deus age e padece, ama e é amado, deseja e é desejado, vê e é visto, move e é movido, e assim por diante. Os exemplos são inumeráveis, e são encontrados facilmente por quem os procura; mas os deixo de lado para evitar a prolixidade, e contento-me com citar esta única passagem do Evangelho: "*Aquele que me ama será amado por meu Pai, e eu o amarei, e me manifestarei a ele*".[110] Santo Agostinho, no *Hexamerão*,[111] profere as seguintes palavras ao discorrer sobre os movimentos divinos: *O Espírito criador move-se a si mesmo fora do tempo e do lugar, move o espírito criado através do tempo, mas fora do lugar, e move os corpos através dos tempos e lugares.* Portanto, se a ação e a paixão não são predicadas de modo verdadeiro, isto é, de modo próprio de Deus (como dissemos), segue-se que [Ele] nem move nem é movido, pois agir é mover, e padecer é ser movido. Ora, se Deus nem age nem padece, como poderíamos dizer que Ele ama todas as coisas e que é amado por todas as coisas que criou? Com efeito, amar é certo movimento do agente, e ser amado é a causa e o fim do movimento do paciente. Digo isso considerando as palavras em seu sentido corriqueiro. Investigando a natureza das coisas de modo mais diligente, podemos perceber que muitas palavras que à primeira vista podem parecer ativas têm, na verdade, um sentido passivo; e, em sentido contrário, muitas palavras passivas têm sentido ativo. Por exemplo, quem ama, ou deseja, na verdade padece; e quem é amado, ou desejado, na verdade age. Ora, se Deus ama o que criou, parece que é movido, movido por seu próprio amor. E se Deus é amado pelos seres que podem amar, quer conheçam quer desconheçam aquilo que amam, não é certo que Deus move? Com efeito, o amor pela beleza divina move todos os seres. Portanto, não consigo entender sozinho como poderíamos dizer que Deus não move nem é movido, só para negar que aja ou padeça. Razão por que peço-te encarecidamente que desates o nó dessa questão.

T. Nas coisas que agem, pensas que uma coisa é o agente, outra é o poder agir, e ainda outra é o agir, ou pensas que são a mesma coisa?

A. Non unum esse opinor, sed tria quaedam a se differentia. Amans enim (hoc est qui amat) substantia quaedam certae ac diffinitae personae est, cui accidit quaedam potentia per quam ipsa substantia potest agere, siue agat seu non. Si uero ipsa substantia per ipsam potentiam se mouerit ut aliquid agat, agere dicitur. Ac per hoc tria quaedam uidentur esse: substantia uidelicet, cui inest agere posse, cuius possibilitatis ueluti cuiusdam causae effectus est in aliqua re agere, siue ipsa actio reciproca sit, id est in eandem redeat, seu in alteram transeat personam.

N. Recte discernis. Quid tibi uidetur? Nonne eadem discretio est obseruanda in eo qui patitur, ut aliud sit patiens, aliud posse pati, aliud ipsum pati, siue a se ipso quis patiatur siue ab alio?

A. Eadem profecto.

N. Haec igitur tria et in his qui amant et in his qui amantur eiusdem naturae non sunt.

A. Non sunt, ut opinor. Alia siquidem natura est substantiarum, alia accidentium. Nam qui agit uel patitur substantia est, posse autem agere uel pati et ipsum agere uel pati accidentia sunt.

N. Miror quomodo eorum quae in praedictis ratiocinationibus et quaesita et inuenta, ut arbitror, et diffinita sunt oblitus es.

A. Admone precor, et quae sunt illa in memoriam reuoca. Nam me uitio memoriae, quod est obliuio, neglegentem obliuiosumque esse non denego.

N. Recordarisne collectum conclusumque a nobis fuisse OYCIAN, ΔYNAMIN, ENEPΓAN (id est essentiam, ut saepe diximus, uirtutem et operationem) trinitatem quandam inseparabilem incorruptibilemque nostrae naturae esse, quae sibi inuicem mirabili naturae armonia coniuncta est, ut et tria unum sint et unum tria? Neque ueluti diuersae naturae sunt, sed unius atque eiusdem, non ut substantia eiusque accidentia, sed quaedam essentialis unitas substantialisque differentia trium in uno.

A. Recordor, ac deinceps nunquam obliuioni tradam. Apertissimam nanque conditoris imaginem obliuioni tradere stultissimum est atque miserrimum. Sed quorsum istac nondum uideo, nisi forte quia tria quaedam a se inuicem discrepantia, dum a te interrogatus sum, responderim unum

D. Não penso que sejam uma só, mas sim três coisas diferentes. O amante, isto é, aquele que ama, é a substância de determinada pessoa, a qual possui como um acidente a potência que permite que a substância aja – quer aja, quer não. Se a substância se move, através da potência, e age, então dizemos que ela age. Assim, parece que são três coisas distintas: a substância, o poder de agir inerente a ela e o agir sobre algo a partir da potência – que é como a causa dum efeito –, quer a ação seja intransitiva, permanecendo no sujeito, quer seja transitiva, recaindo sobre outro sujeito.

T. Entendeste corretamente. Que te parece, então? A mesma distinção não deve também se aplicar àquilo que padece, de tal modo que uma coisa é o paciente, outra é o poder padecer, e ainda outra é o padecer, quer o paciente padeça por si mesmo, quer por um agente externo?

D. Com certeza.

T. Portanto, essas três coisas não são da mesma natureza naquele que ama e naquele que é amado?

D. Não o são, penso eu, pois uma é a natureza das substâncias, e outra a dos acidentes. Ora, o que age ou padece é uma substância, enquanto o poder agir e padecer e o próprio agir e padecer são acidentes.

T. Estou espantado como pudeste esquecer o que investigamos, descobrimos e definimos nos raciocínios anteriores.

D. Por favor, peço-te que me refresques a memória; não nego que sou negligente e esquecido, e que minha memória sofre com o vício do esquecimento.

T. Lembras que concluímos que a οὐσία, a δύναμις e a ἐνέργεια, isto é, a essência, a potência e a operação, são uma trindade inseparável e incorruptível de nossa natureza, estando unidas umas às outras segundo uma admirável harmonia natural, e que as três são um, e que cada uma delas é três, e que não têm natureza distinta, mas a mesma, e que não estão unidas como os acidentes se unem à substância, mas são três em um por uma unidade essencial e uma diferenciação substancial?

D. Lembro-me, e não mais esquecerei, pois é sinal de estupidez e miséria esquecer-se dessa clara imagem do Criador. Mas não vejo aonde isso nos leva, a menos que não concordes com a resposta que dei acerca do que me perguntaste, quando eu disse que aquelas três coisas são distintas, pois uma é sujeito, e as outras duas são acidentes. As três últimas coisas que mencionaste parecem ser

quidem secundum subiectum, duo uero secundum accidens esse. Quae tria prioribus tribus longe uidentur abesse. Ac per hoc aut illa tria, quae diximus unius eiusdemque substantiae esse, sola uereque sunt (id est essentia, uirtus et operatio), quae uero nunc a me addita sunt (id est substantia cum accidentibus, possibilitate uidelicet agendi ipsiusque possibilitatis effectu quod est agere) superflua esse nullaque ratione reperta arbitrandum; aut e contrario; aut etiam – quod rectius dicendum mihi uidetur – et haec et illa in natura rerum sunt suisque naturalibus differentiis discernuntur. Sed utrum ita concedendum necne, tuo iudicio discernendum committo.

N. Quod nouissime posuisti rectae rationi uidetur conuenire. Quisquis enim dixerit essentialem trinitatem, essentiam scilicet, uirtutem, operationem, inconcusam incorruptibilemque omnibus inesse, et maxime rationabilibus intellectualibusque naturis, a ueritate, ut opinor, non recedit. Quae trinitas in omnibus quibus inest nec augeri nec minui potest. Sequens uero trinitas ueluti praecedentis trinitatis effectus quidam intelligitur esse. Non enim ueritati obstrepat, ut aestimo, si dicamus ex ipsa essentia, quae una et uniuersalis in omnibus creata est omnibusque communis atque ideo, quia omnium se participantium est, nullius propria dicitur esse singulorum se participantium, quandam propriam substantiam, quae nullius alicuius est nisi ipsius solummodo cuius est, naturali progressione emanare. Cui etiam substantiae propria possibilitas inest, quae aliunde non assummitur nisi ex ipsa uniuersali uirtute ipsius praedictae uniuersalis essentiae. Similiter de propria operatione specialissimae et substantiae et potestatis dicendum non aliunde descendere nisi ab ipsa uniuersali operatione eiusdem uniuersalis et essentiae et uirtutis. Nec mirum si haec tria, quae in singulis considerantur quasi quaedam accidentia, praedictae uniuersalis trinitatis dicantur esse primaeque apparitiones, quandoquidem ipsa per se unum sit et in omnibus quae ex ea et in ea existunt incommutabiliter permanet, nec augeri nec minui nec corrumpi nec perire potest.

Haec uero quae specialissime in singulis considerantur augeri possunt et minui multipliciterque uariari. Non enim omnes similiter participes sunt uniuersalis

muito diferentes das três anteriores. Nesse caso, temos as seguintes opções: ou só existem aquelas três coisas que possuem uma só e a mesma substância, isto é, a essência, a potência e a operação, e, sendo assim, as três coisas que acrescentei – isto é, a substância com seus acidentes: a possibilidade de agir e o efeito dessa possibilidade, que é o agir – são supérfluas e não podem ser fundamentadas racionalmente; ou vice-versa; ou ainda (o que me parece mais correto), ambas as trindades existem na natureza e são distinguidas por diferenças naturais. Mas confio em teu juízo para determinar se devemos concedê-lo ou não.

A trindade a ser considerada nos indivíduos

T. O que propuseste por último parece concordar com a reta razão. Não se afasta da verdade, penso eu, quem afirma que a trindade essencial – a essência, a potência e a operação –, imutável e incorruptível, está presente em todas as coisas, sobretudo nas naturezas racionais e intelectuais. Essa trindade não pode aumentar nem diminuir nos seres em que está presente. A outra trindade, entendemos que seja como que um efeito da primeira. Não é contrário à verdade, penso eu, dizer que, a partir da essência, que é una, universal e comum a todos – e que, como pertence a todos, dizemos que não é própria de nenhum dos entes singulares que dela participam –, emana certa substância própria, que não pertence a nenhum outro ente além daquele de que é a substância. Ademais, é inerente à substância uma potência própria, que deriva da potência universal da essência universal. De modo similar, devemos dizer que a operação própria da substância e potência individuais deriva da operação universal da essência e potência universais. Não há nada estranho se as três coisas presentes nos entes singulares sejam consideradas como acidentes da trindade universal, e suas primeiras manifestações, embora a trindade universal seja una, e permaneça imutável em todos os seres que existem a partir dela e nela, e não possa aumentar, diminuir, corromper-se e perecer. A trindade que está presente nos entes singulares pode aumentar, diminuir e variar de muitos modos. Ademais, nem todos participam no mesmo grau da essência, potência e operação universais, pois uns participam mais e outros menos, se bem que não há nada que esteja totalmente privado dessa participação. A trindade universal permanece una e a mesma em todos os que dela participam, e não é mais participável para um ente e menos para outro; é a

essentiae et uirtutis et operationis; alii enim plus, alii minus, nullus tamen participatione ipsius penitus priuatur. Ipsa quoque in omnibus participantibus se una atque eadem permanet nullique ad participandum se plus aut minus adest, sicut lux oculis; tota enim in singulis est et in se ipsa. Augeri autem uel minui quidam defectus seu profectus est participationis, ideoque non irrationabiliter accidens esse iudicatur. Nam quod semper id ipsum est uera substantia recte dicitur; quod uero uariatur, aut ex mutabilitate instabilis substantiae aut ex participatione accidentium siue naturalium siue non naturalium procedit. Et ne mireris quaedam accidentia substantias dici quoniam aliis accidentibus subsistunt, dum uides quantitati, quae sine dubio accidens substantiae est, alia accidentia accidere, ut est color, qui circa quantitatem apparet, et tempora, quae in morosis rerum motibus intelliguntur. Est enim tempus mutabilium rerum morae motusque certa rationabilisque dimensio.

A. In hoc nostrae intentionis non discrepat finis, ut arbitror. Sed breuiter lucideque de hac rerum postrema consideratione diffinias uellem.

N. Trinam rerum intelligentiam, hoc est essentiae, uirtutis, operationis immutabilem subsistentiam firmumque fundamentum rerum a conditore omnium constitutum ponamus, si placet.

A. Ponendum arbitror.

N. Deinde illa trinitas, quae in singulis considerari potest et a prima trinitate essentiali procedens, ueluti praecedentis causae effectus eiusque primordiales motus quaedamque primordialia accidentia pensanda est, ut uideo.

A. Hoc quoque fatendum.

N. Quicquid autem illis tribus sequentibus, siue interius siue exterius, siue naturaliter siue quibusdam euentibus accident, ueluti accidens accidentium fieri uidetur.

A. Huic etiam conclusioni non resisto. Nam cum sint secundum Aristotilem decem genera rerum, quae kategoriae (id est praedicamenta) dicuntur, et huic diuisioni rerum in genera nullum grecorum uel latinorum obstare repperimus, sub uno genere omnes primas essentias quas graeci OYCIAC appellant – merito quia per se sunt et nullius indigent ut sint; sic enim a conditore omnium ueluti quaedam immutabilia fundamenta stabilitae sunt – conclusas esse uidemus; et

mesma relação que existe entre luz e olhos. Com efeito, está toda em cada ente, e está toda em si mesma. Aumentos e diminuições são defeitos ou perfeições da participação, e podem com razão ser chamados de acidentes; ora, o que é sempre o mesmo deve chamar-se verdadeiramente substância. Já o que varia procede ou da mutabilidade duma substância instável, ou da participação em acidentes, quer sejam naturais quer não.

Os acidentes dos acidentes e o tempo

T. E não te espantes de que chamamos certos acidentes de substâncias, pois que são substrato de certos acidentes, já que sabes muito bem que a quantidade, que é acidente da substância, recebe outros acidentes, tais como a cor, que se manifesta no ser quantificado, e o tempo, que é discernido no movimento das coisas. Com efeito, o tempo é a mensuração certa e racional do movimento e repouso das coisas mutáveis.

D. Penso que acabaste de expor meu pensamento. Mas gostaria que resumisses de modo breve e claro essas últimas considerações.

T. A trindade presente em todas as coisas, isto é, a essência, a potência e a operação, foi constituída pelo Criador de tudo como subsistência imutável e como fundamento firme de todas as coisas. Agrada-te essa definição?

D. Agrada-me.

T. Já a trindade que pode ser considerada nas coisas singulares, e que procede da trindade essencial, deve ser pensada como um efeito da causa anterior, constituindo-se como seus primeiros movimentos e acidentes.

D. Também devo concordar.

T. Tudo o mais que se prende à segunda trindade, quer internamente quer externamente, quer naturalmente quer fortuitamente, deve ser considerado como acidente de acidentes.

D. Tampouco me oponho a essa conclusão. Com efeito, segundo Aristóteles, existem dez gêneros das coisas, que se chamam categorias ou predicamentos, e não sei de nenhum autor grego ou latino que jamais tivesse objetado a essa divisão das coisas em gêneros. Vemos que todas as primeiras essências, que os gregos chamam de οὐσία, estão contidas num único gênero, e com razão, pois as essências existem por si e não precisam de nada para existir; o Criador de tudo

ad similitudinem principalis omnium causae mirabili incommutabilique sua trinitate subsistunt, hoc est, ut saepe iam dictum, essentia, uirtute, operatione. Caetera uero nouem genera accidentia esse dicuntur. Nec sine ratione; non enim per se sed in praedicta essentiali trinitate subsistunt. Nam quod a grecis locus et tempus appellantur ΩN ANEY (hoc est sine quibus caetera esse non possunt) non ita intelligendum est ut inter ea quae sine loco et tempore non ualent subsistere substantialis illa trinitas praedicta rerum computetur. Ea nanque loci temporisque auxilio ut subsistat non eget, dum per se ipsam ante supraque tempus et locum conditionis suae dignitate existat. Sed nouem genera quae solis accidentibus adtribuuntur ita ab auctoribus diuisa sunt, ut ipsa accidentia quae primordialiter in essentiis conspiciuntur mox uertantur in substantias, quoniam aliis accidentibus subsistunt. Prima siquid(em) rerum omnium diuisio est iri essentias et accidentia, secunda accidentium in substantias, quae fere in infinitum protenditur, dum quod nunc accidens est priori se, mox sequentis se substantia efficitur. Sed de his alibi disputandum. Nunc uero, si tibi uidetur, quod nobis propositum est sequamur.

N. Quid igitur? Putasne accidentia non nisi cuiuspiam essentiae aut accidentis esse?

A. Nullus artium peritus aliter dixerit. Non enim aliam ob causam accidens uocari meruit nisi quia aut essentiae aut substantiae aut alicui accidenti contingit.

N. Agere et pati accidentium numero continentur?

A. Etiam.

N. Cuiuspiam igitur substantiae sunt. Haec etenim propriis accidunt substantiis, nam generalibus essentiis nihil accidit.

A. Nec hoc negarim.

N. Dic, quaeso. Num summae ac simplici diuinaeque naturae aliquid accidit?

A. Absit.

N. Num ipsa accidit alicui?

as estabeleceu como fundamentos imutáveis. À semelhança da Causa primeira, elas subsistem numa trindade admirável e imutável, isto é, subsistem como essência, potência e operação; os outros nove gêneros chamam-se acidentes, e não sem razão, pois não subsistem por si mesmos, mas na trindade essencial. Ainda que os gregos chamem o tempo e o lugar de ὧν ἄνευ, isto é, condições *sina qua non* para que existam as demais categorias, isso se aplica só àquelas coisas que não podem subsistir sem tempo e lugar, o que não é o caso da trindade substancial, pois ela não precisa do tempo e do lugar para subsistir, já que existe antes e acima do tempo e do lugar, devido à excelência de sua condição. Mas os autores fazem uma divisão dos nove gêneros que são atributos dos acidentes,[112] de tal modo que os acidentes que são primeiro observados nas essências se convertem eles mesmos em substâncias, já que são substrato de outros acidentes. Portanto, a primeira divisão das coisas é entre essência e acidente; a segunda, entre acidentes-substâncias e acidentes-acidentes, divisão que pode se estender quase ao infinito, já que uma coisa que é acidente duma substância anterior pode tornar-se substância de outros acidentes. Mas seria bom discutir isso em outro lugar; voltemos agora ao que nos tínhamos proposto.

T. Então pensas que só pode haver acidente duma substância ou dum outro acidente?

D. Nenhuma pessoa instruída nas artes liberais diria algo diferente. O acidente não seria chamado assim se não sobreviesse a uma essência, ou substância, ou a outro acidente.

Novamente sobre ação e paixão

T. Mas ação e paixão são contadas entre os acidentes?

D. Sim.

T. Portanto, pertencem a alguma substância e são acidentes das substâncias singulares, já que as essências genéricas não possuem acidentes.

D. Tampouco o negaria.

T. Diz-me então: porventura a natureza divina, suma e simples, possui algum acidente?

D. Jamais!

T. Porventura ela é acidente de outra coisa?

A. Nec hoc quidem dixerim; alioqui passibilis mutabilisque alteriusque naturae capax esse uideretur.

N. Nullum ergo accidens recipit, nullique accidit?

A. Nullum profecto, nullique.

N. Agere et pati accidentia sunt?

A. Et hoc datum est.

N. Summa igitur omnium causa summumque principium, quod deus est, agere et pati non recipit.

A. Huius ratiocinationis uiolentia nimium coartor. Nam si dixero falsum esse, fortasis ipsa ratio me deridebit, omneque quod hactenus dedi uacillare non sinet. Si uerum, necessario sequetur ut, quod de agere et pati concesserim, id ipsum etiam de caeteris actiuis passiuisque uerbis cuiusquecunque generis uerborum sint concedam, hoc est, neque deum amare neque amari, neque mouere neque moueri, similiaque mille, eoque magis neque esse neque subsistere. At si hoc, uidesne quot et quantis frequentibus scripturae sanctae obruar telis? Vndique enim uidentur obstrepere atque hoc falsum esse conclamare. Nec te latet, ut opinor, quam arduum difficileque simplicibus animis talia suadere, quandoquidem eorum qui uidentur esse sapientes, dum haec audiunt, aures horrescunt.

N. Noli expauescere. Nunc enim nobis ratio sequenda est, quae rerum ueritatem inuestigat nullaque auctoritate opprimitur, nullo modo impeditur ne ea quae et studiose ratiocinationum ambitibus inquirit et laboriose inuenit publice aperiat atque pronuntiet. Sanctae siquidem scripturae in omnibus sequenda est auctoritas, quoniam in ea ueluti quibusdam suis secretis sedibus ueritas possidet. Non tamen ita credendum est ut ipsa semper propriis uerborum seu nominum signis fruatur diuinam nobis naturam insinuans, sed quibusdam similitudinibus uariisque translatorum uerborum seu nominum modis utitur infirmitati nostrae condescendens nostrosque adhuc rudes infantilesque sensus simplici doctrina erigens. Audi Apostolum dicentem: «Lac uobis potum dedi, non escam». In hoc enim diuina student eloquia, ut de re ineffabili incomprehensibili inuisibilique aliquid nobis ad nutriendam nostram fidem cogitandum tradant atque suadeant. Siquidem

D. Nunca o afirmaria, pois, se fosse assim, ela seria passível, mutável e capaz de ser recebida em outra natureza.

T. Portanto, ela não tem acidente, nem é acidente de nada?

D. Com certeza.

T. Ora, ação e paixão são acidentes?

D. Concordamos que sim.

T. Logo, a causa suma de todas as coisas, o princípio sumo, que é Deus, nem age nem padece.

D. A força desse argumento me subjuga. Se disser que isso é falso, a razão rirá de mim, pois tudo que concedi até aqui é inabalável; se disser que é verdadeiro, segue-se necessariamente que, tudo quanto afirmei da ação e da paixão, devo também afirmá-lo de todas as palavras ativas e passivas, [de qualquer gênero], isto é, devo afirmar que Deus não ama nem é amado, não move nem é movido, e, sobretudo, que nem é nem subsiste. Mas, se isso fosse assim, percebes que eu sucumbiria aos inumeráveis e constantes dardos da Sagrada Escritura desferidos contra mim? Por toda parte parece que a Escritura se opõe a essa doutrina, declarando-a como falsa. Não ignoras, penso eu, quão árduo e difícil seria convencer as almas simples a admitir isso, já que até mesmo os ouvidos dos que parecem sábios teriam horror de ouvir tal coisa.

T. Não tenhas medo. Convém que sigamos agora a razão, que investiga a verdade das coisas e não está limitada por nenhuma autoridade, e que não pode ser impedida de revelar e declarar as coisas que descobre, depois dum raciocínio cuidadoso e duma investigação laboriosa. Em contrapartida, a autoridade da Sagrada Escritura deve ser seguida em tudo, porque em suas entranhas mais secretas está contida a verdade. Porém, não devemos crer que ela, quando alude à natureza divina, sempre empregue os nomes e as palavras em sentido próprio, pois se serve de muitas analogias e do sentido translado das palavras e nomes, condescendendo com nossa fraqueza, e elevando, com sua doutrina simples, nossa inteligência ainda rústica e infantil. Ouve o Apóstolo, que diz: "*Nutri-vos com leite, e não com alimento sólido*".[113] As divinas palavras nos induzem a meditar na realidade inefável, incompreensível e invisível, para que nutramos nossa fé. Para os que vivem piedosa e castamente, e investigam a verdade com diligência, não é preciso dizer ou pensar de Deus nada além do que está contido na Sagrada Escritura, nem usar de outras palavras e analogias ao determinar o que devemos crer acerca de Deus.

de deo nil aliud caste pieque uiuentibus studioseque ueritatem quaerentibus dicendum uel cogitandum, nisi quae in sancta scriptura repperiuntur; neque aliis nisi ipsius significationibus translationibusque utendum his qui de deo siue quid credant siue disputent. Quis enim de natura ineffabili quippiam a se ipso reppertum dicere praesumat praeter quod illa ipsa de se ipsa in suis sanctis organis, theologis dico, modulata est? Sed ut hoc firmius et credas et teneas, sancti Dionysii theologi testimonium huic loco inserendum, si tibi uidetur, arbitror.

A. Videtur plane, et nil libentius accipio quam rationem firmissima auctoritate roboratam.

N. Capitulo primo de diuinis nominibus auctoritatem sanctae scripturae praedictus theologus magnis laudibus commendat. Ast quia more suo perplexe yperbaticeque disputat ideoque ualde obstrusus difficilisque ad intelligendum multis uidetur, placuit mihi de hac re sententiam ipsius faciliori uerborum ordine ad intelligendum quam suo loco scripta est depromere. «Vniuersaliter» inquit, «non audendum dicere neque intelligere quid de superessentiali diuinitate praeter diuinitus nobis ex sacris eloquiis expressa. Ipsius enim super rationem et intellectum et essentiam superessentialitatis superessentialis scientia referenda est ad superiores claritates circa diuina temperantia et sanctitate coartatas, in tantum sursum respicientes quantum se infert diuinorum eloquiorum radius.»

Videsne quemadmodum uniuersaliter prohibet ne quis de occulta diuinitate praeter quae in sanctis eloquiis dicta sunt dicere audeat? Quae, uidelicet eloquia, gloriosissimo uerissimoque nomine appellat superiores claritates in sanctitate et temperantia circa diuina coartatas. Idem in eodem paulo post: «Sicut enim incomprehensibilia et incontemplabilia sunt sensibilibus inuisibilia, et in his quae sunt in figmento et similitudine simpla et similitudine carentia, et secundum corporum figuras formatis incorporalium intacta et non figurata informitas, iuxta eandem ueritatis rationem superat essentias superessentialis magnitudo et animos super animum unitas. Et omnibus uirtutibus impossibile est quod super sensum est arcanumque rationi omni superrationabile bonum, unitas unifica omnis

Quem ousaria afirmar por si mesmo algo sobre a natureza inefável, além daquilo que ela mesma definiu mediante seus santos instrumentos, isto é, mediante os teólogos? Mas, para que creias e admitas isso com mais firmeza, penso que convém citar aqui o testemunho de São Dionísio, o Teólogo.

D. Concordo, pois nada melhor que confirmar a razão com uma autoridade inabalável.

T. No primeiro capítulo do livro *Dos Nomes Divinos*,[114] o teólogo recomenda com grandes louvores a autoridade da Sagrada Escritura. Mas, como o autor se expressa numa linguagem intricada e cheia de hipérbatos, o que dificulta sua compreensão, parece-me melhor propor sua doutrina ordenando as frases dum modo mais fácil, do que tomar as palavras tais como ele as escreveu. Diz ele: *De modo universal, não poderíamos ousar dizer nem inteligir nada da divindade supraessencial, além daquilo que nos foi dito nos Oráculos Divinos. O conhecimento supraessencial da supraessencialidade, que excede toda razão, intelecto e essência, se funda nas iluminações superiores oferecidas aos que vivem de modo temperante e sábio, que podem olhar cada vez mais alto, na medida da difusão dos raios de luz das palavras divinas.* Percebes como ele proíbe de modo universal que alguém ouse falar, da divindade oculta, algo além daquilo que já está dito nas Santas Palavras? Ele descreve essas palavras com atributos muito gloriosos e verdadeiros: *iluminações superiores oferecidas aos que vivem de modo temperante e sábio.* Ele diz o seguinte, mais adiante no mesmo livro: *Assim como as coisas invisíveis são incompreensíveis e incontempláveis aos seres sensíveis; e as coisas simples e sem semelhante são incompreendidas pelos seres compostos e que têm semelhante; e assim como os seres sem figura são incompreensíveis para os seres formados por uma figura corpórea; assim também, segundo a mesma verdade, a grandiosidade supraessencial supera todas as essências; a unidade além de toda mente supera as mentes; e o bem suprarracional, um mistério para além de toda inteligência, supera as forças de toda e qualquer razão. A Unidade que une todas as unidades, a Essência supraessencial, o Intelecto invisível, o Arcano, a Irracionalidade, Invisibilidade e Inominabilidade, não existe como existem as coisas que são, e, embora seja a causa do ser de todos, ele mesmo não é ὄν (on*[115]*), pois é a sumidade de toda essência e é tudo o que manifesta de si mesma em sentido próprio. Portanto, como dissemos, não devemos ousar dizer ou inteligir da divindade supraessencial e oculta nada além daquilo que nos foi divinamente expresso, pois ela falou muito*

unitatis, et superessentialis essentia, et intellectus inuisibilis, et uerbum arcanum, irrationabilitas et inuisibilitas et innominabilitas secundum nullum eorum quae sunt existens et causale quidem essendi omnibus, ipsum autem non ON quippe omnis essentiae summitas et utcunque ipsa de se ipsa proprie et scienter manifestat. De hac igitur, ut dictum est, superessentiali et oculta diuinitate non audendum dicere neque intelligere quid preter diuinitus nobis expressa, etenim sic ipsa de semet ipsa in eloquiis optime tradidit. Eius quidem qualis est scientia et contemplatio omnibus quae sunt inuia est tanquam omnibus superessentialiter separata».

Haec de sequenda auctoritate solummodo sanctae scripturae in diuinis maxime disputationibus sufficiunt. Ratio uero in hoc uniuersaliter studet ut suadeat certisque ueritatis inuestigationibus approbet nil de deo proprie posse dici, quoniam superat omnem intellectum omnesque sensibiles intelligibilesque significationes, «qui melius nesciendo scitur», «cuius ignorantia uera est sapientia», qui uerius fideliusque negatur in omnibus quam firmatur. Quodcunque enim de ipso negaueris uere negabis, non autem omne quodcunque firmaueris uere firmabis. Siquidem si approbaueris hoc uel hoc illum esse, falsitatis redargueris, quia omnium, quae sunt, quae dici uel intelligi possunt, nihil est. Si uero pronuntiaueris: «Nec hoc nec illud nec ullum ille est», uerax esse uideberis, quia nihil horum quae sunt et quae non sunt est, ad quem nemo potest accedere nisi prius «corroborato mentis itinere sensus omnes deserat et intellectuales operationes et sensibilia et omne quod est et quod non est, et ad unitatem, ut possibile est, inscius restituatur ipsius qui est super omnem essentiam et intelligentiam». Cuius neque ratio est neque intelligentia, neque dicitur, neque intelligitur, neque nomen eius est neque uerbum.

Non autem irrationabiliter, ut saepe diximus, omnia quae a summo usque deorsum sunt de eo dici possunt quadam similitudine aut dissimilitudine aut contrarietate aut oppositione, quoniam ab ipso omnia sunt quae de eo praedicari possunt. Non enim similia sibi solummodo condidit sed etiam dissimilia, quoniam ipse similis est et dissimilis. Contrariorum quoque causa est; uirtute siquidem eorum quae uere ab eo condita sunt

bem de si mesma nas Sagradas Palavras. A contemplação é a ciência de como ela não pode ser alcançada pelos seres existentes. Isso que Dionísio diz sobre seguir a autoridade da Sagrada Escritura, sobretudo nas discussões teológicas, parece suficiente. A razão tenta provar e demonstrar, com raciocínios verdadeiros, que não se pode dizer nada propriamente de Deus, já que Ele supera todo intelecto e todos os significados de ordem sensível e intelectual, pois é mais bem conhecido quando é ignorado, visto que a ignorância de Deus é verdadeira sabedoria, já que é mais verdadeiro e fiel negar-Lhe tudo que atribuir-Lhe algo.

Conhecimento de Deus por via de negação

T. Assim, tudo o que d'Ele se nega, verdadeiramente se nega; mas nem tudo o que d'Ele se afirma, verdadeiramente se afirma.[116] Se disseres que Deus é isto ou aquilo, poderão refutar-te, pois Ele não é nenhuma das coisas que podem ser ditas ou inteligidas. Mas se disseres: "Não é isto, nem aquilo, nem nada", teu enunciado será verdadeiro, pois Deus não é nenhuma das coisas que são e que não são, e d'Ele ninguém pode aproximar-se, a menos que, tendo perseverado no itinerário mental, primeiro abandone todos os sentidos e operações intelectuais e, mergulhando na ignorância, reduza na medida do possível todos os seres sensíveis, tudo o que é e o que não é, à Unidade daquele que está acima de toda essência e inteligência, que não é conhecido nem pela razão nem pelo intelecto, nem pode ser dito ou inteligido, nem tem nome nem palavra que possa significá-lo.[117] Mas não é irrazoável, como muitas vezes dissemos, atribuir-Lhe tudo o que d'Ele procede, do mais alto ser até o ínfimo, em virtude duma semelhança, dessemelhança, contrariedade ou oposição, já que tudo o que d'Ele procede pode d'Ele ser predicado. Não só [Ele] criou coisas semelhantes a Si, mas também coisas dessemelhantes, pois Ele mesmo é igual e diferente, e é causa dos contrários. Contemplando as coisas criadas por Ele, a razão nos persuade que até mesmo as coisas contrárias, e que não existem por causa da privação da essência, estão contidas n'Ele. Com efeito, não há nenhum vício que não seja sombra de alguma virtude, a modo de semelhança enganosa ou de contrariedade evidente. Exemplos de semelhança falaz são a soberba, que é sombra do poder; a luxúria, que é sombra da tranquilidade; a explosão de ira, que é sombra da fortaleza; a correção inoportuna, sombra da justiça, etc. Um exemplo de contrariedade evidente é a malícia, que se opõe à bondade. Assim

ea etiam quae contraria uidentur esse et per priuationem essentiae non sunt uera ratio contineri approbat. Nullum enim uitium inuenitur, quod non sit alicuius uirtutis umbra aut quadam fallaci similitudine aut aperta contrarietate. Similitudine quidem, ut superbia uerae potentiae umbram gerit, luxuria quietis, furor fortitudinis, ira correctionis iustitiaeque et similia. Contrarietate uero, ut malitia bonitatis. Quemadmodum enim bonitas ex non existentibus existentia ducit ut sint, ita malitia appetit corrumpere omnia quae sunt et penitus soluere ne sint. Et si hoc esset, id est si omnia perirent, simul et ipsa periret. Nam si periret natura, periret simul et uitium. Sed uirtute bonitatis omnis natura continetur ne pereat. Adhuc tamen malitia permittitur in ea (uidelicet natura) ad laudem bonitatis ex contraria comparatione, et exercitationem uirtutum rationabili operatione, et purgationem ipsius naturae, quando «absorbebitur mors in uictoria» et sola bonitas in omnibus et apparebit et regnabit, et uniuersaliter peritura malitia. Sed de his alibi disputabitur.

Nulla itaque auctoritas te terreat ab his quae rectae contemplationis rationabilis suasio edocet. Vera enim auctoritas rectae rationi non obsistit, neque recta ratio uerae auctoritati. Ambo siquidem ex uno fonte, diuina uidelicet sapientia, manare dubium non est. Vna quidem de natura incomprehensibili ineffabilique pie quaerentibus multa concessit ac tradidit et cogitare et dicere, ne uerae relegionis studium in omnibus sileat, ut et rudes adhuc in fide simplicitate doctrinae nutriat, et catholicae fidei aemulis instructa armataque diuinis propugnaculis munita respondeat. Altera uero ut simplices adhuc in cunabulis ecclesiae nutriti pie casteque corrigat, ne quid indignum de deo uel credant uel aestiment, ne omnia quae sanctae scripturae auctoritas de causa omnium praedicat proprie praedicari examinent, siue gloriosissima et summa omnium sint, ut uita, ut uirtus caeterarumque uirtutum nomina; siue media, ut sol, lux, stella cunctaque quae ex partibus sublimioribus huius mundi uisibilis de deo praedicantur; siue ex inferioribus uisibilis creaturae motibus, ut spiritus, nubs, splendor, ortus, tonitru, ros, imber, pluuia, item aqua, flumen, terra, petra, lignum, uinea, oliua, cedrus, isopum, lilium, homo, leo, bos, equus, ursus, pardalis,

como a bondade traz os não existentes à existência, assim também a malícia deseja corromper todas as coisas que são, e dissolvê-las completamente. Mas, se conseguisse isso, [o perecer de todas as coisas], a própria malícia pereceria,[118] pois, se a natureza perece, perece também o vício. Mas a virtude da bondade contém toda a natureza, não permitindo que ela pereça. Contudo, a malícia é ainda permitida na natureza para que a bondade seja reconhecida pelo contraste, para que o ser racional se exercite nas virtudes e para que a própria natureza seja purgada, até o dia em que a morte for absorvida na vitória, e só a bondade apareça em tudo e reine universalmente, tendo perecido a malícia. Mas sobre isso discutiremos mais profusamente no livro V. Portanto, nenhum argumento de autoridade te deixe com medo de admitir o que te propõe a razão, fundada numa contemplação verdadeira.

Com efeito, um argumento de autoridade verdadeiro não contradiz o argumento racional, nem o argumento racional contradiz o argumento de autoridade verdadeiro. Não há dúvida de que ambos emanam duma só fonte, isto é, da Sabedoria divina. Deus concedeu e transmitiu aos que O buscam piamente muitas palavras e ideias sobre a natureza una, incompreensível e inefável, para que a prática da verdadeira religião não consistisse num absoluto silêncio, para nutrir os ignorantes com a simplicidade da doutrina da fé, e para que, munidos, armados e fortificados com os divinos baluartes, pudéssemos responder aos adversários da fé católica; ele nos revelou algumas coisas para que fossem piedosa e castamente corrigidos os homens simples, que ainda são nutridos no berço da Igreja, para que não cressem ou pensassem de Deus algo indigno d'Ele, para que não pensassem que tudo o que a Sagrada Escritura predica d'Ele são atributos em sentido próprio, quer esses atributos sejam gloriosos e elevados, como vida, poder e outras virtudes; quer sejam atributos medianos, como sol, luz, estrela e todos os outros nomes atribuídos a Deus que são tomados das partes mais sublimes deste mundo; quer sejam atributos tomados dos movimentos inferiores das criaturas deste mundo, como sopro (*spiritus*), nuvem, esplendor, nascer do sol, trovão, orvalho, neve, chuva, água, rio, terra, pedra, madeira, vinha, oliveira, cedro, hissopo, lírio, homem, leão, boi, cavalo, urso, pardal, verme, águia, pomba, peixe, monstro marinho, e muitos nomes mais, que são tomados da natureza criada e transferidos, de modo analógico e figurado, à natureza criadora. Mas mais admirável ainda é o fato de que a Escritura, que é engenhosa, não só fez analogias entre a natureza criada e o Criador, mas também fez analogias a partir de coisas contrárias à natureza, como a

uermis, item aquila, columba, piscis, cete caeteraque innumerabilia quae ex natura condita ad naturam conditricem transformatione quadam figurataque significatione transferuntur. Eoque mirabilius, non solum ex creatura ad creatorem artifex scriptura translationes fecit, uerum etiam ex naturae contrariis, ex insania uidelicet, ebrietate, crapula, obliuione, ira, furore, odio, concupiscentia caeterisque similibus, quibus minus simplicium animi falluntur quam superioribus transfigurationibus quae ex natura fiunt. Rationabilis siquidem anima, quamuis admodum simplex naturalium rerum nomina de deo praedicari audiens proprieque de ipso dici aestimans fallatur, non tamen omni modo decipitur, ut eorum quae contra naturam sunt nomina de conditore rerum praedicari auscultans aut omnino falsa esse iudicet et respuat, aut figurate dicta et concedat et credat.

A. Non ita sum territus auctoritate aut minus capacium animorum expauesco impetum, ut ea quae uera ratio clare colligit indubitanterque diffinit aperta fronte pronuntiare confundar, praesertim cum de talibus non nisi inter sapientes tractandum sit, quibus nil suauius est ad audiendum uera ratione, nil dilectabilius ad inuestigandum quando quaeritur, nil pulchrius ad contemplandum quando inuenitur. Sed quid praedicta ratiocinatione moliris, nosse expecto.

N. Quid tibi uiderer his argumentationibus machinari, nisi ut intelligas quemadmodum significatiua rerum uocabula, siue substantiarum sint, siue accidentium, siue essentiarum, translatiue, non autem proprie, ita etiam significatiua naturalium seu non naturalium naturae conditae motuum uerba de natura conditrice translatiue, non autem proprie posse praedicari? Si enim essentiarum uocabula seu substantiarum seu accidentium non re uera sed quadam necessitate ineffabilis naturae significandae in deo ponuntur, num necessario sequitur ut et uerba quae essentiarum, substantiarum, accidentium significant motus proprie de deo dici non posse? Qui omnem essentiam, substantiam, omneque accidens, omnemque motum actionemque et passionem, et quodcunque de talibus dicitur et intelligitur, et quodcunque nec dicitur nec intelligitur et tamen eis inest incomprehensibili ineffabilique suae naturae excellentia superascendit. Quid enim? Si deus per metaforan amor dicitur, dum

loucura, a embriaguez, a crápula, o esquecimento, a ira, o furor, o ódio, a concupiscência e coisas similares; analogias que têm menos poder para enganar os simples que as analogias tomadas a partir dos seres superiores da natureza.

Como a alma pode se enganar com relação a Deus

T. Com efeito, a alma, embora racional, é também ingênua, e se engana facilmente quando ouve nomes de realidades naturais sendo predicados de Deus, pensando que são predicados em sentido próprio; em contrapartida, a alma nunca se engana quando ouve nomes contrários à natureza sendo predicados do criador de todas as coisas, ou porque rejeita esses atributos e os considera falsos, ou porque entende e crê que são atributos em sentido figurado.

D. Eu não tenho medo da autoridade, nem receio ofender os sentimentos das almas menos capazes, a ponto de envergonhar-me de defender abertamente aquilo que a razão deduz de modo claro e indubitável, sobretudo porque essas coisas só são discutidas entre sábios, para os quais não há nada mais convincente que o argumento racional, nada mais deleitável de ser investigado – enquanto ainda é procurado –, nada mais belo de ser contemplado – quando já foi encontrado. Mas gostaria de saber aonde queres chegar com teu argumento.

T. Que te parece ser a intenção de nossa argumentação, senão que entendas que os vocábulos que significam as coisas, quer sejam substâncias, quer acidentes, quer essências, e que as palavras que significam os movimentos da natureza criada, quer sejam naturais, quer antinaturais, não podem ser predicadas de Deus em sentido próprio, mas translato?

Ora, se os nomes das essências, substâncias e acidentes são atribuídos a Deus, não de verdade, mas por certa necessidade que temos de indicar a natureza inefável, segue-se necessariamente que as palavras que significam os movimentos das essências, substâncias e acidentes não podem ser predicadas propriamente de Deus, que está acima de toda essência, substância, acidente, movimento, ação, paixão, e acima de tudo o que pode ser dito e inteligido dessas coisas, e até mesmo acima de tudo o que não pode ser dito nem inteligido, ainda que esteja presente nelas. Que dizer, então? Se Deus é chamado de amor de modo metafórico, já que ele é mais do que amor, superando todo amor, por

sit plus quam amor omnemque superat amorem, cur non eodem modo amare diceretur, dum omnem motum amoris exsuperat, quia nihil praeter se ipsum appetit, dum solus omnia in omnibus sit? Similiter si agens et actor, faciens et factor non iam proprie sed modo quodam translationis nominatur, cur non et agere et facere uel agi uel pati eodem locutionis genere praedicaretur? De caeteris item uerbis, quae omnes totius mutabilis creaturae motus, seu naturales seu non naturales, seu intellectuales seu rationabiles seu irrationabiles, seu corporales seu incorporeos, seu locales seu temporales, rectos, obliquos, angulares, circulares, sphericos significant, similiter intelligendum esse arbitror.

A. Admodum urges me talia rationabiliter fateri. Sed auctoritate sanctorum patrum aliquod munimen ad haec roboranda uellem inseras.

N. Non ignoras, ut opinor, maioris dignitatis esse quod prius est natura quam quod prius est tempore.

A. Hoc paene omnibus notum est.

N. Rationem priorem esse natura, auctoritatem uero tempore didicimus. Quamuis enim natura simul cum tempore creata sit, non tamen ab initio temporis atque naturae cepit esse auctoritas, ratio uero cum natura ac tempore ex principio rerum orta est.

A. Et hoc ipsa ratio edocet. Auctoritas siquidem ex uera ratione processit, ratio uero nequaquam ex auctoritate. Omnis enim auctoritas quae uera ratione non approbatur infirma uidetur esse; uera autem ratio, quoniam suis uirtutibus rata atque immutabilis munitur, nullius auctoritatis astipulatione roborari indiget. Nil enim aliud uidetur mihi esse uera auctoritas, nisi rationis uirtute reperta ueritas et a sanctis patribus ob posteritatis utilitatem litteris commendata. Sed forte tibi aliter uidetur?

N. Nullo modo. Ideoque prius ratione utendum est in his quae nunc instant, ac deinde auctoritate.

A. Ingredere quo uis ordine; tui etenim pedisecus sum.

N. Num tibi uidetur facere et pati sine aliquo motu facientis uel patientis posse esse?

que então dizer que Deus ama não é também metafórico, já que ele transcende todo movimento amoroso? Ora, Ele não apetece nada além de Si mesmo, já que Ele sozinho é tudo em todos. De modo similar, se agente e autor são nomes metafóricos, por que "agir", "fazer", "sofrer ação", "padecer" não seriam todas expressões do mesmo gênero? Penso que devemos entender a mesma coisa com respeito a todas as palavras que designam movimentos naturais ou antinaturais, movimentos intelectuais, racionais ou antirracionais, movimentos corpóreos ou incorpóreos, movimentos locais ou temporais, movimentos retos, oblíquos, angulares, circulares ou esféricos.

D. Obrigas-me a aceitar essa conclusão racional. Mas gostaria que citasses alguma confirmação por parte dos Santos Padres, para corroborar tua doutrina.

Diferença entre razão e autoridade

T. Não ignoras, penso eu, que possui maior dignidade aquilo que é anterior segundo a natureza do que aquilo que é anterior segundo o tempo.

D. Quase todos sabem disso.

T. Ora, segundo a natureza, a razão é anterior à autoridade; e, segundo o tempo, a autoridade é anterior à razão. Embora a natureza e o tempo tenham sido criados simultaneamente, a autoridade não veio a existir quando foram criados o tempo e a natureza. A razão, por seu turno, nasceu junto com a natureza e com o tempo.

D. A própria razão nos ensina isso, pois a autoridade se funda na reta razão, mas a razão não se funda na autoridade, pois toda autoridade que não é confirmada pela reta razão parece débil, ao passo que a reta razão, imutável e firme em seus próprios fundamentos, não precisa ser confirmada por nenhuma autoridade. Para mim, a única autoridade verdadeira é a verdade encontrada pela potência racional, e assentada por escrito pelos Santos Padres, para utilidade das gerações futuras. Talvez penses outra coisa.

T. De modo algum! Portanto, primeiro devemos empregar o argumento racional para solucionar nossas questões; depois, o argumento de autoridade.

D. Aborda o problema na ordem que preferires, pois seguirei os teus passos.

T. Porventura te parece que o fazer e o padecer possam ocorrer sem que haja algum movimento naquele que faz ou padece?

A. De faciente non dubito; facere enim facientem sine aliquo suo motu posse non uideo. Quod uero patitur quomodo moueatur in se ipso non iam clare cognosco.

N. Nonne uides quia omne quod facit ad hoc se mouet aut mouetur, ut id quod appetit facere ab eo quod non erat in id quod est moueat? Nihil enim ab eo quod non erat in id quod est sine suo et alieno motu potest transire, siue illos motus sciat siue nesciat. Non iam dico motum illum generalem comraunemque naturaliter omnibus creaturis, quo omnia de nihilo in esse mouentur, sed usitatum temporibus motum, quo cotidie mutabilis materia siue natura mouente siue arte formas quasdam qualitatiuas accipit.

A. Iam perspicio et me ipsum nimiae tarditatis accusso, qui non uidebam omne quod patitur motus suos seu alienos seu utrosque pati.

N. Faciens igitur et factum motus suos patiuntur. Nam quod facit suum motum ad faciendum patitur, quod uero fit suum motum et alienum sustinet: suum quidem ex eo quod non erat in id quod est transeundo, alienum uero quia non est sui motus causa per se ipsum, sed facientis se aut naturalis motus aut libera uoluntas aut quaedam necessitas. Quod ergo fit, ut diximus, et motum proprium et alienum; quod uero facit proprium solummodo patitur, quamuis saepe contingat ut ab alia causa moueatur ad faciendum qui facit, ut et faciens et patiens unus atque idem uideatur esse. Sed ipse facientis motus, quamuis ex uariis causis siue naturalibus siue libentibus siue non libentibus nascatur, propterea [propraeterea R] proprius dicitur quoniam non extra ipsum sed in ipso intelligitur.

A. Istuc mihi a te suasum esse non denego; ideoque quae restant expecto.

N. Nullum motum principio ac fine carere posse arbitror; non enim aliter ratio sinit nisi ut omnis motus ex quodam principio inchoet et ad quendam finem tendat, in quo dum peruenerit quiescat. Quod apertissime uenerabilis Maximus in tertio capitulo de ambiguis asserit dicens: «Si deus immutabilis

D. Quanto àquele que faz, não tenho dúvida, pois não vejo como quem faz algo poderia fazê-lo sem se mover. Mas, quanto àquele que padece, não entendo claramente como é que se move em si mesmo.

T. Não percebes que tudo o que faz algo move-se ou é movido para poder fazer aquilo que deseja fazer, transformando o objeto naquilo que antes não era? Nada do que deixa de ser para transformar-se em outra coisa pode ser transformado sem que haja um movimento próprio ou alheio, quer se tenha consciência do movimento, quer não. Não estou falando aqui daquele movimento geral e comum, naturalmente presente em todas as coisas, pelo qual todas as coisas são movidas do nada ao ser, mas sim do movimento corriqueiro que acontece no tempo, pelo qual a matéria mutável, movida pela natureza ou pela arte, recebe certas formas qualitativas.

D. Entendo agora, e acuso minha demasiada lentidão, pois fui incapaz de perceber que tudo o que padece, padece algum movimento seu, ou um movimento alheio, ou ambos.

T. Portanto, o que faz e o que é feito padecem seus próprios movimentos. Com efeito, quem faz padece o movimento de fazer; enquanto o que é feito sofre tanto o movimento alheio como o próprio. Sofre seu movimento próprio ao passar do que era ao que não era; e sofre o movimento alheio, porque não é causa de seu próprio movimento, mas a causa de seu movimento é o agente, quer este aja por um movimento natural, quer aja por vontade livre, quer aja por necessidade. Portanto, aquilo que é feito padece o movimento próprio e o alheio; e aquilo que faz só padece o movimento próprio. Se bem que é muito comum que o agente seja movido a agir por uma outra causa, de tal modo que o agente também seja paciente. Mas o movimento do agente, ainda que proceda de várias causas, sejam naturais, sejam livres ou não livres, diz-se movimento próprio porque não está fora dele, mas nele.

D. Até aqui não nego nada do que disseste; portanto, espero ouvir o restante.

Sobre o movimento

T. Penso que todo movimento tem começo e fim. A razão nos persuade de que todo movimento tem um começo e tende a um fim, o qual, quando é alcançado, faz cessar o movimento.

est, ut puta omnium plenitudo, omne autem quod ex non existentibus esse accipit mouetur, merito ad quandam omnino fertur causam». Nam, ut alibi docet idem Maximus, causa omnium eadem et finis omnium est. Deus enim et principium (id est causa) omnium creaturarum est et finis, quoniam ab ipso et accipiunt et incipiunt esse et ad eum mouentur ut in eo quiescant,

Idem in eodem capitulo paulo post: «Eorum quae facta sunt est motus, siue intelligibilium intelligibilis, siue sensibilium sensibilis. Nullum enim eorum quae facta sunt omnino est immobile... Talem autem motum uirtutem uocant naturalem ad suum finem festinantem qui sacram diuinorum nobis mysteriorum scientiam sacre introduxerunt, aut passionem, id est motum ex altero uenientem ad alterum, cuius finis est impassibilitas, aut operationem actiuam, cuius finis est per se ipsam perfectio. NuiIum uero eorum quae facta sunt suimet finis est, quoniam neque sui causa est. Alioqui et ingenitum et carens principio et incommutabile esset, merito ad nullum quoquo modo habens moueri. Transcenderet enim eorum quae sunt naturam, utpote pro nullo esset, si quidem uera de ipso difinitio est, quamuis aliena, quae dicit: finis est pro quo omnia, ipse uero pro nullo. Neque per se perfectio. Alioqui non efficeretur, iure plenum et similiter et a nullo esse haberet: per se enim perfectum quemadmodum et incausale. Neque impassibilitas. Alioqui et manens et infinitum et incircunscriptum esset: non enim pati naturaliter inest quod uniuersaliter impassibile est, quod neque amatur ab alio aut mouetur ad aliud quid per amorem... Solius enim dei est finis esse et perfectio et impassibilitas, merito incommutabilis et pleni et impassibilis; eorum uero quae facta sunt ad finem principio carentem moueri... Omnia enim quaecunque facta sunt patiuntur moueri, sicut ea quae non sunt per se ipsum motus aut per se ipsam uirtus sunt. Si ergo quae genita sunt rationabilia subsistunt, omnino etiam mouentur, utpote ex principio secundum naturam per esse ad finem secundum cognitionem per bene esse mota. Finis enim eorum quae mouentur motus, ipsum in eo quod semper est bene esse est, sicut et principium est ipsum esse quod quidem est deus, qui et esse dat et bene esse donat, iure principium et finis. Ex ipso enim et absolute moueri nos ut a principio, et quoquo modo moueri ad se

O venerável Máximo, no terceiro capítulo dos *Ambigua*,[119] ensina isso claramente, dizendo: *Se Deus é imutável, sendo a plenitude de todas as coisas, tudo o que recebe o ser a partir do nada é movido, pois depende de determinada causa.* Como ensina Máximo em outra passagem,[120] *a causa de todas as coisas é ela mesma o fim de tudo. Deus é o princípio, a causa de todas as criaturas e também o fim, pois d'Ele recebem o ser, e a Ele se movem, para poder n'Ele repousar.* Ensina logo adiante no mesmo capítulo: *Tudo o que é criado tem movimento, quer seja um movimento intelectual, no caso dos seres inteligíveis, quer seja um movimento sensível, no caso dos seres sensíveis. Com efeito, nada do que foi criado... é absolutamente imóvel.* E logo depois: os que nos transmitiram a ciência sagrada sobre os mistérios divinos *chamaram esse movimento de* potência natural, *a qual corre velozmente para seu fim; ou de* paixão, *isto é, movimento que parte dum ser e recai em outro, movimento este cujo fim é a impassibilidade; ou de* operação ativa, *cujo fim é a perfeição em si mesma. Nada do que foi feito é um fim para si mesmo, porque tampouco é a causa de si mesmo. Se não fosse assim, as coisas seriam ingênitas, sem princípio e imutáveis, e com razão não se moveriam a nada; transcenderiam a natureza das coisas existentes, e não existiriam em ordem a nenhum fim – a definição de fim, que tomamos de outro autor, é: "fim é aquilo pelo qual existem todas as coisas, e que não existe para nada". Além disso, nada do que foi feito é a perfeição em si. De outro modo, as coisas não seriam causadas, já que seriam perfeitas por natureza; nem receberiam de outro o ser, já que seriam perfeitas e incausadas. Nada criado é impassível, pois de outro modo seria permanente, infinito e incircunscrito. Ora, o que é impassível não padece por natureza; não é amado por outro nem é movido a outro pelo amor [...] Portanto, só Deus – imutável, pleno e impassível – é fim, perfeição e impassibilidade, enquanto todas as coisas feitas, que precisam dum princípio, são movidas a um fim [...] Todas as coisas feitas padecem movimento, pois não são movimento em si mesmas, nem virtude em si mesmas. Se todas as coisas que vêm a existir são coisas racionais, então são certamente movidas: o Ser as move a partir do princípio, constituindo-as em sua natureza, e o Bem as move para um fim, dando-lhes conhecimento. O fim do movimento das coisas movidas é repousar naquele bem que sempre é, assim como o princípio do movimento é o próprio Ser, que é Deus, o qual dá o ser e o ser perfeito, razão por que pode corretamente se chamar princípio e fim. Ele nos move absolutamente, como a partir dum princípio, e move-nos em direção a Si mesmo, como a um fim.*

ut ad finem est. Si autem mouetur corrationabiliter sibimet intellectualiter intellectuale, omnino etiam intelligit. Si autem intelligit, omnino amat quod intelligit. Si amat, patitur omnino ad ipsum ut amabile excessum. Si autem patitur, profecto etiam festinat. Si festinat, omnino intendit ualidum motum. Si autem intendit ualidum motum, non stat quousque fiat totum in toto amato, et a toto comprehendatur libenter totum secundum uoluntatem salutarem accipiens circunscriptionem, ut totum toto afficiatur circunscribente, ut nihil omnino restet uelle ex se ipso, se ipsum totum cognoscere ualendo circunscriptum, sed ex circunscribente, sicut aer per totum illuminatur lumine, et igne ferrum totum toto liquefactum».

Videsne quomodo praedictus uenerabilis magister omnem motum non nisi his quae a principio inchoant et per naturalem motum ad finem suum tendunt edocet inesse, ipsumque naturalem motum tripliciter diffiniat sic: «Motus est uirtus naturalis ad suum finem festinans». Vel sic: «Motus est passio ex altero ueniens ad alterum, cuius finis est impassibilitas». Aut sic: «Motus est operatio actiua, cuius finis est per se ipsam perfectio». Quod autem dixit: «Motus est passio ab altero ueniens ad alterum», dum de naturali motu intelligitur, non ita est intelligendum ut aliud sit principium ex quo passibilis motus (id est motum suum patiens) inchoat et aliud finis quem appetit, dum omnium quae naturaliter mouentur principium et finis unum sit: est enim deus, a quo et per quem et ad quem mouentur omnia. Sed quia alius intellectus est principii et alius intellectus finis, ideoque quasi alterum et alterum ipsi duo intellectus dicuntur, dum circa unum omnium principium et finem uersantur; uerbi gratia, ueluti si quis dixerit «ab intellectu principii ad intellectum finis in deo». Deinde considera quia omne quod principio caret et fine omni quoque motu carere necesse est. Deus autem anarchos (hoc est sine principio) est, quia nil eum praecedit nec eum efficit ut sit, nec finem habet, quoniam infinitus est; nil enim post eum intelligitur, dum terminus omnium sit, ultra quem nihil progreditur. Nullum igitur motum recipit; non enim habet quo se moueat, dum plenitudo et locus et perfectio et statio et totum omnium sit, immo etiam plus quam plenitudo et perfectio, plus quam locus et statio, plus quam totum omnium

Mas se a natureza intelectual é movida intelectualmente, ela certamente entende; se entente, certamente ama aquilo que entende; se ama o que entende, a busca do amado lhe é deleitosa; se tal busca lhe é deleitosa, corre até ele; mas, se corre até ele, está submetida a um poderoso movimento; mas se está submetida a um poderoso movimento, ela não repousa até que se torne um todo uno com o amado, compreendida nesse todo, aceitando livremente o todo como uma limitação salutar, para que se torne uma só naquele todo limitante, de tal modo que não deseje mais nada por si mesma, mas siga a vontade daquele que lhe limita, assim como se dá com o ar que é todo iluminado pela luz, e o ferro que é totalmente liquefeito pelo fogo. Vês como esse mestre ensina que o movimento só existe nos seres que, começando a partir dum princípio, tendem ao seu próprio fim?

Tríplice definição de movimento

T. Com efeito, ele dá três definições de movimento: *movimento é a potência natural que corre para seu fim*; *movimento é uma paixão, que passa de um a outro, cujo fim é a impassibilidade*; [e, por último,] *movimento é uma operação ativa, cujo fim é a perfeição em si.*[121] Ao dizer que *o movimento é uma paixão que passa de um a outro*, em se tratando do movimento natural, não quer dizer que uma coisa é o princípio, donde procede o movimento passível, isto é, daquele que padece o movimento, e outra coisa é o fim desejado, já que existe um só princípio e fim de todas as coisas que são movidas por uma natureza que é Deus, pelo qual, por meio do qual e em ordem ao qual são movidas todas as coisas. Mas, como a noção de princípio é diferente da noção de fim, quando falamos daquele único princípio e fim de todas as coisas, consideramos como se princípio e fim fossem diferentes. É como se disséssemos: em Deus está a noção de princípio, e em Deus está a noção de fim. Ademais, nota que tudo o que não tem princípio necessariamente não tem fim nem movimento. Deus é *anarchos*, isto é, sem princípio, pois nada O precede e nada Lhe dá o ser; tampouco tem um fim, pois é infinito. Além d'Ele, não podemos encontrar mais nada, já que é o termo de tudo, além do qual nada existe. Portanto, não recebe nenhum movimento. Com efeito, não tem para onde se mover, já que é a plenitude, o lugar, a perfeição, o repouso, o todo de todas as coisas, ou melhor, Ele é mais do que plenitude, mais do que perfeição, mais do que o lugar e o repouso, mais do que o todo de todas as coisas. Com efeito, Ele é muito mais do

est. Plus enim est quam quod de se dicitur et intelligitur, quouis modo et dicatur quid de eo et intelligatur.

A. Haec mihi clare lucescunt, ut opinor.

N. Si igitur omnem motum creaturae distribuis, deum uero liberum omni motu facis, tantaene tarditatis es ut ei, a quo omnem motum abstrahis, facere uel pati tribuas, cum ista duo indubitanter non nisi in his quibus motus inest fieri posse prioribus rationabilibus conclusionibus, ut arbitror, non incaute dederis?

A. De pati nullo modo dubitarim. Impassibilem nanque deum esse omnino et credo et intelligo. Passionem dico quae opponitur facere, id est fieri. Quis enim dixerit aut crediderit, quanto magis intellexerit deum pati fieri, dum creator sit, non creatura? Dum enim, ut iamdudum inter nos confectum est, fieri deus dicitur, figurata quadam locutione dici manifestum est. Fieri siquidem aestimatur in creaturis suis uniuersaliter, dum in eis non solum intelligitur esse, sine quo esse non possunt, sed etiam eorum essentia sit. «Esse enim omnium est super esse diuinitas», ut sanctus ait Dionysius. Dicitur etiam in animabus fidelium fieri, dum aut per fidem et uirtutem in eis concipitur, aut per fidem quodam modo inchoat intelligi. Nil enim aliud est fides, ut opinor, nisi principium quoddam, ex quo cognitio creatoris in natura rationabili fieri incipit. De facere uero nondum clare uideo, totam sanctam scripturam catholicamque fidem factorem omnium deum fateri audiens.

N. Facere sine motu facientis esse non posse iam dedisti.

A. Dedi.

N. Aut igitur motum deo dabis, sine quo facere non intelligitur, aut simul et motum et facere ab eo auferes. Haec enim duo inter ea quae simul sunt computantur simulque oriuntur et occidunt.

A. Motum deo dare non possum, qui solus immutabilis est nec habet quo uel ad quid se moueat, cum in ipso omnia sint, immo cum sit ipse omnia; facere uero ab eo auferre non possum, cum sit factor omnium.

N. Segregabis ergo motum et facere?

A. Ne id quidem, dum inseparabilia esse se inuicem uideo.

N. Quid ergo facturus eris?

que tudo quanto poderíamos dizer ou inteligir a Seu respeito, qualquer que seja o modo ou o emprego de nossas palavras ou de nosso entendimento.

D. Tudo isso está muito claro para mim.

T. Portanto, se atribuis à criatura todo o movimento, e dizes que Deus está livre de todo e qualquer movimento, por que és tão lerdo, atribuindo o agir e o padecer Àquele de quem tu mesmo afastas todo movimento, uma vez que concedeste de modo indubitável, a partir do raciocínio anterior, que essas duas coisas só se podem verificar nos seres que têm movimento?

D. Quanto ao padecer, não tenho nenhuma dúvida. Creio e entendo que Deus é de todo impassível. Entendo "paixão" como a categoria oposta ao "fazer", isto é, paixão é o "ser feito". Quem, possuindo maior entendimento, ousaria dizer e crer que Deus padece ou é feito, já que é o Criador, e não uma criatura? Com efeito, já concordamos que, quando se diz que Deus é feito, essa expressão tem um claro sentido figurado. Dizemos que Deus é feito nas criaturas porque está presente nelas não só como o ser sem o qual elas não existiriam, mas também como sua essência. *O ser de todas as coisas é a divindade que está acima do ser*, diz São Dionísio.[122] Também dizemos que Deus é feito nas almas dos fiéis, quando estes, pela fé ou pela virtude, O concebem e começam a conhecê-Lo de algum modo. Com efeito, a fé nada mais é, penso eu, que certo princípio a partir do qual o conhecimento do Criador começa a se instalar na natureza racional. Mas quanto ao "fazer", não entendo claramente, pois vejo que a Sagrada Escritura e a fé católica confessam que Deus é Aquele que faz todas as coisas.

T. Já concedeste que a ação não se pode dar sem movimento do agente.

D. Concedi.

T. Das duas uma: ou dirás que há movimento em Deus, pois sem movimento não há ação, ou negarás tanto o movimento como a ação em Deus. Movimento e ação são duas coisas simultâneas; estão ambas presentes, ou ambas ausentes.

D. Não posso atribuir movimento a Deus, pois é o único imutável, não tendo nem de onde nem para onde mover-se, já que n'Ele estão todas as coisas, ou melhor, já que Ele é todas as coisas; por outro lado, não posso negar-Lhe o fazer, pois é Ele quem faz todas as coisas.

T. Separas, então, o movimento e a ação?

D. Não poderia dizê-lo, já que, para mim, são coisas inseparáveis.

T. Como resolves, então, a questão?

A. Nescio, atque ideo uiam quandam mihi apperias summaque hac difficultate me liberes obnixe supplico.

N. Accipe igitur hunc ratiocinandi progressum. Quid tibi uidetur? Num deus erat, priusquam omnia faceret?

A. Videtur mihi fuisse.

N. Accidens ergo ei erat facere. Nam quod ei coaeternum non est atque coessentiale aut aliud extra eum est aut ei accidens.

A. Aliud praeter eum et extra eum esse non crediderim; in ipso enim omnia sunt et extra ipsum nihil est. Nullumque ei accidens temere dederim; alioqui simplex non est sed ex essentia et accidentibus quaedam compositio. Nam si aliud cum ipso intelligitur quod ipse non est, aut si quippiam ei accidit, profecto neque infinitus est neque simplex. Quod fides catholica ueraque ratio firmissime denegat. Fatetur enim deum infinitum esse plusque quam infinitum – infinitas enim infinitorum est – et simplicem et plus quam simplicem; omnium enim simplicium simplicitas est. Et cum ipso nihil esse credit uel intelligit, quoniam ipse est ambitus omnium quae sunt et quae non sunt et quae esse possunt et quae esse non possunt et quae ei seu contraria seu opposita uidentur esse, ut non dicam similia et dissimilia. Est enim ipse similium similitudo et dissimilitudo dissimilium, oppositorum oppositio, contrariorum contrarietas. Haec enim omnia pulchra ineffabilique armonia in unam concordiam colligit atque componit. Nam quae in partibus uniuersitatis opposita sibimet uidentur atque contraria et a se inuicem dissona, dum in generalissima ipsius uniuersitatis armonia considerantur, conuenientia consonaque sunt.

N. Recte intelligis. Et uide ne quid de his quae nunc dederis de caetero te dedisse peniteat.

A. Ingredere quo uis ordine. Te sequar, et quodcumque iam concessero non repetam.

N. Deus ergo non erat, priusquam omnia faceret?

A. Non erat. Si enim esset, facere omnia ei accideret; et si ei accideret omnia facere, motus et tempus in eo intelligerentur. Moueret enim se ad ea facienda quae iam non fecerat, temporeque praecederet actionem suam, quae nec sibi coessentialis erat nec coaeterna.

D. Não sei. Por isso te rogo que me mostres o caminho, e me livres dessa enorme dificuldade.

T. Continuemos nosso raciocínio assim: Que te parece? Deus já existia antes de criar todas as coisas?

D. Parece-me que sim.

T. Portanto, o ato de criar é um acidente de Deus. Com efeito, tudo o que não Lhe é coeterno e coessencial, ou seria algo fora d'Ele ou seria um acidente seu.

D. Não creio que seja algo além d'Ele e fora d'Ele, pois n'Ele estão todas as coisas, e fora d'Ele nada existe. Mas não seria temerário a ponto de Lhe atribuir um acidente, pois, de outro modo, Deus não seria simples, mas composto de essência e acidentes. Com efeito, se pensarmos que existe, além d'Ele, algo que não seja Ele, ou se pensarmos que possui acidentes, então Ele não será nem infinito nem simples, algo que tanto a fé católica como a reta razão negam rigorosamente. Confessamos que Deus é infinito, e mais que infinito, pois é a infinitude dos infinitos, e simples, e mais que simples, pois é a simplicidade de todos os simples; cremos e sabemos que nada há além d'Ele, pois Ele abarca tudo o que é, o que não é, o que pode ser e o que não pode ser, bem como as coisas que lhe parecem contrárias e opostas, para não dizer as coisas semelhantes e dessemelhantes. Assim, Ele é a semelhança dos semelhantes, a dessemelhança dos dessemelhantes, a oposição dos opostos, a contrariedade dos contrários. Ele reúne, ordena e unifica, numa bela e inefável harmonia, todas essas coisas. Com efeito, as coisas que, nas partes do universo, parecem opostas, contrárias e destoantes entre si, quando consideradas na harmonia generalíssima do universo, são concordes e congruentes.

T. Entendes corretamente; mas cuida em não te arrepender mais adiante daquilo que concedeste aqui.

D. Argumenta na ordem que preferires. Seguir-te-ei, e não mais porei em dúvida o que já concedi.

T. Portanto, Deus primeiro só existia, e depois fez todas as coisas?

D. Não. Se existisse antes de fazer as coisas, o ato de fazer as coisas seria um acidente seu; e se ele possuísse acidentes, então estaria sujeito ao tempo e ao movimento. Com efeito, Deus se moveria a Si mesmo para fazer o que ainda não tinha feito, e seria temporalmente anterior a Seu próprio ato, que não Lhe seria coessencial nem coeterno.

N. Coaeternum igitur est deo suum facere et coessentiale?

A. Ita credo et intelligo.

N. Duone quaedam sunt deus et suum facere (hoc est sua actio), an unum simplex atque indiuiduum?

A. Vnum esse uideo. Deus enim numerum in se non recipit, quoniam solus innumerabilis est, et numerus sine numero, et supra omnem numerum causa omnium numerorum.

N. Non ergo aliud est deo esse et aliud facere, sed ei esse id ipsum est et facere.

A. Huic conclusioni resistere non audeo.

N. Cum ergo audimus deum omnia facere, nil aliud debemus intelligere quam deum in omnibus esse, hoc est essentiam omnium subsistere. Ipse enim solus per se uere est, et omne quod uere in his quae sunt dicitur esse ipse solus est. Nihil enim eorum quae sunt per se ipsum uere est; quodcunque autem in eo uere intelligitur participatione ipsius unius qui solus per se ipsum uere est accipit.

A. Nec hoc negare uelim.

N. Videsne ergo quemadmodum uera ratio kategoriam faciendi ex natura diuina penitus segregat, mutabilibusque ac temporalibus principioque ac fine carere non ualentibus distribuit?

A. Hoc quoque clare perspicio. Et iam nunc nullam kategoriam in deum cadere incunctanter intelligo.

N. Quid igitur? Num eadem ratione debemus inspicere omnium uerborum quae sancta scriptura de diuina natura praedicat uirtutem, ut nil aliud per ea aestimemus significari praeter ipsam simplicem incommutabilem incomprehensibilemque omni intellectu ac significatione diuinam essentiam et plus quam essentiam? Verbi gratia, dum audimus deum uelle et amare aut diligere, uidere, audire caeteraque uerba quae de eo praedicari possunt, nil aliud oportet nos cogitare nisi ineffabilem ipsius essentiam atque uirtutem connaturalibus nobis significationibus suaderi, ne in tantum uera ac pia christiana religio de creatore omnium sileat, ut nil de eo fari audeat ad simplicium animorum instructionem, hereticorumque semper ueritati insidiantium eamque eruere laborantium minusque in ea eruditos fallere

Sobre a ação

T. Portanto, o fazer de Deus lhe é coeterno e coessencial?

D. Assim creio e penso.

T. Achas que Deus e o seu fazer, isto é, sua ação, são duas coisas ou uma coisa só, simples e indivisível?

D. Parece-me que são uma coisa só. Com efeito, Deus não recebe em Si número nenhum, pois é o único inumerável, o número sem número, a causa de todos os números para além de todo número.[123]

T. Portanto, para Deus, ser e fazer não são coisas distintas, mas o ser e o fazer são o mesmo?

D. Não ouso resistir a essa conclusão.

T. Portanto, quando ouvimos que Deus fez todas as coisas, isto significa simplesmente que Deus está em todas as coisas, ou seja, que é a essência de todas as coisas. Só Ele existe por Si mesmo, e todo ser que atribuímos às coisas que são não passa do ser de Deus. Nenhuma das coisas que são o são por si mesmas; tudo o que nelas está como ser é por participação d'Aquele que é por Si mesmo, o Ser verdadeiro.

D. Não posso negá-lo.

T. Percebes, pois, como a reta razão afasta completamente da natureza de Deus a categoria da ação, e a atribui somente aos seres mutáveis, temporais, que têm princípio e fim?

D. Vejo-o claramente. Entendo agora, sem hesitação, que nenhuma categoria pode aplicar-se a Deus.

T. Que dizer então? Seguindo esse raciocínio, deveríamos examinar o sentido de todas as palavras que a Sagrada Escritura predica da natureza divina, e pensar que não significam nada além da essência, ou supraessência divina simples, imutável, incompreensível a todo intelecto ou inefável para todo discurso? Por exemplo, quando lemos que Deus quer, ama, deseja, vê, ouve e outras palavras que podem predicar-se de Deus, não devemos pensar em outra coisa que em sua essência inefável; e essas palavras, que conseguimos naturalmente entender, nos foram dadas para que a pia e verdadeira religião cristã não ficasse em silêncio sobre o Criador de tudo, sem ousar falar nada a Seu respeito, pois os simples precisam ser instruídos, e é necessário refutar as astúcias dos

appetentium refellendas astutias. Non aliud itaque deo esse et uelle et facere et amare et diligere et uidere caeteraque huiusmodi quae de eo, ut diximus, possunt praedicari, sed haec omnia in ipso unum idipsumque accipiendum suamque ineffabilem essentiam eo modo quo se significari sinit insinuant.

A. Non aliud quidem. Vbi enim est uera et aeterna et insolubilis per se ipsam simplicitas, ibi aliud et aliud et multum diuersumque fieri impossibile est. Vellem tamen apertius mihi suadeas ut clare uideam, dum audio deum amare uel amari, nil aliud nisi ipsius naturam sine ullo motu amantis uel amati intelligam. Cum enim hoc mihi fuerit suasum, nequaquam haesitabo ubicunque legero seu audiero ipsum uelle uel desiderare et desiderari, deligere et deligi, uidere et uideri, appetere et appeti, mouere similiter et moueri. Haec enim omnia uno eodemque accipienda sunt intellectu. Vt enim uoluntas et amor et delectio, uisio, desiderium quoque et motus dum de deo praedicantur unum idipsumque nobis insinuant, ita uerba, seu actiua seu passiua seu neutralia sint, et cuiuscunque modi significatione proferantur, nulla intelligentiae differentia intelliguntur discrepare, ut opinor.

N. Nec in talibus deceptum te reor; ita enim sunt ut arbitraris. Primum igitur hanc amoris diffinitionem accipe: amor est conexio ac uinculum, quo omnium rerum uniuersitas ineffabili amicitia insolubilique unitate copulatur. Potest et sic diffiniri: Amor est naturalis motus omnium rerum quae in motu sunt finis quietaque statio, ultra quam nullus creaturae progreditur motus. His diffinitionibus aperte sanctus Dionysius astipulatur in amatoriis ymnis sic dicens: «Amorem, siue diuinum siue angelicum siue intellectualem siue animalem siue naturalem dicamus, unitiuam quandam et continuatiuam intelligamus uirtutem, superiora quidem mouentem in prouidentiam inferiorum, et aequiformia iterum in sociabilem uicissitudinem, et nouissima subiecta ad meliorum et superpositorum conuersionem».

Idem in eisdem: «Quoniam ex uno multos amores ordinauimus, nunc iterum omnes in unum et complicitum amorem et omnium ipsorum patrem conuoluamus simul et congregemus ex multis, primo in duas comprehendentes

hereges, que estão sempre tentando perverter a verdade e enganar os menos instruídos. Em Deus, o ser, o querer, o fazer, o amar, o ver e atributos similares que Lhe podemos predicar não são, como dissemos, coisas distintas, mas devemos crer que todas essas coisas são uma só n'Ele, significando, na medida do possível, Sua essência inefável.

D. Não penso de outro modo. Na simplicidade *per se*, verdadeira, eterna, indissolúvel, é impossível que haja alteridade, multiplicidade e diversidade. Mas gostaria que me explicasses mais claramente por que, quando leio que Deus ama ou é amado, não deveria entender nenhum movimento do amante ou do amado, mas só a natureza de Deus. Se me convenceres a pensar assim, não terei nenhuma dúvida quando ler ou ouvir que Deus quer, ou deseja e é desejado, ama e é amado, vê e é visto, apetece e é apetecido, move e é movido. Com efeito, todas essas coisas se reduzem à mesma noção, pois vontade, amor, dileção, visão, desejo e até movimento, quando predicados de Deus, indicam-nos uma só e a mesma coisa, quer as palavras sejam ativas, quer passivas, quer neutras. Qualquer que seja o modo de significação, essas palavras não discordam em nada quanto ao sentido, penso eu.

O amor

T. Penso que não estás enganado quanto a isso; as coisas são de fato assim. Consideremos uma primeira definição de amor: amor é a conexão e o vínculo pelo qual a totalidade das coisas se une numa amizade inefável e numa unidade indissolúvel. Pode também definir-se assim: amor é o fim e o pacífico repouso do movimento natural de todas as coisas que estão sujeitas ao movimento, além do qual não se estende nenhum movimento da criatura. São Dionísio confirma claramente essa opinião, escrevendo o seguinte em seus hinos de amor:[124] *Chamemos o amor divino, angélico, intelectual, animal ou natural, de virtude unitiva e permanente, virtude que move os seres superiores a cuidarem dos inferiores e iguais, virtude que submete os últimos seres à influência dos seres melhores e superiores.* No mesmo lugar: *Tendo posto em ordem muitos amores que derivam do único Amor [...] reunamos e agreguemos os muitos amores no Amor único, e Pai de todos os amores. Em primeiro lugar, as virtudes amatórias se reduzem a duas,*[125] *sobre as quais reina*

eum amatorias uniuersaliter uirtutes, quarum potentatur et principatur omnino ex omnium summitate omnis [omnes R] amoris immensurabilis causa, et ad quam extenditur connaturaliter unicuique existentium ex existentibus omnibus uniuersalis amor». Idem in eisdem: «Age nunc et has iterum», hoc est amoris uirtutes, «in unum congregantes, dicamus quia una quaedam est simplex uirtus, se ipsam mouens ad unitiuam quandam temperantiam, ex optimo usque existentium nouissimum, et ab illo iterum consequenter per omnia usque ad optimum ex se ipsa et per se ipsam et ad se ipsam se ipsam reuoluens, et in se ipsam semper eodem modo reuoluta».

Merito ergo amor deus dicitur, quia omnis amoris causa est et per omnia diffunditur, et in unum colligit omnia et ad se ipsum ineffabili regressu reuoluitur, totiusque creaturae amatorios motus in se ipso terminat. Ipsa quoque diuinae naturae in omnia, quae in ea et ab ea sunt, diffusio omnia amare dicitur, non quia ullo modo diffundatur quod omni motu caret omniaque simul implet, sed quia rationabilis mentis contuitum per omnia diffundit et mouet, dum diffussionis et motus animi causa sit ad eum inquirendum et inueniendum et quantum possibile est intelligendum, qui omnia implet ut sint et uniuersalis ueluti amoris pacifica copulatione in unitatem inseparabilem, quae est quod ipse est, uniuersa colligit et inseparabiliter comprehendit. Amari item dicitur ab omnibus quae ab eo sunt, non quod ab eis aliquid patiatur qui solus impassibilis est, sed quia eum omnia appetunt ipsiusque pulchritudo omnia ad se attrahit. Ipse enim solus uere amabilis est, quia solus summa ac uera bonitas et pulchritudo est. Omne siquidem quodcunque in creaturis uere bonum uereque pulchrum amabileque intelligitur, ipse est. Sicut enim nullum bonum essentiale est, ita nullum pulchrum seu amabile essentiale praeter ipsum solum.

Sicut ergo lapis ille, qui dic(i)tur magnetes, quamuis naturali sua uirtute ferrum sibimet propinquans ad se attrahat, nullo modo tamen ut hoc faciat se ipsum mouet aut a ferro aliquid patitur quod ad se attrahit, ita rerum omnium causa omnia quae ex se sunt ad se ipsam reducit sine ullo sui motu sed sola suae pulchritudinis uirtute. Hinc idem «sanctus Dionysius inter caetera ait: "Quare autem theologi deum aliquando quidem amorem, aliquando uero delectionem, aliquando amabile et delectabile euocant?"

e governa, no topo de todo amor, a Causa imensurável, que derrama naturalmente seu amor em todos os existentes. Também diz: *Vamos, e congreguemos novamente as virtudes do amor, e digamos que o amor é uma virtude simples, que move a si mesma em direção a uma harmonia unitiva, passando do mais excelente dos seres até o último, e, fazendo o caminho inverso, passando do último dos seres até o mais excelente. Essa virtude move-se a si mesma, a partir de si mesma, através de si mesma e para si mesma, e reduz-se sempre a si mesma.* Com razão, pois, Deus é chamado de Amor, já que é causa de todo amor, difundindo-se em todas as coisas, reunindo todos em um, voltando a Si mesmo por um regresso inefável, terminando em Si mesmo os movimentos amorosos de toda criatura. A difusão da natureza divina nas coisas que procedem dela e que nela estão é o que se chama de *amor divino difundido por todas as coisas*, não porque Aquele que não tem movimento e que preenche todas as coisas se difunda de qualquer modo que seja, mas porque difunde por todas as coisas a contemplação da mente racional, já que Ele é causa da difusão e do movimento do espírito, e move a mente a que O procure, O encontre e, na medida do possível, O conheça, o qual preenche todas as coisas para que existam, reunindo e abarcando inseparavelmente todas as coisas numa Unidade inseparável, que é Ele mesmo, para que fruam da união pacífica do amor universal. Dizemos também que Deus é amado por todas as coisas que fez, não porque padeça algo da parte delas, pois Ele é impassível, mas porque todas as coisas O apetecem, e Sua beleza atrai todos para Si. Em verdade, só Ele é amável, porque só Ele é a suma Verdade, Bondade e Beleza. Tudo o que na criatura é verdadeiramente bom, belo, verdadeiro e amável é Ele. Assim como não há nenhum bem essencial além d'Ele, assim também não há nenhum belo e nenhum amável essencial além d'Ele. Assim como o ímã, ao se aproximar do ferro, o atrai para si, sem se mover e sem padecer nada da parte do ferro que ele atrai, assim também a causa de todas as coisas conduz a si todas as coisas que procedem dela, sem que precise mover-se, mas só pelo poder de sua beleza. Por isso, São Dionísio escreve, entre outras coisas:[126] *por que às vezes os teólogos chamam Deus de amor, dileção, amável e deleitável?* Responde, dizendo: *porque, sob certo aspecto, Ele é movido; sob outro aspecto, Ele move.* O venerável Máximo explica mais claramente essa resposta:[127] *Enquanto amor e dileção subsistentes, Deus é movido; enquanto amável e deleitável, move a Si todas as coisas que sentem amor e dileção. Devemos dizê-lo com toda a clareza: Ele é movido ao conferir uma união inseparável de amor e dileção*

Conclusit sermonem sic dicens: "Quia eo quidem mouetur eo uero mouet"». Quam conclusionem apertius uenerabilis Maximus exponens ait: «Vt amor quidem subsistens deus et dilectio mouetur; ut uero amabile et delectum mouet ad se ipsum omnia amoris et delectionis acceptiua. Et planius iterum proferendum: mouetur quidem quasi coniunctionem ingerens inseparabilem amoris et delectionis eorum acceptiuis; mouet autem quasi attrahens per naturam eorum quae in ipsum mouentur desiderium. Et iterum: mouet et mouetur, quasi sitiens sitiri et amans amari et deligens deligi».

Nam et lux ista sensibilis quae totum uisibilem mundum implet, dum sit semper immobilis, quamuis uehiculum eius, quod solare corpus dicimus, per media aetheris spatia circa terram aeterno motu uoluatur, ipsa uero lux, ab ipso uehiculo ueluti quodam fonte inexhausto manans, ita totum mundum radiorum suorum immensurabili diffusione perfundit ut nullum locum relinquat quo se moueat, manetque semper immobilis. Vbique enim in mundo est plena semper et integra, nullum locum deserens uel appetens, praeter portiunculam quandam inferioris huius aeris circa terram, quam ad capiendam umbram telluris quae nox dicitur relinquit. Omnium tamen animalium lumen sentire ualentium obtutus mouet et ad se ipsam attrahit, ut per eam aspiciant quantum aspicere possunt quod aspicere possunt. Ideoque moueri putatur, quia radios oculorum ut ad se moueantur permouet, hoc est oculorum motionis ad uidendum causa est.

Et ne mireris audiens naturam lucis, quae est ignis, totum mundum sensibilem implere immutabiliterque ubique esse. Nam et sanctus Dionysius hoc docet in libro de caelesti ierarchia, sanctus item Basilius in examero eadem adfirmat, substantiam quidem luminis ubique esse, in uero mundi luminaribus siue magnis siue paruis naturali quadam operatione prorumpere, non ut solum illuminet, sed ut motibus caelestium corporum omne tempus distingat. Quid dicam de artibus, quas sapientes liberales appellant disciplinas, quae dum in semet ipsis per semet ipsas plenae integrae immutabilesque permanent, moueri tamen dicuntur quando rationabilis animi contuitum ad se quaerendas, inueniendas permouent, et ad se considerandas attrahunt, ita ut et ipsae dum per se, ut diximus, immutabiles sunt, moueri tamen in mentibus sapientum uideantur cum eas moueant. Et multa alia in quibus diuinae uirtutis obscura

àqueles que recebem o amor e a dileção; e move ao atrair os que, por natureza, são movidos a desejá-Lo. E mais: move e é movido como aquele que tem sede, e aquilo que é objeto da sede, como o amante e o amado, como aquele que sente afeição e aquilo que é objeto de afeição.

A luz corpórea

T. Com efeito, até mesmo a luz sensível, que preenche todo o mundo visível, é uma realidade sempre imóvel, embora o seu veículo, o sol, se mova eternamente em torno da terra pelo espaço etéreo. Mas a luz, que emana de seu veículo como que duma fonte inesgotável, preenche dum modo tal o mundo inteiro com a imensurável difusão de seus raios, que não há lugar para onde se possa mover, permanecendo sempre imóvel. Em todos os lugares do mundo a luz é sempre plena e íntegra, não deixando nenhum lugar, exceto uma pequena parte do ar inferior que circunda a terra, para que a terra produza uma sombra, que chamamos noite. Ela move os olhares de todos os animais capazes de perceber a luminosidade, atraindo-os a si mesma, para que, por meio dela, consigam ver tudo o que puderem. Razão por que consideramos que a luz se move, pois move os raios dos olhos para que sejam movidos em sua direção, isto é, porque é causa do movimento dos olhos.

Não te admires de ouvir que a natureza da luz, que é o fogo, preenche o inteiro mundo sensível e está por toda parte. Até mesmo São Dionísio ensina isso no livro *Da Hierarquia Celeste*; São Basílio, em seu *Hexamerão*,[128] confirma a mesma doutrina, dizendo que a substância da luz está em todo lugar, e sua operação natural se manifesta nos luminares do mundo, quer grandes, quer pequenos, não só para iluminar, mas também para distinguir os tempos conforme o movimento dos corpos celestes.

A importância das disciplinas liberais

T. Que dizer das artes que os sábios chamam de disciplinas liberais, as quais, embora permaneçam plenamente íntegras e imutáveis em si mesmas e por si mesmas, contudo, são movidas quando movem a atenção da alma racional para que as busque e as aprenda, e quando atraem a alma para que as considere, de tal modo

conspicitur similitudo. Ipsa enim est super omnem similitudinem omneque excellit exemplum, quae dum per se et in se immutabiliter aetemaliterque stat, mouere tamen omnia dicitur, quoniam per eam et in ea omnia subsistunt et ex non esse in esse adducta sunt; essendo enim ea [eam R], omnia de nihilo ad esse procedunt et ad se omnia attrahit. Moueri quoque dicitur, quoniam se ipsam ad se ipsam mouet, ac per hoc se ipsam mouet ac ueluti a se ipsa mouetur.

Deus itaque per se ipsum amor est, per se ipsum uisio, per se ipsum motus, et tamen neque motus est neque uisio neque amor sed plus quam amor, plus quam uisio, plus quam motus. Et est per se ipsum amare, uidere, mouere; nec tamen est per se ipsum mouere, uidere, amare, quia est plus quam amare, uidere, mouere. Item per se ipsum amari est uiderique mouerique, non tamen per se ipsum moueri est neque uideri neque amari, quoniam plus est quam amari et uideri et moueri. Amat igitur se ipsum et amatur a se ipso in nobis et in se ipso, nec tamen amat se ipsum nec amatur a se ipso in nobis et in se ipso, sed plus quam amat et amatur in nobis et in se ipso. Videt se ipsum et uidetur a se ipso in se ipso et in nobis, nec tamen uidet se ipsum nec uidetur a se ipso in se ipso et in nobis, sed plus quam uidet et uidetur in se ipso et in nobis. Mouet se ipsum et mouetur a se ipso in se ipso et in nobis, non tamen mouet se ipsum nec mouetur a se ipso in se ipso et in nobis, quia plus quam mouet et mouetur in se ipso et in nobis. Et haec est cauta et salutaris et catholica de deo praedicanda professio: ut prius de eo iuxta catafaticam (id est affirmationem) omnia siue nominaliter siue uerbaliter praedicemus, non tamen proprie sed translatiue; deinde ut omnia quae de eo praedicantur per catafaticam eum esse negemus per apofaticam (id est negationem), non tamen translatiue sed proprie. Verius enim negatur deus quid eorum quae de eo praedicantur esse quam affirmatur esse. Deinde super omne quod de eo praedicatur superessentialis natura, quae omnia creat et non creatur, superessentialiter superlaudanda est. Quod ergo deus uerbum caro factum suis discipulis ait – «Non uos estis qui loquimini, sed spiritus patris qui loquitur in uobis» – uera ratio cogit nos de aliis similibus similiter credere, dicere, intelligere: non uos estis qui amatis, qui uidetis, qui mouetis, sed spiritus patris, qui loquitur in uobis ueritatem de me et patre meo etse ipso, ipse amat et uidet me et patrem meum et se ipsum in uobis,

que, como dissemos, embora sejam imutáveis em si mesmas, parecem mover-se na mente dos sábios? Há muitos outros exemplos nos quais podemos observar uma semelhança obscura com a potência divina. Com efeito, ela está acima de toda semelhança e comparação, pois, embora esteja em si mesma e por si mesma num eterno e imutável repouso, dizemos que move todas as coisas, já que todas as coisas subsistem por ela e nela, e são trazidas do não ser ao ser por ela e nela (por seu Ser, todas as coisas procedem do nada ao ser, e ela atrai todas as coisas a si). Também dizemos que se move, pois move a si mesma em direção a si mesma; ela move a si mesma, e parece, pois, que é movida. Portanto, Deus é amor *per se*, visão *per se*, movimento *per se*, e, contudo, não é movimento, nem visão, nem amor, mas mais-que-amor, mais-que-visão, mais-que-movimento. Ele é, por Si mesmo, o ato de amar, ver e mover, e, contudo, não é o ato de mover, ver e amar, mas é mais-que-amar, mais-que-ver, mais-que-mover. Ademais, ele é por Si mesmo o ser amado, o ser visto, o ser movido, e, contudo, não é por Si mesmo o ser movido, o ser visto, nem o ser amado, pois é mais-que-movido, mais-que-amado, mais-que-visto. Portanto, Ele ama a Si mesmo e é amado por Si em nós e em Si mesmo; contudo, não ama a Si mesmo, nem é amado por Si em nós, nem em Si mesmo, mas, em nós e em Si mesmo, é mais-que-amante, mais-que-amado. Ele vê a Si mesmo e é visto por Si em nós e em Si mesmo; contudo, não vê a Si mesmo, nem é visto por Si em nós, nem em Si mesmo, mas, em nós e em Si mesmo, é mais-que-vidente, mais-que-visto. Por fim, move a Si mesmo e é movido por Si em nós e em Si mesmo; contudo, não move a Si mesmo, nem é movido por Si mesmo, pois Ele é, em Si e em nós, mais-que-movente, mais-que-movido.

Quando predicamos algo de Deus, o modo mais cauteloso, salutar e católico de fazer a profissão é o seguinte: primeiro, seguindo a via catafática (afirmativa), predicamos d'Ele todas as coisas, quer os predicados sejam verbais, quer nominais, mas não em sentido próprio, e sim translato [ou analógico]; em seguida, seguindo a via apofática (negativa), negamos d'Ele tudo o que a teologia catafática afirmou. Com efeito, é mais verdadeiro negar o que se predica de Deus do que afirmá-lo; por fim, supralouvamos a natureza supraessencial, que cria todas as coisas e não é criada por nada, acima de tudo o que se predica dela.

O Verbo feito carne disse a seus discípulos: "*Não sois vós que falais, mas o Espírito de vosso Pai é o que fala em vós*".[129] Ora, a reta razão nos obriga a crer, afirmar e entender que isso se aplica a todos os outros atos semelhantes: não sois

et mouet se ipsum in uobis ut diligatis me et patrem meum. Si ergo se ipsam sancta trinitas in nobis et in se ipsa amat, se ipsam et uidet et mouet, pro certo a se ipsa amatur, uidetur, mouetur secundum excellentissimum modum nulli creaturae cognitum, quo se ipsam et amat et uidet et mouet, et a se ipsa in se ipsa et in creaturis suis amatur, uidetur, mouetur, cum sit super omnia quae de se dicuntur. De ineffabili enim quis et quid potest fari? Cuius nec nomen proprium, nec uerbum, nec ulla uox propria inuenitur, nec est nec fieri potest, «qui solus habet immortalitatem et lucem habitat inaccessibilem». «Quis enim cognouit intellectum domini»? Sed priusquam praesentem disputationem terminemus, sententiam sancti Dionysii de diuino statu motuque uisum est mihi huic loco inserendam, si tibi uidetur.

A. Videtur plane. Atque hac nouissima ratiocinatione ab omni ambiguitate purgatum me esse uideo.

N. In libro de diuinis nominibus: «Reliquum autem», inquit, «et de diuino statu siue sede dicamus. Quid autem aliud, praeter manere ipsum in se ipso deum, et immobili naturali immutabilitate unimode fixum esse et supercollocari secundum eadem et circa id ipsum et similiter operari, et secundum stabilissimum ipsum ex se ipso omni modo subsistere, et secundum id ipsum intransmutabilem et uniuersaliter immutabilem, et haec superessentialiter? Etenim ipse est omnium stationis et aedificationis causalis, qui est super omnem aedificationem et stationem et in se ipso omnia constituit ex propriorum bonorum statione immobilia et custodita. Quid autem? Et cum iterum theologi et in omnia prouenientem et mutabilem dicunt immutabilem, nonne diuinitus et hoc intelligendum? Moueri enim ipsum pie arbitrandum, non secundum delationem aut alienationem aut alternationem aut conuersionem aut localem motum, non rectum, non circulariter ferentem, non ex ambobus, non intelligibilem, non animalem, non naturalem, sed in essentiam ducere deum et continere omnia et uniuersaliter omnibus prouidere et adesse omnibus omnium immensurabili circunstantia, et in existentia omnia prouidis processionibus et operationibus. Sed et motum dei immutabili diuinitus ratione concedendum laudare: et rectus quidem inflexibilis intelligendus, et inreuocabilis processio operationum, et ex ipso omnium generatio, elicoeides uero (id est obliquus)

vós que amais, que vedes, que moveis, mas o Espírito do Pai, que em vós fala a verdade sobre mim, sobre meu Pai e sobre Si mesmo, é o que ama e vê o Pai, a mim, e a Si mesmo em vós, e move a Si mesmo em vós para que ameis a mim e a meu Pai.

Portanto, se a Santíssima Trindade ama, vê e move a Si mesma em nós, e ama a Si mesma em Si mesma, com certeza Ela é amada, vista e movida por Si mesma, segundo um modo excelentíssimo desconhecido da criatura – pois supera tudo o que se pode dizer dela –, pelo qual ama, vê e move a Si mesma, ao mesmo tempo que é amada, vista e movida em Si mesma e nas criaturas. Com efeito, quem poderia falar sobre o inefável? E o que falaria, já que o Inefável não tem nenhum nome próprio? Não tem nome próprio, nem podemos inventá-lo, para designar o único *que possui imortalidade e habita em luz inacessível.*[130] Afinal, *quem conheceu o pensamento do Senhor?*[131] Mas, antes de terminarmos a presente discussão, gostaria de citar aqui uma passagem de São Dionísio sobre o repouso e o movimento divinos, caso concordes.

D. Concordo plenamente; e vejo que este último raciocínio removeu de mim toda dúvida.

T. No livro *Dos Nomes Divinos,* lemos:[132] *Resta-nos falar algo sobre o repouso, ou descanso, divino. O que é esse repouso senão o fato de que Deus permanece em Si mesmo, fixo numa imutabilidade imóvel, natural e omnímoda, entronizado acima de todas as coisas, operando sempre a mesma coisa, subsistindo absolutamente, sendo intransmutável e absolutamente imutável, e isso de modo supraessencial? Ademais, Ele é a causa do repouso e edificação de todas as coisas, estando acima de toda edificação e repouso, constituindo todas as coisas em Si mesmo, as quais permanecem, n'Ele, imóveis e salvaguardadas em Sua bondade primordial. Que pensar, então? Quando os teólogos dizem que Ele governa todas as coisas e chamam de mutável ao imutável, não devemos entender suas palavras dum modo condizente com a divindade? Devemos crer piedosamente que Ele não é movido por ser arrastado, apartado, alterado, convertido ou movido localmente, segundo um movimento reto, circular, ou ambos, nem segundo um movimento inteligível, animal, ou natural. Mas devemos crer que Deus é movido porque leva todas as coisas à essência, contém todas as coisas, governa universalmente todas as coisas, está em tudo, abarcado tudo de modo imensurável, produzindo e operando todos os seres existentes. Podemos também louvar, dum modo digno do Imutável, os seguintes movimentos em Deus: o movimento reto significa a processão inflexível*

statheralis processio et fertilis status, quod autem secundum cyclum id ipsum et media et extrema continens et continenda continere et in ipsum ab ipso prouenientium conuersio».

A. Ordo exigit, ut uideo, breuem complexionem de eo quod agere et pati seu facere et fieri de deo proprie praedicare nemo ualeat colligas, ac sic terminum libello imponas.

N. Iamdudum dedisti, ni fallor, non aliud deo esse et agere seu facere, sed unum atque idipsum ei est et esse et agere et facere. Non enim recipit simplex natura intellectum substantiae et accidentium.

A. Inconcuse quidem dedi.

N. Vt igitur de deo praedicatur esse, dum non sit proprie esse quoniam plus est quam esse et causa omnis esse et essentiae et substantiae, ita etiam de eo dicitur agere et facere, dum sit plus quam agere et facere et causa omnium faciendi et agendi, sine ullo motu qui secundum accidens possit intelligi super omnem motum. Omnium nanque motuum omniumque accidentium sicut et omnium essentiarum causa est atque principium.

A. Et hoc indubitanter conceserim.

N. Quid igitur aliud restat nisi ut intelligas omnino necesse sse ut quemadmodum ab ipso et esse et agere et facere proprie ufertur, ita et pati et fieri auferatur? Quod enim agere et face; non recipit, quomodo pati et fieri recipere possit non uideo.

A. Fige limitem libri. Sat enim est in eo complexum.

e irrevogável de Suas operações, e a geração de todas as coisas a partir d'Ele mesmo; o movimento helicoidal, ou oblíquo, significa a processão estática e o repouso fértil; o movimento circular significa que Ele contém a Si mesmo, as partes intermediárias e as últimas, contendo tudo o que é contido; significa também o retorno a Deus de todas as coisas que procederam d'Ele.

Conclusão acerca de ação e paixão

D. A boa ordenação exige que faças um breve resumo, explicando por que ninguém poderia atribuir a Deus, em sentido próprio, o agir e o padecer, o fazer e o ser feito. Assim, poderás concluir o livro.

T. Há muito concedeste, se não me engano, que, em Deus, o ser, o agir e o fazer são uma só e a mesma coisa, pois uma natureza simples não admite as noções de substância e acidente.

D. Concedo-o sem hesitar.

T. Ora, assim como não Lhe predicamos o ser em sentido próprio, pois Ele é mais que ser, e causa de todo ser, essência e substância, assim também não é em sentido próprio que Lhe atribuímos o agir e o fazer, já que Ele é mais que agir, mais que fazer, e causa de todo fazer e agir, sem que sofra nenhum movimento acidental, pois está acima de todo movimento. Com efeito, é o princípio de todos os movimentos e acidentes, do mesmo modo como é o princípio de todas as essências.

D. Concordo sem duvidar em nada.

T. Que falta, então, para entenderes que, assim como o ser, o agir e o fazer não Lhe são atribuídos em sentido próprio, assim também devem ser o padecer e o ser feito? Não vejo como algo que não pode agir nem fazer poderia padecer e ser feito.

A. Põe um fim ao livro, pois o que se disse até aqui é suficiente.

NOTAS

[1] Observa-se que Erígena atribui também a Deus o conceito de "natureza", o que é válido se aplicamos a esse vocábulo o instrumento da *analogia entis*. [Nota do Coordenador da Coleção Medievalia, doravante N. C.]

[2] Ou "além do ser". Cf. Pseudo-Dionísio Areopagita, *De caelesti hierarchia*, 4, 1.

[3] Consulte-se Máximo, o Confessor, *Ambigua*, I, 13 (*Patrologia Migne*, 91, 1.225D).

[4] Essa é a formulação por meio da qual Erígena defende que todas as coisas são partícipes da onipotência divina. [N. C.]

[5] Ou seja: a *risibilidade* é uma propriedade da natureza humana. Não que os anjos não sejam capazes de alegria; eles o são em nível muito superior ao humano, mas não sorriem, dado que o riso implica *materialiter* uma expressão facial na qual está implicada a contração de alguns músculos próximos à boca. Ora, os anjos não têm corpo e, portanto, são desprovidos de músculos; logo, não sorriem. [N. C.]

[6] Cf. *Corpus Hermeticum*, V, 9. Erígena mostra nesse ponto ter sido leitor desta compilação de escritos que remonta aos séculos II e III. O *Corpus Hermeticum* resulta de um sincretismo que ganhou corpo durante a *Pax Romana*, quando o Egito manteve estreito contato com Roma. Há quem, com sólidas razões, atribua a esses textos um caráter gnóstico. Para o que nos interessa, ressaltamos o ecletismo de Escoto Erígena. [N. C.]

[7] Cf. Platão, *Timeu*, 27d, 28a.

[8] Cf. Platão, *Timeu*, 48, ss.

[9] Romanos 4,17.

[10] Cf. Santo Agostinho, *De genesis ad litteram*, I, 15 e I, 17.

[11] Nem toda anterioridade é *cronológica*. Há anterioridade "de dignidade", como afirma Erígena nesta passagem, ou seja, *ontológica*, como também anterioridade "de ordem", para ficarmos apenas com mais um exemplo. Neste último caso, enquadram-se os decretos divinos, os quais são *instantâneos*, ou seja, não há neles "anterior" nem "posterior" quanto ao tempo – pois Deus é a própria eternidade –, porém são ordenados, na medida em que neles se decreta algo *em função* de outro algo. Para ilustrar isso, vale recorrer a um exemplo teológico: Nossa Senhora foi privada da mancha do pecado original em ordem a ser posteriormente a mãe do Salvador, a quem convinha não ter nenhuma má inclinação anímica, como as têm os filhos de Adão. Nesse caso, não houve anterioridade temporal, porque o tempo não é a medida do ser nem das operações divinas, mas de ordem. [N. C.]

[12] Em grego: νοῦς (*nous*), "intelecto".

[13] Romanos 11,34.

[14] Em grego: νοῦς (*nous*), "intelecto".

[15] Isaías 6,1.

[16] 1 João 3,2.

[17] 1 Coríntios 13,12.

[18] Santo Agostinho, *De Civitate Dei*, 22, 29.

[19] Espécies *inteligíveis*, diga-se. Trata-se da verdade da coisa, imaterialmente presente no intelecto que a contempla. [N. C.]

[20] 1 Timóteo 6,16.

[21] João 14,2.

[22] Cf. Máximo, o Confessor, I, *Ambigua* (*Patrologia Migne*, 91, 1.084 C; 1.113 B).

[23] 1 Coríntios 1,30.

[24] Provavelmente, Santo Agostinho, *De beata vita*, 34.

[25] Cf. Máximo, o Confessor, I, *Ambigua*, 6, 3.

[26] Deve-se registrar que essa posição, da maneira como está formulada, é de cariz panteísta. [N. C.]

[27] Cf. Máximo, o Confessor, I, *Ambigua* (*Patrologia Migne*, 91, 1.220 A). Cf. Plotino, *Enéadas*, VI, 7.

[28] Cf. Plotino, *Enéadas*, IV, 5.

[29] Santo Agostinho, *De Civitate Dei*, 22, 29.

[30] 1 Coríntios 15,28.

[31] Jó 19,26.

[32] *Corpus Hermeticum*, 5, 9.

[33] Gregório Nazianzeno, *Orationes*, 21 (*Patrologia Migne*, 35, 1.084 C).

[34] Cf. Máximo, o Confessor, I, *Ambigua* (*Patrologia Migne*, 91, 1.076 A).

[35] Essa etimologia, como nos apontam vários autores, é aceita por Platão, em particular no *Crátilo*, assim como por vários neoplatônicos cristãos. [N. C.]

[36] Salmo 147,15.

[37] "Movimento inerte e inércia móvel" é uma belíssima imagem para aludir ao fato de que Deus, metafisicamente sem se mover, move tudo o que há – tanto ao criar os entes como ao mantê-los no ser. [N. C.]

[38] 1 Coríntios 1,30.

[39] Nessa passagem, percebe-se a dificuldade de Escoto Erígena ao argumentar a respeito do tema da Criação, pois o nosso autor acaba por aplicar *improprie* a ideia de "criado" a Deus, ainda que se valendo de imagens analógicas. O Credo católico, referindo-se ao Verbo, também mencionado nestas páginas por Erígena, é terminologicamente preciso neste ponto: *Genitum non factum*. Até de Deus Pai não se pode dizer que *se cria ao criar*, pois Deus é o Incriado por excelência, e não uma espécie de *causa sui*. [N. C.]

[40] Pseudo-Dionísio, *De divinis nominibus*, 13, 3.

[41] Para os escolásticos, a potência é princípio do agir em sentido geral; o hábito é princípio do agir pronta e facilmente (*potentia est principium agendi absolute; habitus est principium agendi prompte et faciliter*). Sendo Deus Ato Puro sem mescla de potência passiva, a aplicação da ideia de "hábito" à Trindade só pode referir-se à instantaneidade – e, portanto, facilidade – das relações intratrinitárias. [N. C.]

[42] 1 Timóteo 6,16.

[43] Cf. Pseudo-Dionísio Areopagita, *De divinis nominibus*, I, 8; e *De Caelesti hierarchia*, 2, 3.

[44] Pseudo-Dionísio.

[45] Cf. Gregório de Nissa, *In Canticum Canticorum*, 5, 6 (*Patrologia Migne*, 44, 885 D).

[46] Em latim: *esse*, donde deriva o nome "essência".

[47] Salmo 147,4.

[48] Cf. Pseudo-Dionísio Areopagita, *De mystica theologia*, 3.

[49] Trata-se de termos usados por Cícero nas obras *De inventione* e *Topica*.

[50] Aristóteles, *Categorias*, 4, 1b, 25-27.

[51] *Ad aliquid*, literalmente: "A outra coisa".

[52] Cf. Platão, *Timeu*, 43b.

[53] Cf. Pseudo-Agostinho, *De decem categoriis*, 74-79.

[54] Sobre "hábito" e "relação", vide nota 42.

[55] Cf. Pseudo-Agostinho, *De decem categoriis*, 125 (*Patrologia Migne*, 32, 1.434).

[56] Para entender essa observação, lembremos que *status* (estado) deriva do verbo *sto*, que significa, entre outras coisas, "estar fixo, parado, sem movimento". Esse sentido é preservado na palavra portuguesa "estático". [N. T.]

[57] *Habitus* deriva do verbo *habeo*, e significa "ter, possuir". Portanto, hábito é tudo o que se possui. O mesmo vale para a palavra grega, derivada do verbo ἔχω, "ter, possuir". [N. T.]

[58] Isto é, essas duas essências se distinguem, porque uma possui (*habet*) a razão, e a outra não a possui (*non habet*). [N. T.]

[59] Vale consignar a precisão conceitual feita posteriormente por Santo Tomás de Aquino: nem todo hábito da alma racional é virtuoso, pois há hábitos operativos *bons*, chamados "virtudes"; e há também hábitos operativos *maus*, chamados "vícios". Os primeiros são congruentes com a natureza intelectivo-volitiva do homem; os segundos lhe são contrários. [N. C.]

[60] Como se pode observar, Escoto Erígena ainda não dominava o conceito de *hábito entitativo*, que se atualiza também nos corpos. Tal conceito ganhou resolução teorética satisfatória nos séculos seguintes da Escolástica. [N. C.]

[61] Cf. Gregório de Nissa, *De hominis opificio*, 6 (*Patrologia Migne*, 44, 184C).

[62] Boécio, *Commentaria in Aristotelis "Peri Hermeneias"*, I, 3; II, 3.

[63] Aristóteles, *Categorias,* V, 2a, 11-19.

[64] Escoto Erígena, *Annotationes in Martianum,* 95, 25.

[65] Escoto Erígena, Idem, 95, 18; Máximo, o Confessor, *Ambigua*, 13 (*Patrologia Migne*, 91, 1.225D).

[66] Máximo, o Confessor, *Ambigua*, 13 (*Patrologia Migne*, 91, 1.225D).

[67] Escoto Erígena, *Annotationes in Martianum,* 98, 14-16.

[68] Cf. Boécio, *Aritmetica*, II, 40.

[69] Isto é, lugares-comuns que servem de princípio para aquela arte.

[70] Virgílio, *Eneida,* VI, 724-726.

[71] Ou, "no princípio".

[72] Isto é, os mares.

[73] Ou "o astro solar".

[74] Cf. Platão, *Timeu*, 55e.

[75] Cf. Gregório de Nissa, *De hominis opificio*, 1 (*Patrologia Migne*, 54, 128ss).

[76] Cf. Gregório de Nissa, *idem*, 129 A-D.

[77] Cf. Calcídio, *In Timeo*, XX.

[78] Gregório de Nissa, *De Hominii opificio*, XXIV (*Patrologia Migne*, 44, 212 D).

[79] As espécies especialíssimas, que não podem mais ser divididas.

[80] Essas concepções são de Galeno.

[81] Em latim, respectivamente: *auris*, *auditus.*

[82] Máximo, o Confessor, *Ambigua*, 6, 38 (*Patrologia Migne*, 91, 1.180B).

[83] Ou seja, a onipotência divina. [N. C.]

[84] Deus não é ser *em sentido criado*, diga-se. A formulação de Erígena nesta passagem é equívoca e deixa margem a interpretações distintas entre si. [N. C.]

[85] Santo Agostinho, *De musica*, VI, 58.

[86] Santo Agostinho, *De quantitate animae*, 25, 47.

[87] Santo Agostinho, *De genesi ad litteram*, 4, 24.

[88] Pseudo-Dionísio Areopagita, *De caelesti hierarchia*, 11, 2.

[89] Escoto Erígena, *Annotationes in Martianum,* 96, 32-36.

[90] Erígena refere-se aqui à terra enquanto elemento.

91 Alguns séculos depois, dirá Santo Tomás que, em sentido metafísico, o fim do movimento é a aquisição de uma nova forma. [N. C.]

92 Ou seja, da *materia prima*.

93 Cf. Pseudo-Dionísio Areopagita, *De divinis nominibus*, 2, 4.

94 A escolástica que se seguiu a Erígena chegou a formulações mais precisas quanto ao modo de ser *fora do tempo* de criaturas em cuja forma não há composição de matéria. Em breves palavras, o antes e o depois que existem no *evo* não são medidos pelo tempo. Há a sucessão *cronológica* dos entes compostos de matéria e forma; a sucessão *evométrica* dos entes sem matéria em sua forma; e o agora eterno do ser divino. Cf. Sidney Silveira, *Cosmogonia da Desordem*: *Exegese do Declínio Espiritual do Ocidente*. 2.ed. Rio de Janeiro, Editora CDB, 2021, p. 211-20. [N. C.]

95 Substância ingênita é o Pai; substância gênita é o Filho; e substância procedente é o Espírito Santo.

96 Cf. Pseudo-Dionísio Areopagita, *De caelesti hierarchia*, 11, 2.

97 A *energeia* pode ser contemplada quanto ao ser ou, então, quanto ao operar, conforme faz Erígena nesta passagem. [N. C.]

98 Cf. Marciano Capella, *De nuptiis*, 4, 350.

99 Cf. Pseudo-Agostinho, *De decem categoriis*, 71-72. Especialistas na obra de Erígena assinalam que, em sua época, se acreditava que a obra *De decem categoriis* era uma tradução das *Categorias* de Aristóteles feita por Santo Agostinho. [N. C.]

100 Cf. Pseudo-Agostinho, *De decem categoriis*, 52.

101 Boécio, *De instituitone arithmetica*, Proêmio.

102 Santo Agostinho, *Confessiones*, 12, 6.

103 Platão, *Timeu*, 48e.

104 Pseudo-Dionísio, *De divinis nominibus*, 14, 28.

105 Gênesis 1,5.

106 "Infinitas" por analogia de atribuição, já que o infinito, em si mesmo considerado, não é mensurável nem tem partes quantificáveis. [N. C.]

107 Gregório de Nissa, *De hominis opificio*, 24 (*Patrologia Migne*, 44, 212D).

108 Isto é, uma abstração.

109 Boécio, *De instituitone arithmetica*, Proêmio.

110 João 14,21.

111 Cf. Santo Agostinho, *De Genesi ad litteram*, VIII, 20.

112 Cf. Pseudo-Agostinho, *De decem categoriis*, 20-21.

113 1 Coríntios 3,2.

114 Pseudo-Dionísio Areopagita, *De divinis nominibus*, 1, 1.

115 Um ser.

116 Nesse ponto, Erígena mostra-se um fiel discípulo do Pseudo-Dionísio Areopagita, que em sua teologia apofática busca sempre falar de Deus por via de negações, já que nada do que se Lhe for atribuído ao modo humano pode, em sentido estrito, expressar o que Ele é em si mesmo. [N. C.]

117 Séculos depois, bebendo da mesma fonte do Pseudo-Dionísio Areopagita, São João da Cruz criará o conceito de *noche oscura*, cujas formulações estão muito próximas das que, nessa passagem, consigna Escoto Erígena. [N. C.]

118 Pseudo-Dionísio Areopagita, *De divinis nominibus*, 4, 23.

119 Máximo, o Confessor, *Ambigua*, I, 3 (*Patrologia Migne*, 91, 1.069B, 4-7).

120 Idem, 1.073C, 3-9.

121 Idem, 1.073C, 3-9.

[122] Pseudo-Dionísio Areopagita, *De caelesti hierarchia*, 4, 1.

[123] Cf. Escoto Erígena, *De praedestinatione*, 2, 3 (*Patrologia Migne*, 122, 362B, 8-10).

[124] O Pseudo-Areopagita atribui a obra *Hinos de Amor* "ao mui santo Hieroteu", seu iniciador nos segredos divinos. Cf. Pseudo-Dionísio Areopagita, *De divinis nominibus,* 4, 16.

[125] Ao amor angélico e ao amor intelectual.

[126] Pseudo-Dionísio Areopagita, *De divinis nominibus,* 14, 14.

[127] Máximo, o Confessor, I, *Ambigua*, 6, 3.

[128] Cf. Pseudo-Dionísio Areopagita, *De coelesti hierarchia*, 9, 3; São Basílio, *Hexaemera*, 2, 7.

[129] Mateus 10,20.

[130] 1 Timóteo 6,16.

[131] Romanos 11,24.

[132] Pseudo-Dionísio Areopagita, *De divinis nominibus,* 9, 8-9 (*Patrologia Migne*, 3, 916 B-D).

Conheça outro título da Coleção Medievalia

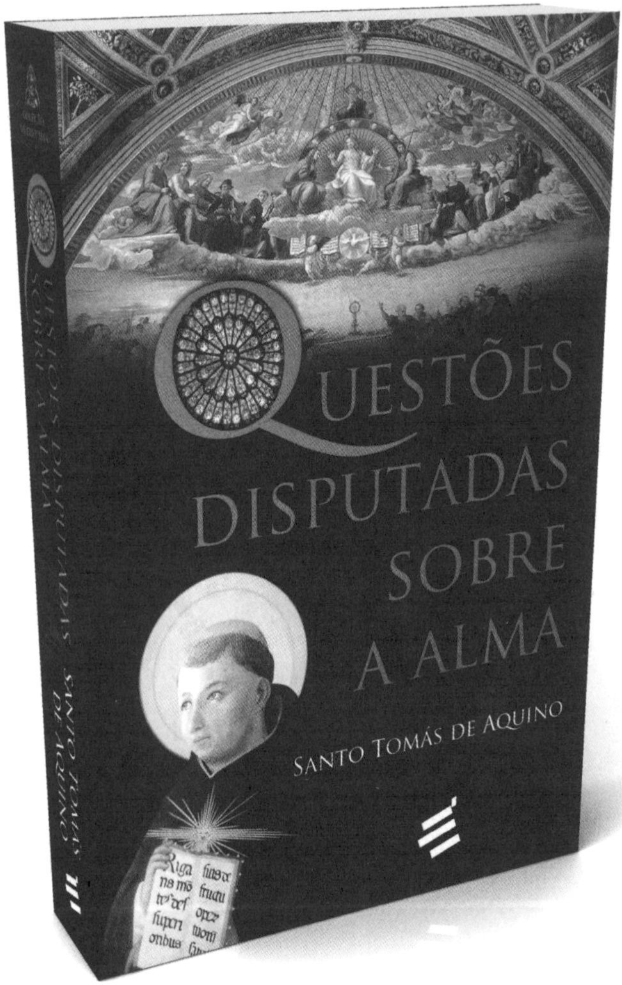

Este livro é um dos ápices da filosofia perene. Nele, Santo Tomás de Aquino, como afirma o professor Carlos Augusto Casanova, no *Prólogo*, funde a sabedoria platônica e a aristotélica, a reflexão filosófica e o ensino bíblico, as intuições neoplatônicas, a meditação patrística e a precisão escolástica.